中央部门预算编制指南

（2021 年）

财政部预算司　编

中国财经出版传媒集团
中国财政经济出版社

图书在版编目（CIP）数据

中央部门预算编制指南.2021年／财政部预算司编.――北京：中国财政经济出版社，2020.8
ISBN 978－7－5095－9932－7

Ⅰ.①中… Ⅱ.①财… Ⅲ.①国家预算－预算编制－中国－2021－指南 Ⅳ.①F812.3－62

中国版本图书馆CIP数据核字（2020）第136770号

责任编辑：吕小军　李筱文　　　　责任校对：张　凡
封面设计：思梵星尚

中国财政经济出版社出版

URL：http：//www.cfeph.cn
E－mail：cfeph@cfeph.cn

（版权所有　翻印必究）

社址：北京市海淀区阜成路甲28号　邮政编码：100142
营销中心电话：88190406　北京财经书店电话：64033436　84041336
北京中兴印刷有限公司印刷　各地新华书店经销
710×1000毫米　16开　23.75印张　357 000字
2020年8月第1版　2020年8月北京第1次印刷
定价：65.00元
ISBN 978－7－5095－9932－7
（图书出现印装问题，本社负责调换）
本社质量投诉电话：010－88190744
打击盗版举报热线：010－88190414　QQ：447268889

深化改革 锐意进取
扎实做好 2021 年中央部门预算编制工作

——在 2021 年中央部门预算编制工作动员会上的讲话

许宏才

(2020 年 7 月 13 日)

(代序言)

同志们:

大家下午好!这次会议的主要任务是,以习近平新时代中国特色社会主义思想为指导,深入贯彻党的十九大和十九届二中、三中、四中全会及中央经济工作会议精神,总结一年来部门预算管理工作进展情况,明确下一步深化部门预算改革的方向,部署 2021 年部门预算编制。下面,我讲几点意见。

一、一年来部门预算管理和改革取得显著成效

2019 年以来,中央部门认真贯彻落实党中央、国务院决策部署,按照全面实施预算绩效管理等有关要求,不断深化部门预算改革,着力规范部门预算管理,推动各项工作取得明显成效,主要体现在以下几个方面:

(一)全力保障党中央、国务院决策部署落实落地

今年以来,突如其来的新冠肺炎疫情对我国经济社会发展带来前所未有的冲击。财政部认真贯彻落实党中央、国务院决策部署,统筹推进疫情

防控和经济社会发展工作。一是强化疫情防控资金保障。围绕减轻患者救治费用负担、提高疫情防治人员待遇、保障疫情防控物资供应、加快疫苗和药物研发等出台一系列财税支持政策，全力支持打赢疫情防控阻击战。二是及时调整 2020 年预算安排。在年初拟订的预算安排方案基础上，加强宏观经济形势分析研判，通过采取新增财政赤字、发行抗疫特别国债、大力压减中央本级支出等措施，加大对地方财力支持，形成了提请全国人大审查批准的预算方案。三是加大减税降费力度。强化阶段性政策，与制度性安排相结合，重点减轻中小微企业、个体工商户和困难行业企业税费负担，对冲企业经营困难，推动有序复工复产，加快恢复正常生产生活秩序。

在中央部门预算管理方面，财政部会同各部门认真履职尽责、主动担当作为，坚决保障重点领域支出和相关改革顺利推进。一是调整优化支出结构。在大力压减一般性支出的同时，优先保障国防、武警、债务发行付息等重点和刚性支出以及中央部门机构正常运转、组织实施重大改革和重要政策所需经费。二是切实保障部门疫情防控经费。按照急事急办、特事特办的原则，积极支持科技部、教育部和中科院开展疫情防控科研攻关，及时拨付卫生健康委、外交部、药监局、海关总署、工信部等部门疫情防控相关经费。三是继续做好党和国家机构改革经费保障，及时办理经费预算划转等事宜，大力支持国家综合性消防救援队伍相关改革。四是积极推进机关事业单位养老保险改革。制定印发《关于中央国家机关所属京外单位养老保险制度改革实施准备期清算和全面完成属地参保工作的通知》，及时审核拨付清算资金，有力推动京外中央单位属地参保。五是推动清理拖欠民营企业中小企业账款工作。通过采取压减预算等措施督促落实清欠要求，截至目前，中央政府部门和财政部监管企业总体清偿进度达到 98.6%。

（二）不折不扣落实过紧日子有关要求

一是中央部门带头真正过紧日子，坚决压减一般性支出。2019 年中央部门非刚性、非重点项目支出平均压减幅度达到 10%。2020 年进一步加大压减力度，中央本级支出安排负增长，剔除国防、武警、债务发行付息、粮油物资储备等四项支出后，其他中央本级支出下降11.1%，其中非急需非刚性支出压减50%以上。同时，大幅压减2020年中央本级"三公"经费预算，其中因公出国（境）费和公务接待费压减幅度均超过60%。二是制定印发《关于贯彻落实政府过紧日子要求 进一步严格财政支出管理的通知》，在严格执行经费开支标准、硬化预算执行约束、加强预算绩效管理等方面提出了明确要求。三是研究制定《关于规范差旅伙食费和市内交通费收交管理有关事项的通知》，将中央八项规定精神和厉行节约反对浪费要求进一步具体化、规范化。四是建立定期评估机制，及时总结推广典型经验。按季对中央部门落实过紧日子要求的情况进行评估，推动部门及时堵塞漏洞、改进管理。梳理中央部门带头过紧日子的经验做法、典型案例等，印送部门和地方参考借鉴。

（三）不断完善和改进部门预算编制

一是进一步强化定员定额管理。将海关系统等583家行政单位、47家参公单位和35家公益一类事业单位新增纳入定额管理，及时调整定员定额标准，合理保障机构运转和履职需要。二是加强属地中央单位预算监管。2019年对98家中央部门1.32万个单位的基础数据进行审核，核减实有人数6万人、津贴补贴经费需求8.9亿元；将8个一级项目纳入审核范围，核减经费需求78亿元，平均审减率约27%；严格新增资产配置审核，核减车辆1418辆、租用土地11万平方米、房屋22万平方米。三是不断加强项目预算评审。2019年部门项目评审实现全覆盖；财政评审项目171个，涉及资金近1800亿元，平均审减率约37%。四是强化预算安排同执行、评审和审计挂钩机制。对2019年执行进度较慢、评审审减率较高、存在屡查屡犯审计问题的部门，按一定比例压减2020年项目支出预算。

（四）着力规范和加强部门预算管理

一是扎实推进支出标准体系建设。制定印发《关于进一步做好中央本级支出标准体系建设工作的通知》，明确了总体思路、基本原则和重点工作，并就加快标准建设进程、规范标准编制机制、完善标准应用机制、强化标准建设保障提出了具体要求。加强项目标准化管理，研究拟订职业资格考试考务费等项目支出标准和预算方案编制规范。二是继续做好中期财政规划管理，强化支出规划对年度预算编制的指导和约束作用。三是实施重大项目评估清理，推动改进项目管理、调整完善支出政策。四是组织各地监管局开展属地中央单位决算审核，及时纠正预算执行、会计核算存在的问题，推动部门预决算闭环监管。五是督促部门严格清理并交回存量资金，统筹用于疫情防控、保障重点支出。

（五）积极推进预算和绩效管理相融合

一是加快分行业、分领域核心绩效指标和标准体系建设。2019年初步建成18个大类、95个支出方向、130多条共性绩效指标、4000多条个性绩效指标，并在部分中央部门2020年预算编制中试点应用。二是制定印发《中央部门预算绩效运行监控管理暂行办法》，对预算执行情况和绩效目标实现程度进行"双监控"，及时纠正偏差。三是修订《项目支出绩效评价管理办法》，推动以5年为周期实现部门重点项目绩效评价全覆盖，强化绩效评价激励约束，将绩效评价结果与预算安排实质性挂钩。四是组织做好绩效自评和重点绩效评价，将评价结果反馈部门，并通过现场约谈等方式督促整改。开展预算绩效管理工作考核，对40家中央部门予以通报表扬。

（六）切实提高预算执行质量和效率

一是严格执行全国人大批准的预算，加大重点领域支持力度，2019年预算执行达到既定目标。二是硬化刚化预算约束。严控执行中出台新的增支政策和预算追加事项，把严把紧支出关口。对于2019年执行中新增急需支出，优先通过部门现有预算调剂解决，确需动用代编预算的，报国务院批准后下达。三是进一步加强预算执行动态监控。印发《中央财政预算执行动态监控管理办法》，将动态监控结果作为编制或调剂预算、制定完善相关管理制度和开展绩效评价等工作的参考。组织中央部门开展资金支付使用违规疑点问题自查并抓好整改。四是严控年初代编预算范围和规模，提前做好2020年预算批复准备，在全国人大审查批准中央预算当天完成部门预算批复工作，为预算执行打下良好基础。

(七)认真配合人大审计和社会公众监督

一是自觉接受人大监督。落实全国人大及其常委会有关决议,坚持解决具体问题与建立长效机制同步推进。积极配合人大开展预算审查,及时向人大代表通报预算编制情况。不断完善部门预决算草案,2020年将76个项目纳入预算草案,比2019年增加26个;在2019年决算草案中增加了部门国有资产占用情况,并将394个项目绩效自评结果随同决算提交全国人大常委会审议,比上年增长近50%。二是加大审计查出问题整改力度。在即知即改、立行立改的基础上,深刻剖析产生问题的原因,积极采取有效措施,努力从管理源头和制度上解决问题。制定印发《财政部配合审计工作暂行办法》,健全配合审计工作相关制度。三是积极推进部门预算公开。2020年102家部门公开了预算,对落实过紧日子要求压减支出等情况进行重点说明。项目公开力度进一步加大,公开项目文本83个,比上年增加33个;公开绩效目标109个,是上年的2倍多。

二、坚持目标引领和问题导向,进一步深化部门预算改革

党的十八大以来,各部门认真贯彻落实党中央、国务院决策部署,通过推行中期财政规划、重塑预算编制链条、做实项目库、强化预算绩效管理、理顺各方权责关系、推进预决算信息公开,基本构建起层次清晰、运转顺畅的部门预算管理新框架,为建立现代财政制度奠定了坚实基础。党的十九大提出"建立全面规范透明、标准科学、约束有力的预算制度,全面实施绩效管理",党的十九届四中全会进一步明确"完善标准科学、规范透明、约束有力的预算制度",为进一步深化部门预算改革指明了方向。

随着我国经济发展进入新常态,减税降费等政策有效实施,财政收入增长趋缓。同时,财政在巩固脱贫攻坚成果、推动高质量发展等方面承担着重要责任,落实党中央、国务院决策部署需要统筹用好各类公共资源。综合判断,财政在今后较长一个时期将处于紧平衡状态,收支矛盾较为突出,可持续性面临挑战,同时,预算管理领域的深层次问题逐步浮出水面,如预算统筹力度不足、预算标准体系建设总体滞后、预算约束不够有

力、预算公开仍需拓展等。要解决上述问题，必须以更大的决心推动新一轮改革。这次改革要立足于对既有改革举措的进一步深化，针对问题提出行之有效的解决方案，着力将一些探索成功的经验制度化。近期我们研究起草了《关于进一步深化预算管理制度改革的指导意见》，并已征求了各部门的意见，大家总体上都赞成，对于提出的一些具体意见和建议，我们进行了认真研究并尽可能采纳吸收，后续将按程序报请党中央、国务院审批。

结合预算改革的要求，各部门要重点从以下几个方面进行探索，为推进预算改革创造有利条件和打下良好基础。

（一）切实加大预算统筹力度

一是进一步加强一般公共预算、政府性基金预算和国资预算的统筹衔接，全面取消一般公共预算收入专款专用的规定，支出预算安排不得同财政收支增幅或生产总值挂钩。二是逐步统一预算分配，推进"预算一个盘子、支出一个口子"，强化政策集成和资金协同，打破预算安排"条块分割"的局面。三是加强部门和单位对各类资源的统一管理，部门和单位依法依规将取得的各类收入纳入部门或单位预算，未纳入预算的收入不得安排支出。各部门应当加强所属单位事业收入、事业单位经营收入等非财政拨款收入管理，如实反映非财政拨款收入情况，同时，结合收入情况统筹申请预算，合理保障支出需求。四是强化存量资金管理。加大当年预算和结转资金统筹力度，进一步严格规范结转资金使用，完善结余资金收回使用机制。

（二）加快推进支出标准体系建设

一是下大气力完善基本支出标准体系。结合国家工资津补贴政策、事业单位改革、养老保险改革等进展情况，及时完善支出标准和补助政策，逐步将住房改革支出、社会保险缴费等各个基本支出事项纳入标准体系建设范畴，并将行政、参公和公益一类事业单位全部纳入定额管理。二是加快推进项目支出标准体系建设。加强对项目支出执行情况的分析和运用，逐步将科学合理的实际执行水平作为制定标准的依据，抓紧建立涵盖财政重点支出领域、部门主要共性项目和重大延续性项目的数量适度、结构合理、科学规范的项目支出标准体系。三是建立标准动态调整机制。根据经济社会发展、物价变动和财力变化等情况及时调整支出标准，合理保障部门履职需要。四是加强标准应用。将支出标准作为预算安排的基本依据，不得超标准编制预算。

（三）着力强化项目支出预算管理

一是将项目作为部门和单位预算管理的基本单元。预算支出以项目形式全部纳入项目库，凡是未纳入项目库管理的项目一律不得安排预算。二是实施项目全生命周期管理。全面动态反映项目储备、项目审核、预算编制、预算调剂、预算执行、决算等各个环节，并与中期财政规划管理相衔接。三是从严控制新增项目。将项目文本规范、立项依据充分、实施方案翔实、绩效目标科学、支出需求合理作为项目入库的基本要求，同时，入库项目必须具备可实施条件，确保已完成各项前期工作，包括可行性研究论证、制定具体实施计划、履行内部决策程序等，一旦安排预算即可实施。四是研究开展项目排序。部门要按照轻重缓急、项目成熟度等对储备项目进行排序，分清优先等次，突出保障重点。同时，研究探索跨部门项目排序机制，继续做好重大项目评估清理，持续调整优化项目支出结构。

（四）全面推进预算绩效管理

一是抓紧健全预算绩效管理制度体系。尽快出台《中央部门预算绩效管理考核办法》，着手制定事前绩效评估、部门整体支出和绩效激励约束管理办法。二是继续完善定量和定性相结合的共性绩效指标框架，加快分行业、分领域、分层次的核心绩效指标和标准体系试点应用。三是研究探索以绩效为导向的预算分配体系。加强事前绩效评估，选择若干同一领域的项目支出按成本收益进行排序，作为筛选项目和安排预算的重要参考。四是加强绩效管理成果应用。根据绩效运行监控和绩效评价结果改进管理、完善政策、优化预算安排，坚决压减低效无效支出，着力提升绩效管理的有效性、针对性。

（五）稳妥推进预决算信息公开

一是坚持以公开为常态、不公开为例外，依法依规公开部门预决算信息，确保公开信息"找得到、看得懂、能监督"。二是扩大公开范围。各部门所属单位的预算、决算及报表应当按规定向社会公开。积极推进政府投资基金、国有资本收益、政府采购意向等信息公开。三是细化公开内容。除涉密信息外，稳步推动项目文本和绩效信息等全面向社会公开。进一步细化"三公"经费支出公开内容，逐步推进部门会议、培训、论坛、赛会、展会、博览会、庆典等经费的信息公开。

（六）进一步强化部门预算约束

一是严格执行人大批准的预算。坚持先有预算后有支出，未列入预算的事项一律不得拨付资金，严禁超预算、无预算支付资金或开展政府采购。从严控制不同预算科目或者项目间预算资金的调剂，尽快实现按照具体项目控制资金支付。二是硬化部门预算约束。新的增支政策原则上通过以后年度预算安排。对于执行中确需新增安排的急需支出，原则上通过部门机动经费等现有预算解决。三是强化预算管理约束机制。根据预算编制、执行、决算、评审、评估、审计、绩效、监管等工作中发现的问题，适当减少部门预算安排，并在一定范围内予以通报。四是加强跨年度预算平衡。进一步完善中期财政规划管理，确保支出规模与财力水平相适应，增强支出规划对年度预算的约束力。

（七）大力提升预算管理信息化水平

一是建设预算管理一体化系统，用系统化思维全流程整合预算管理各环节业务规范，实现预算编制、执行、决算、资产、政府采购等各项业务全面贯通、衔接交互、有效制衡。二是推进财政系统与部门系统互联互通、信息共享。在坚持部门和单位财务管理主体责任的基础上，财政预算管理一体化系统集中单位财务、资产、账户等信息，并与单位主管部门共享共用，完善单位预算执行动态监控机制，强化部门预算执行主体责任。三是运用大数据、云计算等前沿技术，加强预算、决算、资产等数据分析处理和综合运用，为预算改革、政策制定等提供基础支撑。

部门预算改革是一项复杂的系统工程。改革方案出台后，我们要按照党中央、国务院决策部署，科学谋划、精心组织，抓紧补短板、堵漏洞、强弱项，一步一个脚印地抓好落实。各部门要发挥主观能动性，切实履行预算管理主体责任，积极主动落实改革要求，以钉钉子精神将各项政策措施抓实抓细抓到位，确保部门预算改革取得实实在在的成效。

三、强化责任担当，扎实做好2021年部门预算编制工作

2021年是中国共产党成立100周年，也是"十四五"规划的开局之年，编制好2021年部门预算，责任重大。要以习近平新时代中国特色社会主义思想为指导，全面贯彻党的十九大和十九届二中、三中、四中全会及中央经济工作会议精神，坚决落实党中央、国务院决策部署，坚持统筹兼顾、突出重点，大力提质增效，全力支持国家重大发展战略和重点领域改革。要牢固树立艰苦奋斗、勤俭节约的思想，真正过紧日子，坚持精打细算、把钱用在刀刃上，进一步压减一般性支出。要强化运用零基预算理念，打破基数概念和支出固化格局，提高预算编制的科学性和准确性。要全面清理完善项目库，加强项目入库审核，切实发挥项目库基础作用。要加大各类资金统筹力度，有效盘活存量资金，避免闲置和沉淀。要深化部门预算绩效管理，健全绩效指标体系，加强绩效评价结果应用。

对于2021年部门预算编制工作，近期我们将组织通过网络培训的方式进行详细讲解。这里，我再强调几点。

第一，将落实党中央、国务院决策部署作为预算安排的首要任务。预算安排要贯彻落实党的路线方针政策，增强对党中央重大决策部署和国家重大战略任务的财力保障。一要对标对表党的十九大和十九届二中、三中、四中全会及中央经济工作会议精神，全力保障国家重大发展战略和国防、教育、科技等重点领域，以及维持部门正常运转和履职的必需支出。二要大力提质增效，进一步提高支出政策和项目资金的指向性、精准性、有效性。现有存量资金要优先保障中央确定的重大政策、重要改革和重点项目实施，不得甩出"硬缺口"。三要做好重大支出政策的制定和完善。

强化中期财政规划管理，增强政策的前瞻性和可持续性，合理安排实施力度和节奏。对于支出标准过高、政策设计不科学不合理的事项要尽快研究调整。

第二，坚决落实过紧日子的要求。中央部门要带头严格支出管理，将过紧日子作为预算编制长期坚持的基本方针，执守简朴、力戒浮华，厉行节约办一切事业。一要进一步压减一般性支出。2021年非刚性、非重点项目支出要可压尽压、应压尽压；对可干可不干的项目，一律不得安排。对于重点支出，也要按照从严从紧、能省则省的原则审核安排。具体预算压减方案将结合财力等情况研究确定。二要继续强化"三公"经费管理。从严从紧核定"三公"经费预算，对无实质内容的因公出国（境）、公务接待等活动，要坚决予以取消；要巩固公务用车制度改革成果，加强保留车辆使用管理，严格控制车辆报废更新，切实降低公务用车运行成本。三要大力精简会议、差旅、培训、调研、论坛、庆典等公务活动，加强地点相同、对象重叠、内容相近等公务活动整合，积极采用视频、电话、网络等新型方式开展，努力节约日常经费开支。四要更加严格地制定各类支出政策和制度办法，充分考虑财政承受能力，加强评估论证，不得铺张浪费、敞口支出。

第三，强化运用零基预算理念。预算安排坚持量入为出，建立完善能增能减的预算分配机制，打破基数概念和支出固化格局。一要加强基本支出定员定额管理。2021年原则上全部行政和参公单位都要纳入定额管理，同时，完善定额标准，合理保障部门履职需要。二要着力规范项目支出预算管理。所有安排预算的项目必须从项目库中选取，所有进入项目库的项目必须按规定履行论证、评审、立项等必要程序。对不具备可实施条件的项目，一律不得纳入项目库。三要对项目进行优先等次排序。部门应全面梳理储备项目，按照轻重缓急做好排序并形成清单。在预算安排和压减方案明确后，及时将指标细化落实到具体单位和项目。四要继续做好重大支出政策和项目评估清理，从根本上改变预算安排只增不减的固化格局。

第四，全面清理完善项目库。在摸清"家底"的基础上开展项目库清理，进一步分类精准管理，推动实现项目文本更加规范、实施方案更加翔实、绩效目标更加科学，每个项目都具备可实施条件，大幅提升项目质量。一要调整完善专用一级项目，合理控制项目数量，更加集中、直观地反映部门主要职责和工作任务。二要进一步精简二级项目。将到期项目移入已完成库，将以前年度设置但未实施的项目和暂不具备实施条件的项目移入备用库，将正在实施的项目移入实施库并进一步审核清理，合理归并小散项目。清理后，拟继续实施并列入支出规划的二级项目数量原则上比2020年减少20%以上。三要严控新增项目入库。进一步压实部门主体责任，清理和储备工作完成后，部门项目库中各年度支出总需求控制在上年项目支出规划的120%以内。同时，完善财政部项目库入库审核程序，严把项目入库关。

第五，切实盘活存量资金资产。加强全口径预算管理，统筹使用各类资金资产，不断提高资金使用效益和资产配置效率。一要加大结转资金与年度预算的统筹力度。部门要准确预计年底结转资金情况并列入年初预算，对列入年初预算的预计结转资金与实际结转规模差异较大的，相应减少下年预算安排。二要提高预算安排的精准度。对于项目结转资金规模较大或公用经费结转规模长期较高的单位，适当减少下年预算安排，避免一边结转大量资金，一边继续安排预算。三要严格新增资产配置相关预算审核，优先通过现有资产调剂解决，推进所属单位之间资产共享，努力盘活闲置资产。四要进一步核清存量货币资金情况，特别是资金规模居高不下的单位，要采取有效措施加大资金统筹使用力度。

第六，深化部门预算绩效管理。按照全面实施预算绩效管理有关要求，不断提升绩效管理质量，推进预算和绩效管理深度融合。一要结合预算评审对新增重大项目开展事前绩效评估，通过成本效益分析等手段，增强项目立项和预算安排的科学性。二要依托分行业、分领域绩效指标库，统一规范绩效指标，提升绩效目标质量，增强与预算安排的匹配度。一级项目和二级项目的绩效目标要有机衔接，突出核心产出和效果指标并予以量化；要参考行业和历史标准，合理设定绩效指标值。未按要求设定绩效目标或审核未通过的，不得安排预算。三要强化绩效运行和评价结果应用，对实施效果不明显、评价中发现问题较为突出的项目和单位，不安排或少安排预算。

第七，加大预算安排约束力度。对于预算执行、评审、审计等工作中发现突出问题的部门，要采取措施倒逼规范预算管理，部门也要比照建立对所属单位的约束机制。一要完善当年预算执行情况和下年预算安排挂钩机制。对 2020 年预算监管、执行监控等工作中发现问题的部门，适当减少 2021 年预算安排。二要加强预算评审和审核结果应用。将评审结果和各地监管局审核意见作为预算安排的上限，同时，对于财政评审审减率较高的部门，按规定压减 2021 年项目支出预算。三要继续实施审计查出问题与预算安排挂钩机制，推动部门切实整改屡查屡犯的审计问题。四要建立项目库清理情况与预算安排挂钩机制，对于未按要求开展清理工作的部门，要进一步减少 2021 年项目支出预算。

此外，需要强调的是，一是细化政府采购预算编制。2021 年要按具体采购项目填报采购品目、采购标的、采购金额等信息，并根据批复的政府采购预算依法开展采购活动，确保落实政府采购有关政策要求。二是将国资预算纳入部门预算。根据拟修订出台的《预算法实施条例》，部门预算应当反映包括国资预算在内的所有资金。要做好国资预算纳入部门预算草案的各项准备工作，及时调整完善编报流程，理顺预算管理关系，确保国资预算编制进度与一般公共预算基本同步。三是做好部门所属单位预决算公开。按照《预算法实施条例》有关规定，各部门所属单位的预算、决算及报表应当在部门批复后 20 日内由单位向社会公开。各部门要按照上述要求，充分做好 2021 年预决算公开的准备工作。

部门预算编制涉及面广、政策性强，大家要高度重视、协同配合，确保预算编制工作顺利推进。特别是 2021 年财政面临前所未有的收支平衡压力，大家务必把年初预算编好编实。会后，各部门财务司局要及时向部门领导汇报当前经济财政形势和预算编报要求，并传达给业务司局和所属单位，统一思想、凝聚共识；要尽早布置所属预算单位启动预算编制工作，分解任务，细化要求，确保在规定时间内完成预算编报；要加强所属单位之间预算平衡，集中财力办大事，切实保障必需支出；要尽快理顺项目申报流程，不论是申请列入支出规划的项目，还是向其他业务主管部门申报的横向项目，都要事先申请纳入财政部项目库，未按规定入库的项目不得安排预算。

最后，借此机会，就今年预算执行提几点要求。一要硬化部门预算约束。除年初预算已做考虑的事项外，今年执行中不再增加安排部门支出。部门新增的临时性、应急性支出，原则上通过现有预算调剂解决。二要落实过紧日子有关要求。严格执行各项制度和开支标准，加强财务报销审核，对超范围、超标准以及与公务活动无关的费用一律不予报销。要建立定期评估机制，每季度终了对本部门落实过紧日子要求的情况进行跟踪评估，查漏补缺，改进管理。三要及时交回沉淀资金。在严格清理确认并交回结余资金的基础上，密切跟踪预算执行进展，按照能省则省的原则，将执行中可不再安排的支出节省下来交回财政。

同志们，我们要更加紧密地团结在以习近平同志为核心的党中央周围，以习近平新时代中国特色社会主义思想为指导，增强"四个意识"、坚定"四个自信"、做到"两个维护"，凝心聚力，真抓实干，全力以赴做好2021年部门预算编制工作，为实现"两个一百年"奋斗目标、实现中华民族伟大复兴的中国梦贡献力量。

目 录

第一章　中央部门预算改革综述……………………………………（ 1 ）
　　第一节　中央部门预算改革的背景………………………………（ 1 ）
　　第二节　中央部门预算改革的主要内容…………………………（ 3 ）
　　第三节　中央部门预算改革的主要成效…………………………（ 7 ）
　　第四节　中央部门预算改革的下一步考虑………………………（ 9 ）
第二章　中央部门预算编制程序及要求……………………………（ 12 ）
　　第一节　总体职责分工……………………………………………（ 12 ）
　　第二节　编制基本流程……………………………………………（ 13 ）
　　第三节　预算编制准备……………………………………………（ 14 ）
　　第四节　部门2021—2023年支出规划编制………………………（ 15 ）
　　第五节　部门2021年度预算编制…………………………………（ 17 ）
　　第六节　部门支出规划及预算报表说明…………………………（ 20 ）
第三章　中央部门收入预算编制……………………………………（ 33 ）
　　第一节　中央部门收入预算编制概述……………………………（ 33 ）
　　第二节　中央部门收入预算编制…………………………………（ 35 ）
第四章　中央部门基本支出预算管理………………………………（ 39 ）
　　第一节　基本支出改革情况………………………………………（ 39 ）
　　第二节　基本支出预算管理………………………………………（ 40 ）
第五章　中央部门项目支出预算管理………………………………（ 44 ）
　　第一节　项目支出预算概述………………………………………（ 44 ）
　　第二节　项目支出预算管理规定…………………………………（ 46 ）

第三节　做实项目库管理……………………………………（54）
　　　第四节　项目支出标准体系建设……………………………（58）
第六章　财政预算监管……………………………………………（63）
　　　第一节　财政部各地监管局的工作职责……………………（63）
　　　第二节　监管局职责转变要求及职责边界…………………（65）
　　　第三节　财政预算监管工作主要进展情况…………………（67）
第七章　预算绩效管理……………………………………………（77）
　　　第一节　全面实施预算绩效管理的重要意义………………（77）
　　　第二节　西方国家绩效预算改革经验借鉴…………………（78）
　　　第三节　近年来预算绩效管理工作进展情况………………（82）
　　　第四节　全面实施预算绩效管理的思路……………………（84）
第八章　部门预算管理重点工作…………………………………（87）
　　　第一节　中期财政规划管理…………………………………（87）
　　　第二节　紧决落实过紧日子要求，有力破除支出固化格局……（90）
　　　第三节　预算公开……………………………………………（95）
　　　第四节　财政拨款结转和结余资金管理……………………（99）
　　　第五节　部门预算评审………………………………………（105）
　　　第六节　政府采购……………………………………………（113）
　　　第七节　需关注的审计问题及整改要求……………………（119）
第九章　行政事业单位国有资产管理……………………………（124）
　　　第一节　行政事业单位国有资产管理综述…………………（124）
　　　第二节　近年来行政事业单位国有资产管理工作开展情况……（124）
　　　第三节　加强行政事业单位国有资产管理的工作思路……（126）
　　　第四节　进一步推进资产管理与预算管理的有机结合……（128）
　　　第五节　公务用车管理………………………………………（130）
　　　第六节　中央行政单位国有资产处置收入和出租出借收入
　　　　　　　管理…………………………………………………（132）
第十章　地方部门预算改革………………………………………（134）
　　　第一节　地方部门预算改革的简要历程……………………（134）

         第二节　地方部门预算改革的主要内容……………………（136）
         第三节　地方部门预算改革的主要经验和成效………………（145）
         第四节　深化地方部门预算改革的思路和措施………………（149）
第十一章　预算支出标准汇编………………………………………（153）
附　录…………………………………………………………………（171）
　　附录一　中央部门预算改革大事记（2000—2020 年）………（173）
　　附录二　财政部关于编制中央部门 2021—2023 年支出规划和
　　　　　　2021 年部门预算的通知　……………………………（184）
　　附录三　财政部关于编制 2021 年中央行政事业单位住房改革
　　　　　　支出预算的通知………………………………………（189）
　　附录四　中华人民共和国预算法………………………………（193）
　　附录五　党政机关厉行节约反对浪费条例……………………（213）
　　附录六　党政机关办公用房管理办法…………………………（226）
　　附录七　党政机关公务用车管理办法…………………………（236）
　　附录八　财政部关于推进中央部门中期财政规划管理的意见
　　　　　　………………………………………………………（241）
　　附录九　财政部关于加强和改进中央部门项目支出预算管理
　　　　　　的通知………………………………………………（245）
　　附录十　财政部关于进一步做实中央部门预算项目库的意见
　　　　　　………………………………………………………（254）
　　附录十一　财政部关于进一步完善中央部门项目支出预算管
　　　　　　　理的通知…………………………………………（264）
　　附录十二　财政部关于加强中央部门预算评审工作的通知……（266）
　　附录十三　财政部关于印发《中央部门结转和结余资金管理
　　　　　　　办法》的通知……………………………………（271）
　　附录十四　财政部关于印发《中央本级基本支出预算管理办
　　　　　　　法》的通知………………………………………（276）
　　附录十五　财政部关于进一步做好中央本级支出标准体系建
　　　　　　　设工作的通知……………………………………（280）

附录十六　财政部关于印发《中央部门预算绩效目标管理办法》的通知…………………………………………（285）

附录十七　财政部关于印发《中央部门预算绩效运行监控管理暂行办法》的通知……………………………（310）

附录十八　财政部关于印发《项目支出绩效评价管理办法》的通知…………………………………………………（318）

附录十九　财政部关于专员办加强财政预算监管工作的通知………………………………………………………（332）

附录二十　财政部关于专员办进一步加强财政预算监管工作的意见………………………………………………（341）

附录二十一　2021年中央部门基础信息数据库填报说明……（346）

第一章 中央部门预算改革综述

第一节 中央部门预算改革的背景

部门预算是各部门依据国家有关法律法规及其承担的职能,所编制的反映部门所有收入和支出情况的综合财政计划,是政府各部门履行职能和事业发展的物质基础。实行部门预算改革,是我国加强财政支出管理的一项重大改革,对加强财政预算管理、提高财政资金效益、从源头预防腐败等,具有深远而重大的影响。

一、部门预算改革是市场经济体制和公共财政制度的内在要求

作为国家治理的基础和重要支撑,财政预算制度必须服从于和服务于国家的政治经济制度。国家政治经济制度的变革必然要求财政预算制度进行相应调整。

改革开放初期,我国采用的预算编制方法带有明显的计划分配的痕迹,财政统收统支,资金按功能切块分配,属于建设型财政的范畴。随着社会主义市场经济的建立和完善,政府的职能和活动范围逐步向提供公共服务、调节收入分配、促进经济增长等方面转变。财政作为政府履行职能的物质基础、体制保障、政策工具和监管手段,亟须按照社会主义市场经济的要求,建立与之相适应的公共财政体系。

1994年实施的分税制财政体制改革,从收入方面初步理顺了中央与地

方间的分配关系，增强了中央财政的宏观调控能力，但是，财政支出方面的改革相对滞后，仍然采用与计划经济体制相适应的传统功能预算，已不能适应公共财政改革的要求。预算的编制方法、管理模式、运行机制和职责配置等都需要根据新的要求进行系统变革，逐步建立与市场经济体制和公共财政制度相适应的预算管理体系。

二、部门预算改革是消除传统功能预算种种弊端的必然选择

在计划经济体制下，传统功能预算适应于特定的历史需求，充分发挥集中力量办大事的制度优势，为国家重大战略和政策的实施提供了充足的财力保障。随着社会主义市场经济的逐步建立，传统功能预算与市场经济和公共财政不相适应的地方日益显现和增多，主要体现为：一是预算编制范围窄，预算外资金等部门自行控制的资金在分配和使用方面随意性很大。二是预算编制方法不科学，基本采用"基数加增长"的模式。三是预算编制时间短，基础性工作很难完成。四是预算支出安排粗放，大量资金没有细化到具体单位。五是预算管理财权不统一，重复建设和投入的现象较为普遍。

上述问题不但影响了预算管理的科学化和规范化，而且在一定程度上弱化了财政职能。要消除传统功能预算的种种弊端，就要紧密结合我国特殊的历史背景和现实国情，对我国的预算管理模式进行全面思考和大胆创新，推动建立新型的预算管理制度。

三、部门预算改革是全国人大和审计署推动的直接结果

传统功能预算暴露的种种问题引起了全国人大和审计署的高度重视。1999年6月，全国人大和审计署均提出要改进和规范中央预算编制工作"要严格执行预算法，及时批复预算"；"要细化报送全国人大审查批准的预算草案内容，增加透明度"；"报送内容应增加对中央各部门支出、中央补助各地方的支出和重点项目的支出等"。全国人大预算工作委员会要求财政部2000年向全国人大提交中央预算草案时，要提供中央各部门的预

算收支等资料，要报送部门预算。为贯彻落实全国人大的要求，推进依法行政、依法理财，财政部向国务院报送了《关于落实全国人大常委会意见改进和规范预算管理工作的请示》，提出了细化政府预算编制，实施部门预算改革的初步构想。经国务院批准，财政部印发了《关于改进2000年中央预算编制的意见》，正式拉开部门预算改革的序幕。

第二节 中央部门预算改革的主要内容

近年来，在党中央、国务院的正确领导下，在财政部和中央各部门的共同努力下，遵循"循序渐进、先易后难、逐步完善"的总体思路，先搭框架、再磨细节、稳步推进，通过推进综合预算、优化支出结构、完善分配机制、改进项目管理、理顺编制权责、实行中期规划、强化预算执行、加强绩效管理、推进预算公开等一系列改革，提高了预算管理的完整性、规范性、科学性、有效性和透明度，更加有效地发挥了财政职能作用。

一、推进综合预算管理

规范部门预算编报范围，将预算单位符合规定的各项资金全部纳入部门预算管理，一个部门一本预算。2011年起，全部预算外收入纳入预算管理。增强各类预算之间的统筹协调，加大政府性基金预算、国有资本经营预算与一般公共预算的统筹力度。规范部门预算编报口径，2015年起将部门预算划分为部门财政拨款收支预算和部门收支预算两个层次。其中，部门财政拨款收支预算与一般公共预算和政府性基金预算衔接，部门收支预算全面反映包括财政拨款收支、事业收支、事业单位经营收支和其他收支等在内的部门收支预算情况。

二、优化财政支出结构

结合国家战略部署、政府施政目标和宏观调控要求，调整和优化支出结构，加大对重大改革、重要政策和重点项目，以及深化供给侧结构性改革、打好三大攻坚战、促进教育文化卫生事业发展方面的支持力度，更好地服务经济社会发展。不折不扣落实过紧日子有关要求，2020年进一步加大压减力度，中央本级支出安排负增长，剔除国防、武警、债务发行付息、粮油物资储备等四项支出后，其他中央本级支出下降11.1%，其中非急需非刚性支出压减50%以上。同时，大幅压减2020年中央本级"三公"经费预算，其中因公出国（境）费和公务接待费压减幅度均超过60%。

三、完善预算分配机制

推进预算支出标准体系建设。逐步扩大基本支出定员定额管理范围，初步构建起覆盖绝大多数行政单位、参公单位和部分公益性较强事业单位的分类分档定额标准体系。全面推进实物费用定额试点，范围扩大到所有中央部门本级，按照人员定额和实物定额相结合的方式核定试点单位公用经费规模。加快推进中央本级项目支出标准体系建设，按照先易后难、重点突破、逐步深入、梯次推进的原则，加强支出标准编制，积极推进项目支出标准体系建设和项目标准化管理，强化支出标准应用，发挥标准在预算编制和管理中的支撑作用。

四、改进项目支出管理

完善项目管理层次，将项目分为一级和二级项目，按新的分类加强项目整合，清晰反映项目与部门职能、任务之间的结构关系。加强政策研究和项目论证，加大项目精简整合力度，完善项目决策机制，提高项目质量。所有项目纳入项目库管理，年度预算安排项目从项目库中择优选取。规范项目入库管理，建立重大项目动态评估清理机制。不断扩大项目评审范围，2019年部门项目评审实现全覆盖。强化评审结果应用，一方面将评审结果作为预算安排的上限；另一方面，对平均审减率超过容忍度的部门，适当压减部门项目支出预算。

五、理顺预算编制权责

进一步理顺预算管理关系，更好地发挥部门在预算编制、执行中的主体地位和责任，按照"放管服"改革要求，一方面，赋予部门更多的预算管理权限，部门具体项目的立项和经费安排等原则上由部门负责，强化部门主体责任；另一方面，减少财政部对预算编制微观事项的介入，重点做好总量平衡和宏观管理，更加注重管理制度和规程制定。2015 年起，将预算评审中心和专员办实质性嵌入预算编制流程，健全预算审核程序，充分地发挥预算审核和监管作用。2020 年财政评审项目 171 个，涉及资金近 1800 亿元，平均审减率约 37%。四是强化预算安排同执行、评审和审计挂钩机制。对 2019 年执行进度较慢、评审审减率较高、存在屡查屡犯审计问题的部门，按一定比例压减 2020 年项目支出预算。

六、实行中期规划管理

根据中期财政规划和部门改革发展需求，合理确定规划期内中央部门的支出总量和结构。从编制 2016 年预算起，对纳入中央部门预算的一般公共预算和政府性基金预算拨款收支实行中期财政规划管理。实行逐年滚动管理，突出政策与预算相结合，增强预算约束力，各部门年度预算安排不得突破中期财政规划确定的对应年度部门中期财政规划。按照"先定政策，再排支出"的思路，加强政策、业务和预算的有机结合，实现总量控制与结构优化的衔接统一。

七、强化预算执行管理

增强预算约束刚性，从严控制追加预算，执行中除救灾等应急支出外，一般不出台增加当年支出的政策，必须出台的政策纳入以后年度预算安排；必须追加当年预算的，首先通过调整部门当年支出结构解决。严格控制代编预算范围和规模，逐步提高年初预算到位率。对于年度执行中新增的临时性、应急性等支出，要求通过机动经费或部门预算调剂等渠道解决。规范代编预算使用程序，执行中需要动用代编预算的，须报国务院批准后下达。对预计年底剩余的项目资金，部门可按程序调剂用于符合政策规定的基本支出缺口以及急需的项目支出。按照国务院部署，组织中央部门全面清理存量资金，收回后统筹用于经济社会发展急需资金的领域。同时，建立盘活存量资金长效机制，完善结转结余资金管理，将部门结余资金全面收回财政，加大存量资金消化力度，提高财政资金使用效率。

八、加强预算绩效管理

强化中央部门预算绩效管理，实现项目绩效目标、绩效执行监控、绩效自评、绩效责任四个全覆盖。推进绩效管理与预算管理紧密结合，实行预算编制、执行、监督全过程的绩效管理工作机制。报请中共中央、国务院印发了《关于全面实施预算绩效管理的意见》，并对中央部门贯彻落实文件精神提出了具体要求。制定印发《中央部门预算绩效运行监控管理暂行办法》，对预算执行情况和绩效目标实现程度进行"双监控"，及时纠正偏差。部分项目绩效自评结果和重点绩效评价报告提交全国人大常委会，稳步推动绩效信息向社会公开。

九、推进部门预算公开

主动地接收人大审计监督，逐步细化报送全国人大审议的中央部门预算内容。强化部门主体责任，提高部门预算公开的主动性和积极性。加强部门预算公开力度，2020年102家部门公开了预算，对落实过紧日子要求压减支出等情况进行重点说明。项目公开力度进一步加大，公开项目文本83个，比上年增加33个；公开绩效目标109个，是上年的2倍多。拓宽部门预算公开形式，大力推进"互联网＋政务服务"，除在部门网站公开外，还在财政部门户网站建立的专门平台和中国政府网设置的专门栏目上集中公开中央部门预算，方便社会公众监督。

第三节　中央部门预算改革的主要成效

20年来，中央部门预算改革不断向前推进，预算编制更加全面规范，预算管理更加公开透明，管理措施更加丰富完善，运行机制更加顺畅高效，为中央履行职能和事业发展提供了可靠的财力保障。特别是党的十八大以来，各部门认真贯彻落实党中央、国务院决策部署，通过推行中期财政规划、重塑预算编制链条、做实项目库、强化预算绩效管理、理顺各方权责关系、推进预决算信息公开，基本构建起层次清晰、运转顺畅的部门预算管理新框架，为建立现代财政制度奠定了坚实基础。

一、提升了部门履职保障能力

部门预算改革以后，实行"一个部门一本预算"，部门预算管理的完整性得到了提高。中央部门在编制年度预算时就对本部门年度预算进行总体规划，结合本部门职能和年度工作安排统筹考虑并申报预算，促使部门将预算编制与部门职能和事业发展紧密联系在一起。同时，财政部门在编制年度预算时，根据国家战略需要以及党中央国务院具体要求，研究提出具体预算编报要求，为部门编制年度预算提供指引。这种新型的预算分配机制，确保了国家重大政策得到贯彻落实，也更符合部门履行职能的实际需要。

二、增强了部门预算的严肃性

部门预算改革以后，一方面改变了过去层层留机动的做法，预算全部批复到具体项目和具体单位，减少了资金在中间环节的滞留，提高了预算的年初到位率，为各预算单位严格按照预算执行创造了条件；另一方面改变了预算外资金、各种政府性基金由单位自行安排的做法，按照综合预算的要求，将预算外资金和部门其他财政性资金全面纳入预算管理或实行收支脱钩管理，部门预算的完整性得到提高，预算管理的随意性得到了控制。同时，财政部积极加强预算执行管理，严格预算执行约束，如有调整必须按程序报财政部门审批，提高了部门预算管理的严肃性。

三、提高了预算编制的科学性

部门预算改革以后，预算编制时间逐步延长，为部门全面、准确、科学、细化地编报预算提供了充足的时间保障。预算编制方法也逐步从传统的"基数加增长"过渡到按基本支出和项目支出分别测算，基本支出实行定员定额管理，项目支出立足项目库实行滚动管理，在编制程序上坚持从基层预算单位编起，逐级汇总，预算批复到基层单位和具体项目，大大提高了预算编制的科学化水平。

四、明确了预算编制的权责

部门预算改革以后，在制度设置上不断强化中央各部门主体地位，强调中央部门既是预算编制的主体，也是预算执行和绩效评价的主体；既是权利主体，同时也是责任主体。中央部门也切实改变了以往粗放的预算编报方式，充分履行预算编报的主体责任。逐步形成了中央部门为主、财政部门总体平衡的预算管理格局，部门预算理念不断增强，预算管理上下一盘棋的局面初步建立。

五、增强了部门预算的透明度

部门预算改革以后，全国人大监督的广度和深度不断延伸。报送全国人大审议的部门预算数量逐年增加，现已基本涵盖所有非涉密的中央部门；报送的重点项目数量2020年达到83个，比上年增加33个；报送的预算信息不断细化，全部支出已细化到项级科目。积极推动部门预算公开，2020年公开预算的部门数量达到102家。进一步细化公开内容、创新宣传方式，指导部门做好对压减一般性支出等重点事项的说明。

六、提高了财政资金使用效益

部门预算改革以后,财政部着力扭转以往"重分轻管"的局面,不断提高加强和完善财政资金管理措施,让有限的财政资金发挥出最大的使用效益。一方面,全面实施绩效管理,确立起绩效目标与部门预算同步申报、同步审核、同步批复机制,推进部门预算安排与绩效评价的结合,推动中央部门树立绩效观念,主动提高财政资金使用效益。另一方面,加强预算执行管理和财政拨款结转结余管理,建立健全预算执行监测分析制度,严格控制预算调整事项和调整时限,建立部门结余资金全面收回财政的制度,不断提高财政资金的使用效率和效益。

第四节 中央部门预算改革的下一步考虑

随着我国经济发展进入新常态,减税降费等政策有效实施,财政收入增长趋缓。同时,财政在巩固脱贫攻坚成果、推动高质量发展等方面承担着重要责任,财政收支在今后较长一个时期将处于紧平衡状态,收支矛盾较为突出,可持续性面临挑战,同时,预算管理领域的深层次问题逐步浮出水面,如预算统筹力度不足、预算标准体系建设总体滞后、预算约束不够有力、预算公开仍需拓展等。党的十九大提出"建立全面规范透明、标准科学、约束有力的预算制度,全面实施绩效管理",党的十九届四中全会进一步明确"完善标准科学、规范透明、约束有力的预算制度",为进一步深化部门预算改革指明了方向。

一、切实加大预算统筹力度

进一步加强一般公共预算、政府性基金预算和国资预算的统筹衔接,逐步推进"预算一个盘子、支出一个口子",强化部门和单位对各类资源的统一管理和存量资金管理。

二、加快推进支出标准体系建设

下大气力完善基本支出标准体系，将行政、参公和公益一类事业单位全部纳入定额管理。加快推进项目支出标准体系建设，逐步将科学合理的实际执行水平作为制定标准的依据。建立标准动态调整机制。加强标准应用。

三、着力强化项目支出预算管理

将项目作为部门和单位预算管理的基本单元，预算支出以项目形式全部纳入项目库。实施项目全生命周期管理。从严控制新增项目。研究开展项目排序，分清优先等次，突出保障重点。

四、全面推进预算绩效管理

抓紧健全预算绩效管理制度体系，尽快出台《中央部门预算绩效管理考核办法》。继续完善定量和定性相结合的共性绩效指标框架。研究探索以绩效为导向的预算分配体系。加强绩效管理成果应用。

五、稳妥推进预决算信息公开

坚持以公开为常态、不公开为例外，保障公开信息"找得到、看得懂、能监督"。扩大公开范围，细化公开内容。

六、进一步强化部门预算约束

严格执行人大批准的预算，坚持先有预算后有支出。硬化部门预算约束，强化预算管理约束机制。加强跨年度预算平衡，增强支出规划对年度预算的约束力。

七、大力提升预算管理信息化水平

建设预算管理一体化系统,实现预算编制、执行、决算、资产、政府采购等各项业务全面贯通、衔接交互、有效制衡。推进财政系统与部门系统互联互通、信息共享。运用大数据、云计算等前沿技术,加强预算、决算、资产等数据分析处理和综合运用,为预算改革、政策制定等提供基础支撑。

第二章　中央部门预算编制程序及要求

第一节　总体职责分工

中央部门预算管理涉及全国人大、国务院、财政部、中央部门等不同主体，根据《中华人民共和国预算法》《中华人民共和国预算法实施条例》，按照《国务院关于深化预算管理制度改革的决定》《国务院关于实行中期财政规划管理的意见》等文件精神，在中期财政规划和年度预算编制工作中，各方职责分工如下：

全国人民代表大会：审查中央预算草案及中央预算执行情况的报告；批准中央预算和中央预算执行情况的报告；改变或者撤销全国人民代表大会常务委员会关于预算、决算的不适当的决议。

全国人民代表大会常务委员会：监督中央预算的执行；审查和批准中央预算的调整方案；审查和批准中央决算；撤销国务院制定的同宪法、法律相抵触的关于预算、决算的行政法规、决定和命令。

国务院：编制中央预算、决算草案；向全国人民代表大会作关于中央和地方预算草案的报告；组织中央预算的执行；决定中央预算预备费的动用；编制中央预算调整方案；监督中央各部门的预算执行；改变或者撤销中央各部门关于预算、决算的不适当的决定、命令；向全国人民代表大会、全国人民代表大会常务委员会报告中央预算的执行情况。

财政部：具体编制中期财政规划和中央预算、决算草案；具体组织中央预算的执行；提出中央预算预备费动用方案；具体编制中央预算的调整方案；定期向国务院报告中央预算的执行情况。

中央部门：编制本部门中期财政规划和预算、决算草案；组织和监督本部门预算的执行；定期向财政部报告预算的执行情况。

第二节　编制基本流程

中央部门预算按照"二上二下"的流程编制，具体如下：

预算编制准备阶段。主要是中央部门清理完善预算单位信息，开展项目清理和提前储备项目。财政部布置中央部门年度预算编制工作，下发《政府收支分类科目》，准备预算编制软件。

"一上"阶段。中央部门根据本部门发展规划、年度工作目标和重点等，从基层预算单位开始编制年度预算建议，逐级审核汇总，由部门编制年度预算建议方案报送财政部，同时报送人员、资产等基础数据和项目库。

"一下"阶段。财政部对中央部门报送的年度预算建议进行审核，综合考虑财力可能，研究提出中央部门预算安排总体建议方案，按程序报批后下达中央部门年度预算控制数。

"二上"阶段。中央部门根据财政部下达的"一下"预算控制数细化编制部门"二上"预算。中央部门在财政部下达的控制数以内，按规定的预算科目、报表格式等汇总编制本部门年度预算草案，在规定时间内报送财政部。财政部对部门报送的"二上"预算进行审核，汇编中央部门预算草案。

"二下"阶段。在全国人民代表大会批准中央预算后，财政部批复各中央部门预算，中央部门根据财政部批复的部门预算，逐级批复所属单位预算。

第三节 预算编制准备

一、预算单位信息变更

根据本部门机构调整变化情况，以正式文件向财政部提出预算单位信息变更申请。部门申请变更时，应提供中央机构编制管理部门的批复文件、社会信用代码证书、事业单位法人证书、营业执照等相关证明材料，并通过预算编报软件提供申请变更的电子数据。各部门最迟应在"二上"预算之前向财政部提出对下年度预算单位信息变更的申请。

二、项目清理

包括调整优化一级项目设置和清理完善现有二级项目。一级项目包括通用一级项目和专用一级项目。一级项目要有明确的名称、实施内容、支出范围和总体绩效目标，项目数量要严格控制，项目名称、实施内容和支出范围等在年度间要保持相对稳定。二级项目要结合项目支出预算管理总体要求、当前政策形势和项目实施情况等，评估清理当前二级项目，研究提出下一年度实施建议等。

三、项目储备

部门要尽早布置、组织所属各单位开展以后年度预算项目储备工作，提前启动项目论证、立项、审核评审和申报入库等工作。完成项目清理和储备后，部门项目库年度支出计划总额控制在上年项目支出规划的120%以内。向相关业务主管部门申报的项目（如发展改革委、国防科工局安排的基本建设项目等），应当事先储备纳入部门项目库，并按规定申报纳入财政部项目库。

第四节 部门2021—2023年支出规划编制

一、编制范围和流程

编制部门预算的中央部门，对一般公共预算和政府性基金预算拨款收支均应编制2021—2023年支出规划，按照"二上二下"程序，与2021年部门预算编制同步进行。

二、基本支出规划编制

"一上"时，中央部门不编报基本支出规划。因机构编制、人员等变化需调整支出规划的，应当单独反映。"二上"时，部门根据财政部下达的2021—2023年基本支出规划控制数，编制相应年度基本支出规划。

三、项目支出规划编制

（一）完善项目填报

结合项目清理和储备工作，对项目库中的所有项目，统一按照"项目—活动—子活动—分项支出—标准（价格）—支出计划"的层次编报，清晰反映项目内容、具体活动和支出需求，不得在项目中编报应当纳入基本支出安排的相关支出。加强一般公共预算、政府性基金预算和国有资本经营预算的统筹衔接，避免项目交叉重复。所有入库项目都要设置绩效目标，并细化、量化为具体的绩效指标。准确使用政府收支分类科目，严格控制使用款级、项级科目中的其他支出科目。

（二）加强项目评审

对于部门项目库中按规定应评审的项目，部门要全部评审，结合评审做好事前绩效评估。评审要对立项依据、实施方案、支出内容、预算需求、分年计划、绩效目标等提出具体意见。评审要注重结合存量资产情况审核安排新增资产。

（三）科学合理测算

部门根据轻重缓急对备选项目进行排序，根据排序情况选择项目编制年度项目支出规划建议。"一上"时编制的2021年项目支出规划建议应当控制在上年下达的2021年控制数规模之内，且不得超过2020年项目支出规划，并尽可能压缩规模。对于因党中央、国务院新批准重要改革、重大政策等确需增加支出规划的，应当单独提出申请并提供文件依据和详细说明。对于以前年度结转资金较多的项目，应当减少该项目的支出规划，调整用于其他重点支出。相关业务主管部门管理的项目支出（如发展改革委、国防科工局安排的基本建设支出等），由主管部门负责编制支出规划。

四、部门报送支出规划

部门报送"一上"支出规划时，一级项目规划数较上年有调整的，应当做出说明。同时，将拟新增和调整的二级项目一并报财政部，并说明依据和理由。财政部对部门申请纳入财政部项目库的项目进行审核，通过审核的，纳入财政部项目库；需要调整的，由部门调整后重新上报；不符合政策规定的，不得列入规划和预算。除另有规定外，10月20日之后原则上不再接收部门申报新增项目。

五、财政部审核控制数

财政部综合平衡后，核定下达部门2021—2023年支出规划控制数，明确一级项目和部分重点二级项目的分年控制数。

六、部门调整编制规划

部门根据财政部下达的控制数细化编制2021—2023年支出规划报财

政部，各年度支出总额不得调整。在一级项目控制数规模内，部门可调整二级项目支出计划或增减替换二级项目，增加的项目应当是已纳入财政部项目库的项目。部门如需在一级项目之间进行调整，或对控制数中已明确的二级项目进行调整，应当商财政部同意。

第五节　部门2021年度预算编制

一、编制"一上"预算

（一）基本支出预算编制

根据机构调整等情况及时清理和规范设置预算单位，按程序申请新增、撤销和变更预算单位信息。认真填报基础信息数据库，对人员编制、实有人数、机构设置等情况较上年发生变化的，要说明原因并提供证明文件。要对部门基本支出情况进行全面梳理。按照要求申报规范津贴补贴经费数据，申报范围为执行规范津贴补贴政策的京外单位在职人员、离休人员和在京中央单位离休人员。按照规定开展养老保险和医疗保险单位缴费补助支出测算。按照中央行政事业单位住房改革支出预算编制要求，如实填报住房改革支出预算，并优先消化财政拨款结转资金，动用公房出售收入和其他资金。

（二）项目支出预算编制

除相关业务主管部门管理的项目外，2021年项目支出预算规模和结构与部门2021年支出规划一致。机动经费项目暂按上年数编报。

（三）项目绩效目标编制

部门要对所有一级项目、二级项目填报中期和年度绩效目标及相应绩效指标，选择部分单位填报整体支出绩效目标。按照五年为周期实现部门评价重点项目全覆盖的原则，有重点、有针对、有选择地确定部分重大项目开展绩效评价，并结合实际开展整体支出绩效评价试点。

（四）新增资产配置相关预算编制

中央行政事业单位所有使用财政性资金及其他资金购置车辆，租用土地、办公用房、业务用房，以及购置单价 50 万元以上的通用设备和单价 100 万元以上的专用设备的，要编制新增资产配置相关预算，并详细说明新增资产配置必要性。单位报送的租用土地、办公用房、业务用房申请应当是按规定报经机关事务主管部门或有关主管部门审核同意的项目。单位申请配置的新增资产，应当按照标准配备；没有标准的，应当按照过紧日子要求，结合单位履职需要和事业发展需求从严控制。

（五）部门要积极支持并督促属地中央预算单位配合财政部各地监管局开展部门预算监管工作

纳入监管局监管范围的中央二级及以下预算单位，应按要求和规定时限将2021年"一上"预算申报材料逐级汇总后报送当地监管局备查，并提供预算编制有关政策依据、证明文件等。

（六）部门要认真填报部门职能、机构设置、资产配置、人员编制等情况及说明，其中，支出规划建议应按照规定格式编写，一并说明项目排序、绩效评价结果运用、项目支出标准建设、非财政拨款收支等情况严格按照保密规定标注文件和数据的密级

二、核定"一下"预算控制数

财政部综合平衡后，核定下达部门2021年财政拨款预算控制数。其中，基本支出控制数明确到功能分类项级科目，项目支出控制数明确到一级项目和部分重点二级项目。

三、编报"二上"预算

（一）部门要充分、合理预计事业收入、事业单位经营收入等各项收入，按规定全部纳入预算统筹安排使用，未纳入年初预算的，部门要采取有效措施，执行中严格控制使用。纳入部门整体支出绩效目标管理试点的部门，要按要求填报部门整体绩效目标。

（二）部门要严格按照财政部下达的"一下"控制数，编制包含财政拨款和非财政拨款在内的全口径支出预算，相关支出要全部分解细化到具体单位和项目。基本支出和项目支出预算编制到支出经济分类款级科目，合理确定支出经济分类情况，严格控制使用其他支出科目。根据项目支出预算安排等情况进一步调整完善绩效目标。

（三）部门要充分预计基本支出和项目支出结转资金，按规定列入"二上"预算，并结转下年按原用途继续使用。对结转资金较多的项目，应当调减预算安排，将调减下来的指标调整用于其他急需支出。

（四）部门要认真编报年度"三公"经费预算，严格按照有关规定和支出经济分类科目说明的口径编列，继续从严控制各项支出规模。

（五）部门预算支出凡涉及政府采购的均应编制政府采购预算。部门要根据《国务院办公厅关于印发中央预算单位政府集中采购目录及标准（2020年版）的通知》规定，按照《政府采购品目分类目录》列明货物、工程、服务类型，细化填报具体采购项目的采购标的名称、预算金额等信息，并反映专门采购中小企业产品的有关情况。拟购置采购限额标准以上设备的，应列出拟采购设备的名称、数量和预算金额。

（六）部门申报政府购买服务项目，应当填报政府购买服务支出表，其中列入政府集中采购目录及限额标准以上的政府购买服务项目，应当同时编报政府采购预算，并按照政府采购规定组织实施。政府购买服务所需资金列入部门预算，从既有预算中统筹安排。

第六节 部门支出规划及预算报表说明

一、报表构成及使用要求

中央部门预算信息主要通过报表形式采集，报表分为"录入表"和"生成表"。"录入表"主要用于部门填报明细数据信息。"生成表"主要用于查询、分析、报出数据信息。总的来看，中央部门支出规划及预算报表包含四部分：一是中央部门三年支出规划表（录入表）；二是年度预算录入表（录入表）；三是中央部门预算表（生成表）；四是中央部门预算附表（生成表）。部门使用部门三年支出规划表填报部门三年支出规划；使用年度预算录入表填报年度收支预算等信息，并根据录入表中数据生成预算表和预算附表报财政部。报表具体构成如下：

（一）年度预算录入表 10 张

录入表 1：一般公共预算基本支出录入表

录入表 2：一般公共预算项目支出录入表

录入表 3：政府性基金预算基本支出录入表

录入表 4：政府性基金预算项目支出录入表

录入表 5：收入录入表

录入表 6：中央行政事业单位住房改革支出录入表

录入表 7：中央行政事业单位新增资产配置录入表

录入表 8：经营及往来支出录入表

录入表 9：政府采购支出录入表

录入表 10：政府购买服务支出录入表

（二）三年支出规划表 2 张

规划表 1：一般公共预算三年支出规划表

规划表 2：政府性基金预算三年支出规划表

（三）中央部门预算表 6 张

预算表 1：财政拨款收支预算总表

预算表 2：一般公共预算财政拨款支出表

预算表 3：政府性基金预算财政拨款支出表

预算表 4：财务收支预算总表

预算表 5：财务收入预算表

预算表 6：财务支出预算表

（四）中央部门预算附表 14 张

预算附表 1：一般公共预算基本支出表

预算附表 2：一般公共预算项目支出表

预算附表 3：一般公共预算经济分类支出表（部门预算支出经济分类）

预算附表 4：一般公共预算经济分类支出表（政府预算支出经济分类）

预算附表 5：一般公共预算"三公"经费和会议费支出表

预算附表 6：中央行政事业单位住房改革支出表

预算附表 7：政府性基金预算基本支出表

预算附表 8：政府性基金预算项目支出表

预算附表 9：政府性基金预算经济分类支出表（部门预算支出经济分类）

预算附表 10：政府性基金预算经济分类支出表（政府预算支出经济分类）

预算附表 11：中央行政事业单位新增资产配置表

预算附表 12：政府采购支出表

预算附表 13：政府购买服务支出表

预算附表 14：经营及往来支出表

二、报表中有关基础信息填报要求

（一）单位类型

行政单位：包括国务院所属行政部门、全国人大、全国政协、最高人民法院、最高人民检察院、中国共产党、各民主党派、工商联，以及全国总工会、共青团中央、全国妇联等中央级社会团体。

参照公务员法管理的事业单位（简称参公单位）：指经人力资源社会保障部或中央组织部批准为参照公务员法管理的事业单位。

事业单位：指除参公单位外的其他中央级事业单位。

企业：主要是中央管理企业、有关金融机构等。

其他：指除行政单位、事业单位和企业之外的单位。

（二）预算编报的收支范围

行政单位：全部收支列入部门预算。

参公单位和事业单位：除开展独立核算经营活动发生的收支以外，其他的收支全部列入部门预算。

军队武警：全部收支列入部门预算。

社会团体：一般公共预算财政拨款、政府性基金财政拨款等收支列入部门预算。

企业：一般公共预算财政拨款、政府性基金财政拨款等收支列入部门预算。

（三）单位名称和代码

1. 预算单位编制预算时所用的单位名称和代码。预算单位代码按照统一制定的编码规则确定。

2. 编制预算时，单位名称和代码信息由财政部随预算编制软件下发，部门不能自行修改。

3. 部门因机构调整等原因需要变更单位名称或代码的，应正式向财政部提出申请，经财政部核准后，重新下发相关信息。

4. 为避免影响预算编制工作，部门应于每年度预算编制开始前将变更单位名称或代码的申请报财政部，如确有特殊情况的，在预算编审过程中也可提出调整预算单位信息的申请。部门预算"二上"之后，财政部将不再受理涉及下年度预算编制的有关单位名称和代码等变更申请。

（四）科目名称和编码

1. 部门编制年度预算时使用的科目名称及科目编码，统一按照下发的年度政府收支分类科目执行。

2. 部门编制预算时填列的支出功能分类科目和经济分类科目均须填列到最底级的明细科目。

（五）冲抵行

由于部门下属各单位预算自求平衡，各单位预算汇总后，单位之间的往来收支会造成重复计算，虚增部门总收支。为解决此问题，在编制系统中录入收入预算、经营及往来支出预算表时，可选择"是否冲抵行"选项，对"是否冲抵行"为"是"的数据录入行，允许填列负数，以对部门内部往来收支进行冲抵，避免重复汇总虚增收支。

需要注意的是：部门预算录入数据时，除了冲抵行外，其他数据行中均不允许填列负数。

三、录入表填报要求

（一）录入表1：一般公共预算基本支出录入表

该表反映部门（单位）通过一般公共预算财政拨款、一般公共预算财政拨款结转资金、教育收费、其他资金等安排的，具体到单位，且明细到支出功能分类和经济分类明细科目的基本支出情况。

1. 支出类别：填列人员经费或公用经费。

（1）人员经费。反映单位工资福利支出、对个人和家庭的补助支出情况。

(2) 公用经费。反映单位购买商品和服务的支出。

需要说明的是，各部门在财政部下达的基本支出预算控制数及财政拨款补助数额内，根据单位实际情况和国家有关政策、制度规定的开支范围及开支标准，在人员经费和公用经费各自的支出经济分类科目之间，自主调整编制本部门的基本支出预算。人员经费与公用经费之间不得自行调剂，且人员经费的调整必须符合国家有关政策规定，不得自行扩大和提高人员工资发放标准。在财政部正式批复部门预算后，各部门、各单位要严格按批复的预算执行，不得随意调整。

2. 密级：对应每一录入行填列，反映分单位分功能科目基本支出人员经费或公用经费的密级。

3. 本年支出：通过各项资金来源安排的人员经费和公用经费情况。其中：

(1) 小计：反映支出预算的各资金来源总额。

(2) 财政拨款：填列用当年一般公共预算财政拨款资金安排的基本支出预算数。

(3) 结转资金：填列使用以前年度一般公共预算财政拨款基本支出结转资金安排的基本支出预算数。

(4) 教育收费安排支出：填列用财政专户核拨的教育收费收入安排的基本支出预算数。

(5) 其他资金：填列除上述来源之外的其他资金安排的基本支出预算数，其中含行政事业单位动用公有住房出售收入安排的住房改革支出数。

(二) 录入表2：一般公共预算项目支出录入表

该表反映部门（单位）主要通过一般公共预算财政拨款、一般公共预算财政拨款结转资金、教育收费、其他资金等安排，具体到单位和二级项目，明细到功能分类和经济分类明细科目的项目支出情况。

该表中有关二级项目的信息主要从项目库的一般公共预算二级项目、非财政拨款项目中提取。

1. 项目：反映二级项目名称，从项目库提取。二级项目名称应真实、全面地反映项目主要信息，原则上应包含项目涉及的主要工作或事项（如涉及的相关工作或事项有规范名称的应使用该规范名称或简称）以及项目的主要支出内容等信息。用词要精练简洁，避免使用字母及英文缩写。项目名称中应尽量不再体现项目单位的名称信息。

2. 项目代码：每个项目对应一个项目代码，项目代码具有唯一性，从项目库提取。二级项目代码为18位数字，由"3位部门预算代码＋3位二级预算单位代码＋3位三级预算单位代码（或000）＋3位四级预算单位代码（或000）＋2位项目编制年份码＋4位顺序码"组成。

3. 项目分类：从项目库提取。二级项目划分为重大改革发展项目、专项业务费项目和其他项目三类。

重大改革发展项目，指党中央、国务院文件明确规定中央财政给予支持的改革发展项目，以及其他必须由中央财政保障的重大支出项目等。

专项业务费项目，指中央部门为履行职能，开展专项业务而持续、长期发生的支出项目，如大型设施、大型设备运行费，执法办案费，经常性监管、监测、审查经费，以及国际组织会费等。

其他项目，指除上述两类项目之外，中央部门为完成特定任务需安排的支出项目。基本建设项目统一列为其他项目。

4. 项目密级：从项目库提取。根据保密管理相关规定确定项目密级和保密期限。

5. 是否基建：从项目库提取。项目是否按照基本建设财务管理办法执行。按管理主体，基建项目分为国家发展改革委安排的基建项目、中央财政安排的基建项目和其他主管部门安排的基建项目。

6. 是否开展绩效评价：部门是否建议作为绩效评价试点项目。

7. 本年支出：通过各项来源资金安排的项目支出情况。其中：

（1）小计：反映支出预算的各资金来源总额。

（2）财政拨款：填列用当年一般公共预算财政拨款资金安排的项目支出预算数。

（3）结转资金：填列使用以前年度一般公共预算财政拨款项目支出结转资金安排的项目支出预算数。

（4）教育收费安排支出：填列用财政专户核拨的教育收费收入安排的

项目支出预算数。

(5) 其他资金：填列除上述来源之外的其他资金安排的项目支出预算数。

(三) 录入表3：政府性基金预算基本支出录入表

该表反映部门（单位）通过政府性基金预算财政拨款和政府性基金预算财政拨款结转资金安排，具体到单位，明细到功能分类和经济分类明细科目的基本支出情况。

1. 支出类别：填列人员经费或公用经费。

2. 密级：对应每一录入行填列，反映分单位分支出功能分类科目基本支出人员经费或公用经费的密级。

3. 本年支出：通过各项来源资金安排的人员经费和公用经费情况。其中：

(1) 小计：反映支出预算的各资金来源总额。

(2) 财政拨款：填列用当年政府性基金预算财政拨款资金安排的基本支出预算数。

(3) 结转资金：填列使用以前年度政府性基金预算财政拨款基本支出结转资金安排的基本支出预算数。

(四) 录入表4：政府性基金预算项目支出录入表

该表反映部门（单位）主要通过政府性基金预算财政拨款和结转资金安排，具体到单位和项目，明细到功能分类和经济分类明细科目的项目支出情况。

该表中有关项目的信息直接从项目库的政府性基金预算项目中提取。

1. 项目：反映项目名称，从项目库提取。项目名称填报要求参照一般公共预算二级项目名称。

2. 项目代码：每个项目对应一个项目代码，项目代码具有唯一性，从项目库提取。项目代码为18位数字，由"3位部门预算代码＋3位二级预算单位代码＋3位三级预算单位代码（或000）＋3位四级预算单位代码（或000）＋2位项目编制年份码＋字母J＋3位顺序码"组成。

3. 项目密级：从项目库提取。根据保密管理规定确定项目密级和保密期限。

4. 是否基建：从项目库提取。项目是否按照基本建设财务管理办法执行。

5. 是否开展绩效评价：部门是否建议作为绩效评价试点项目。

6. 本年支出：通过各项来源资金安排的项目支出情况。其中：

（1）小计：反映支出预算的各资金来源总额。

（2）财政拨款：填列用当年政府性基金预算财政拨款资金安排的项目支出预算数。

（3）结转资金：填列使用以前年度政府性基金预算财政拨款项目支出结转资金安排的项目支出预算数。

（五）录入表5：收入录入表

该表反映部门（单位）各项收入的分科目明细情况。

1. 上年结转：填列预计结转到预算年度使用的一般公共预算财政拨款结转资金、政府性基金预算财政拨款结转资金、教育收费和其他资金情况。其中：

（1）一般公共预算财政拨款结转资金：填列预计结转到预算年度安排使用的一般公共预算财政拨款结转资金数。

一般公共预算财政拨款结转资金中，基本支出结转资金应用于安排基本支出，项目支出结转资金应安排用于原项目，部门（单位）不得调剂使用结转资金，即A项目的结转资金不得调整用于B项目。

"收入录入表"中"一般公共预算财政拨款结转资金"数，应等于"一般公共预算基本支出录入表"和"一般公共预算项目支出录入表"中使用以前年度一般公共预算财政拨款结转资金安排的支出数之和。

（2）政府性基金预算财政拨款结转资金：填列预计结转到预算年度安排使用的政府性基金预算财政拨款结转资金数。

政府性基金预算财政拨款结转资金中，基本支出结转资金应用于安排基本支出，项目支出结转资金应安排用于原项目，部门（单位）不得调剂使用结转资金。

"收入录入表"中"政府性基金预算财政拨款结转资金"数，应等于"政府性基金预算基本支出录入表"和"政府性基金预算项目支出录入表"中使用以前年度政府性基金预算财政拨款结转资金安排的支出数之和。

（3）教育收费：填列预计结转至预算年度安排使用的教育收费收入。

（4）其他资金：填列除一般公共预算财政拨款结转资金、政府性基金预算财政拨款结转资金以及教育收费以外，其他预计结转到预算年度安排使用的资金。

2. 本年收入：填列预算年度的一般公共预算财政拨款收入、政府性基金预算财政拨款收入、事业收入、事业单位经营收入、往来收入和其他收入。

（1）一般公共预算财政拨款收入：填列预算年度申请安排的一般公共预算财政拨款数。应等于"一般公共预算基本支出录入表"和"一般公共预算项目支出录入表"中本年财政拨款支出数之和。

（2）政府性基金预算财政拨款收入：填列预算年度申请安排的政府性基金预算财政拨款数。应等于"政府性基金预算基本支出录入表"和"政府性基金预算项目支出录入表"中本年财政拨款支出数之和。

（3）事业收入：填列事业单位开展专业业务活动及辅助活动取得的收入。其中：

教育收费收入：填列部门上缴财政后，由财政专户核拨给部门的教育收费收入。

（4）事业单位经营收入：填列事业单位在专业业务活动及辅助活动之外开展非独立核算经营活动取得的收入。事业单位的经营收入必须具备以下两个特征：一是经营活动取得的收入，而不是专业业务活动及其辅助活动取得的收入；二是取得的经营收入是非独立核算的。

（5）往来收入：填列部门内部有关单位之间资金往来发生的收入。其中：

上级补助收入：填列单位从主管部门或上级单位取得的非财政拨款补助收入。

下级单位上缴收入：填列本单位所属下级单位（包含独立核算和非独

立核算的，相关支出纳入和未纳入部门预算的下级单位）上缴给本单位的全部收入（包括下级事业单位上缴的事业收入、其他收入和下级企业单位上缴的利润等）。

需要注意的是：如不存在预算编制范围之外的单位给予补助的情况，经对内部往来收支进行冲抵以后，按部门整体的往来收入汇总数原则上应为零。

（6）其他收入：填列除上述收入以外的各项收入等。

3. 使用非财政拨款结余。填列预计用非财政拨款结余资金弥补预算收支差额的数额。事业单位预计收入小于支出时，方可用非财政拨款结余资金弥补收支差额。

（六）录入表6：中央行政事业单位住房改革支出录入表

该表按照《财政部关于编制2021年住房改革支出预算的通知》中要求的相关口径填列。

（七）录入表7：中央行政事业单位新增资产配置录入表

该表反映中央行政事业单位申请在预算年度通过一般公共预算财政拨款、政府性基金预算财政拨款和其他资金购置车辆，租用土地、办公用房、业务用房，以及购置单价50万元以上的通用设备和单价100万元以上的专用设备数量、金额情况。

1. 单位分类：分为行政单位、参公单位、事业单位三大类。
2. 资产类型：分为部级领导干部用车、机要通信用车、应急保障用车、执法执勤用车、特种专业技术用车、其他用车，租用土地、办公用房、业务用房，单价50万元以上的通用设备、单价100万元以上的专用设备等。

机要通信用车是指用于传递、运送机要文件和涉密载体的机动车辆。应急保障用车是指用于处理突发事件、抢险救灾或者其他紧急公务的机动车辆。执法执勤用车是指中央批准的执法执勤部门（系统）用于一线执法执勤公务的机动车辆。特种专业技术用车是指固定搭载专业技术设备、用于执行特殊工作任务的机动车辆。其他用车是指除部级领导干部用车、机要通信用车、应急保障用车、执法执勤用车和特种专业技术用车之外，用于定向保障公务活动的机动车辆，包括中管干部用车、离退休干部用车等。

办公用房包括行政事业单位办公室用房、公共服务用房、设备用房和附属用房。业务用房包括行政事业单位为开展各类业务设置的特殊技术业务场所。

通用设备填写行政事业单位计算机设备及软件、办公设备、图书档案设备、机械设备、电器设备、雷达无线电和卫星导航设备、通信设备、广播电视电影设备、仪器仪表、电子和通信测量仪器、计量标准器具及量具衡器等。

专用设备填写行政事业单位探矿采矿选矿和造块设备、石油天然气开采专用设备、石油和化学工业专用设备、炼焦和金属冶炼轧制设备、电力工业专用设备、非金属矿物制品工业专用设备、核工业专用设备、航空航天工业专用设备、工程机械、农业和林业机械、木材采集和加工设备、食品加工专用设备、饮料加工设备、烟草加工设备、粮油作物和饲料加工设备、纺织设备、缝纫服饰制革和毛皮加工设备、造纸和印刷机械、化学药品和中药专用设备、医疗设备、电工电子专用生产设备、安全生产设备、邮政专用设备、环境污染防治设备、公安专用设备、水工机械、殡葬设备及用品、铁路运输设备、水上交通运输设备、航空器及其配套设备、专用仪器仪表、文艺设备、体育设备、娱乐设备等。

3. 截至2020年7月底资产存量情况：填列分单位截至2020年7月底的车辆编制数、车辆（分为轿车、越野车、小型载客汽车、大中型载客汽车、其他车型5类）实有数、土地面积、自有房屋和租用房屋面积、单价50万元以上的通用设备实有数、单价100万元以上的专用设备实有数等。

4. 2021年计划处置数量：填列2021年计划处置的车辆（分为轿车、越野车、小型载客汽车、大中型载客汽车、其他车型5类）数、土地面积、房屋（分为办公用房和业务用房）面积、单价50万元以上的通用设备数、单价100万元以上的专用设备数。

5. 2021年新增资产数：填列2021年申请购置的车辆（分为轿车、越野车、小型载客汽车、大中型载客汽车、其他车型5类）数、租用土地面积、租用房屋（分为办公用房和业务用房）面积、购置单价50万元以上的通用设备数、购置100万元以上的专用设备数。

新增车辆申请应当符合《党政机关公务用车管理办法》（中办发〔2017〕71号）、《党政机关公务用车预算决算管理办法》（财行〔2011〕9号）、《党政机关执法执勤用车配备使用管理办法》（财行〔2011〕180号）等规定。

新增房屋为单位租用的办公用房和业务用房情况，包含新租和续租。行政单位报送的租用办公用房申请应当是按规定报经机关事务主管部门或有关主管部门审核同意的项目。新增租用土地包含新租和续租，续租房屋和土地且需要在本年支付当年费用的，属于新增资产填报范围。

（八）录入表8：经营及往来支出录入表

该表反映部门（单位）的事业单位经营支出及内部往来的支出情况。

1. 上缴上级支出：填列事业单位按照财政部门和主管部门的规定上缴上级单位的支出。

2. 对下级单位补助支出：填列用一般公共财政预算财政拨款和政府性基金预算财政拨款收入之外的收入对所属下级单位（包含独立核算和非独立核算的，相关支出纳入和未纳入部门预算的下级单位）补助发生的支出。

3. 事业单位经营支出：填列事业单位在专业业务活动及其辅助活动之外开展非独立核算经营活动发生的支出。事业单位在开展非独立核算经营活动中，应当正确归集实际发生的各项费用数；不能归集的，应当按照规定的比例合理分摊。经营支出应当与经营收入配比。

（九）录入表9：政府采购支出录入表

该表反映部门（单位）年度预算中各种性质、不同来源的资金中拟开展政府采购的支出情况。政府采购支出应当细化到具体采购项目，按照《政府采购品目分类目录》列明货物、工程、服务类型和预算金额等信息。

1. 该表中所涉及的基本支出、项目支出，均从"一般公共预算基本支出录入表""一般公共预算项目支出录入表""政府性基金预算基本支出录入表""政府性基金预算项目支出录入表"中选取。

2. 资金性质：填列一般公共预算、政府性基金预算等。

3. 政府采购品目：根据《政府采购品目分类目录》细化填列。

4. 政府采购金额：对应不同资金来源，按照采购内容分货物、工程、服务三类填列采购金额。

5. 面向中小企业采购金额：填列拟面向中小企业采购的金额。按照有关规定，各部门应当制定面向中小企业采购的具体方案，统筹确定本部门面向中小企业采购的项目，预留本部门年度政府采购项目预算总额的30%以上，专门面向中小企业采购。

（十）录入表 10：政府购买服务支出录入表

该表反映部门（单位）年度预算中通过基本支出和项目安排的用于政府购买服务的支出情况。

1. 为了完整的反映基本支出和项目支出用于政府购买服务的明细情况，本表中同一科目的基本支出和同一项目，可以重复录入多行。

2. 资金性质：填列一般公共预算或政府性基金预算。

3. 购买服务内容：以文字形式对购买的服务内容进行描述，真实、准确、直观反映出购买的服务内容。

4. 购买服务金额：对应各资金来源，填列预计通过不同资金来源安排的用于购买服务的支出数额。

第三章　中央部门收入预算编制

中央部门预算收入，是中央部门编制年度预算时，预计在预算编制周期内从各种渠道依法取得的各类收入的总称，是中央部门履行职能、完成各项工作任务的财力保障。中央部门要充分、合理预计部门各项收入，依法、准确、真实、完整地编制收入预算。

第一节　中央部门收入预算编制概述

中央部门的收入主要包括一般公共预算财政拨款收入、政府性基金预算拨款收入、事业收入、事业单位经营收入、其他收入等。政府的收入应全部纳入预算管理。按照《国务院办公厅转发财政部〈关于深化收支两条线改革，进一步加强财政管理意见〉的通知》（国办发〔2001〕93号）和实行综合预算管理的要求，对预算外资金等非税收入的监管力度不断加大，一是推进收支两条线改革，将非税收入逐步纳入预算管理，直至全面取消预算外资金；二是推进非税收入收缴改革，避免坐收坐支。

一、推进收支两条线改革

按照国办发〔2001〕93号文件"对中央部门区分不同情况，分别采取将预算外资金纳入预算管理或实行收支脱钩管理等办法"的要求，逐步取消各部门预算外收入，实行收支脱钩管理，收入全额上缴国库，支出予以单独核定。自2002年7月起，将政府性基金全部纳入预算管理。2003

年，印发了《财政部　中国人民银行关于将部分行政事业性收费纳入预算管理的通知》，将经贸、外贸等部门和单位的 118 项行政事业性收费纳入财政预算管理。2004 年，进一步扩大了试点范围，增加司法部、原信息产业部等 7 个部门，基本实现了对预算外资金的规范管理。2005 年，将广电总局集中的广告收入等预算外收入逐步纳入预算管理。2006 年，广电总局集中的中央电视台广告收入全部纳入预算管理，支出由财政部根据广电事业发展的需要在部门预算中统筹考虑。2007 年，将土地出让收支全额纳入政府性基金预算管理。2008 年，将彩票公益金纳入政府性基金预算管理；印发《中央级事业单位国有资产处置管理暂行办法》，明确中央事业单位资产处置收入上缴中央国库，实行"收支两条线"管理。2009 年，印发《中央行政单位国有资产处置收入和出租出借收入管理暂行办法》，明确将中央行政单位国有资产处置收入和出租出借收入分别上缴中央国库和中央财政专户；印发《财政部关于将按预算外资金管理的全国性及中央部门和单位行政事业性收费纳入预算管理的通知》，明确从 2010 年 1 月 1 日起，将司法部等部门 35 项收费（含以前年度欠缴及未缴财政专户的资金和财政专户结余资金）全额上缴国库，支出通过一般预算或基金预算安排，不再作为预算外资金管理。2010 年，印发《财政部关于将按预算外资金管理的收入纳入预算管理的通知》，明确从 2011 年 1 月 1 日起，中央部门的教育收费收入作为本部门的事业收入，纳入财政专户管理，其余中央部门预算外收入全部上缴中央国库，支出通过一般预算或政府性基金预算安排。中央部门收取的主管部门集中收入、国有资产出租出借收入、广告收入、捐赠收入、回收资金、利息收入等预算外收入纳入一般预算管理，使用时用于收入上缴部门的相关支出，专款专用。从此，预算外资金正式退出历史舞台。

二、建立非税收入收缴分离制度

从 2002 年开始，按照国库管理制度改革方案的要求，逐步建立非税收入"单位开票、银行代收、财政统管"的非税收入收缴制度。一是财政部门设立预算外资金财政专户，取消主管部门和执收单位设立的收入过渡户，对预算外资金汇缴专户实行零余额管理。二是取消原对一些预算外资金按一定比例留用的政策，预算外资金收支统一由财政专户反映。三是中央部门非税收入收缴改革范围不断扩大。四是对国有资本、国有资源、国有资产收入实施国库集中收缴管理，进一步扩大改革的资金范围。五是完善全国非税收入执收项目库，研究提出了推进中央地方分成收入、高等院校收费收入改革的措施。六是将国库集中支付改革的范围从一般公共预算资金扩大到政府性基金。

第二节　中央部门收入预算编制

一、中央部门收入预算的构成

中央部门收入预算来源主要包括上年结转、财政拨款收入、上级补助收入、事业收入、事业单位经营收入、下级单位上缴收入、其他收入、用事业基金弥补收支差额等。主要涉及的预算表有："财政拨款收支预算总表""财务收支预算总表""财务收入预算表"等。

1. 上年结转。指以前年度安排、预计结转到本年度使用的资金，包括财政拨款结转资金、教育收费和其他资金的结转资金情况。

2. 财政拨款收入。指由中央财政拨款形成的部门收入，不包括非本级财政拨款收入以及预计年度执行中从其他中央部门接收到的财政拨款收入。按现行管理制度，中央部门预算中反映的财政拨款仅包括公共财政预算财政拨款收入和政府性基金预算财政拨款收入。

3. 上级补助收入。指预算单位从主管部门或上级单位取得的非财政拨款补助收入。

4. 事业收入。指事业单位开展专业业务活动及辅助活动取得的收入，包括教育收费收入等。

5. 事业单位经营收入。指事业单位在专业业务活动及辅助活动之外开展非独立核算经营活动取得的收入。事业单位的经营收入必须具备以下两个特征：一是经营活动取得的收入，而不是专业业务活动及其辅助活动取得的收入；二是取得的经营收入是非独立核算的。

6. 下级单位上缴收入。指本单位所属下级单位（包含独立核算和非独立核算的，相关支出纳入和未纳入部门预算的下级单位）上缴给本单位的全部收入（包括下级事业单位上缴的事业收入、其他收入和下级企业单位上缴的利润等）。

7. 其他收入。填列除上述收入以外的各项收入，主要包括非本级财政拨款、事业单位的投资收益等收入。

8. 用事业基金弥补收支差额。指预计用事业基金弥补本年度收支差额的数额。只有事业单位预计收入小于支出时，才可以用事业基金弥补收支差额。

二、中央部门收入预算编制的总体要求

中央部门在预测收入预算时，遵循项目合法合规、内容全面完整、数字真实准确的总体要求。

（一）项目合法合规

部门填列的各项收入，必须是预计依法取得的各项收入。从 2011 年起，除学费收入纳入财政专户实行专项管理、交通运输部主管部门集中收入纳入政府性基金预算管理以外，其余中央预算外资金全部取消，纳入公共财政预算管理。各部门必须严格执行国家政策规定，认真做好主管部门集中收入、以政府名义接受的捐赠收入、政府财政资金产生的利息收入等编报工作，上述收入均应上缴国库、纳入一般公共预算管理，不得作为本单位收入反映。

（二）内容全面完整

中央部门收入预算的收入项目较多，资金来源各有不同，中央部门在填报预算时应做到全面反映、完整填报，对单位预计取得的各项收入进行全面反映，不应在部门预算之外保留其他收入项目。从近几年决算与预算

的对比情况看，特别要处理好两类收入的编报工作：一类是事业收入；另一类是其他收入，包括非本级财政拨款收入和二次分配财政拨款收入等。

（三）数字真实准确

部门预算收入的预测必须以国家社会经济发展计划和履行部门职能的需要为依据，同时结合近几年实际取得的收入并考虑增收减收因素测算，不能随意夸大或隐瞒收入，力求各项收入项目预算数据真实准确。

三、中央部门收入预算测算依据

部门收入是各部门切实履行其职能的财力保证。根据部门的发展规划、行使职能的需要对年度部门收入进行测算、分析，是部门预算编制工作的重要内容。中央部门在编制部门收入预算时，应对各项需求和资金来源进行认真测算、分析。

1. 明确预算目标。各部门要依据国家的中长期发展计划和本部门的职能，提出工作重点、任务，列出部门需要安排的重要事项，建立起各部门的年度预算目标。

2. 收集相关资料。部门应全面收集与部门预算编制相关的信息资料，如：部门资产数量和分布状况，部门财务状况，财政货币政策，经济增长速度，中央财政对部门财政拨款需求的满足程度等。

3. 分析、归集部门预算需求。一方面，要对收集的有关部门预算的各类资料进行深入分析，确保数据、信息的真实准确；另一方面，要对收集的信息、资料进行归类汇总，形成部门完整的决策信息。

4. 测算部门预算需求。根据财政部有关文件的规定，部门预算需求分为两个部分进行测算。一是基本支出。该项支出是以定员定额方式确定的，定员定额水平由财政部根据当年国家财政状况确定。因此，各部门应集中力量做好人员基础数据的整理工作，如人员数量、结构（编制内、编制外、行政、事业）；二是项目支出。该项支出是根据部门履行职能和事业发展的实际需要确定的，各部门要根据国民经济发展规划、本部门事业发展计划以及中央财政的承受能力合理测算项目预算。

四、需要说明的问题

(一) 关于非本级财政拨款收入管理问题

为统一规范管理,中央部门非本级财政拨款收入纳入"其他收入"中反映。中央部门要科学、合理地编制综合预算,如实反映非本级财政拨款收入情况,规范会计核算,准确填列预算报表,不得隐瞒不报,也不允许无预算列收列支非本级财政拨款。

(二) 关于部门预算中财政拨款收入的范围

按照现行部门预算管理规定,部门预算中仅需反映一般公共预算财政拨款收入、政府性基金预算财政拨款收入。国有资本经营预算财政拨款收入暂不纳入部门预算管理。

第四章　中央部门基本支出预算管理

第一节　基本支出改革情况

一、完善制度体系，提高基本支出的规范性

在深入调查研究的基础上，2001年财政部制定了《中央部门基本支出预算管理试行办法》，确立了基本支出实行定员定额管理的新模式，明确了基本支出实行定员定额管理的具体思路。2002年，结合2001年定员定额试点情况，修订印发《中央本级基本支出预算管理办法（试行）》，以更好地规范基本支出管理。2007年，结合基本支出改革工作和管理需要，财政部重新修订印发了《中央本级基本支出预算管理办法》（以下简称《办法》）。在做好修订完善基本支出管理办法的同时，结合形势发展和管理需要，进一步完善基本支出财政拨款结转和结余资金管理规定、基本支出预算编制管理规程等。

二、扩大管理范围，提高定员定额管理的覆盖面

按照积极稳妥，逐步推进的原则，2001年率先选择10个部门进行了定员定额试点。2002年将试点范围从行政管理经费、公检法司支出扩大到包括气象事业费、地震事业费、供销社事业费、交通事业费、高校经费和

离退休管理机构经费的范围。此后，试点范围逐年扩大，试点单位也逐步由单一的行政单位扩展到参公单位和公益性事业单位。目前，绝大多数行政单位、参公单位和公益一类事业单位已纳入基本支出定员定额管理范围。

三、创新管理方法，提高定额标准的科学性

结合经济发展、物价变动、工资政策调整等因素，及时调整基本支出定额标准，积极研究建立定额标准的动态调整机制。在此基础上，实行了行政单位实物费用定额试点工作，推进资产管理与预算管理相结合。从编制2012年预算开始，将实物费用定额试点扩大到所有中央部门本级，初步建立了人员定额和实物费用定额相结合的基本支出标准体系，基本支出预算分配的科学性、合理性进一步提高。

四、夯实管理基础，建立基础信息数据库

本着积极稳妥，循序渐进和充分整合利用现有资源等原则，2009年财政部启动了中央部门基础信息数据库建设工作，以全面掌握当前中央部门编制、人员、工资、津补贴等情况。2015年基础信息数据库增加了规范津贴补贴经费申报模块，实现了规范津贴补贴经费测算的自动化。目前，中央部门基础信息数据库基本上覆盖了所有行政事业单位，所含信息既包括了在职人员，也包括了离休退休人员；既包括了编制、人员情况，也包含了部门本级的办公用房、公务用车等资产信息，进一步夯实了基本支出管理基础，提高了基本支出预算的科学化、精细化。

第二节　基本支出预算管理

一、基本支出预算的含义

基本支出预算主要是保障单位机构正常运转、完成日常工作任务而编

制的年度支出计划，包括人员经费和公用经费两部分。人员经费是有关人员工资福利支出以及部分对个人和家庭的补助支出。公用经费是为保障机构正常运转和完成日常工作任务而用于购买商品、服务、办公设备等方面的支出。

二、基本支出定员定额管理

基本支出预算实行以定员定额为主的管理方式。定员定额是财政部在审核人员编制数、实有人数、资产数量等基础数据的基础上，根据定额标准测算安排基本支出预算的方法。

（一）定员定额项目及定额标准

根据预算编制需要和开支范围等情况，可以将人员经费和公用经费拆分若干支出部分，分别形成人员经费定额项目和公用经费定额项目。

1. 人员经费定额项目以核定的编制内实有人数为计算对象。人员经费定额标准根据国家工资、福利、保险政策以及政策规定的开支范围和开支标准等情况确定。

2. 公用经费定额项目包括人员综合定额和若干实物定额项目，其中：人员综合定额以核定的人员编制为计算对象。定额标准根据履职需要、有关政策规定、经济社会发展和物价水平、财力状况等情况，结合实际分类分档确定。实物定额项目以核定的资产为计算对象。定额标准根据物价水平、资产使用状况及运行维护需要等统筹确定。

定额标准一经确定，年度预算执行中不作调整。在编制下一年度基本支出预算之前，财政部统筹考虑影响定额标准的相关因素，调整确定下一年度定额标准。

（二）定员定额测算方法

1. 人员经费计算公式。

人员经费规模 = 核定的编制内实有人数 × 定额标准。

2. 公用经费计算公式。

公用经费规模＝核定的人员编制数×人员综合定额标准＋Σ（核定的资产数×实物定额标准）

其中：事业单位人员编制存在空编的，空编部分按一半计算。

（三）定员定额管理单位范围

1. 行政单位。根据各部门在党政序列中的位置及其职能等因素，将中央部门分为3大类，即党政领导机关、党务政务部门、其他部门和机构。

2. 参公单位。从2006年起，财政部开始研究参公单位纳入定员定额试点工作。经过几年的努力，绝大部分参公单位基本支出已经实行定员定额管理，保障了参公单位的正常运转。

3. 事业单位。2008年开始，在对中央部门所属事业单位的基本情况、人员情况、收支情况等进行摸底和分析的基础上，结合分类推进事业单位改革工作，逐步将符合条件的公益一类事业单位纳入定员定额管理范围。

三、基本支出预算编制流程

（一）编报基础资料

中央部门根据财政部编制年度部门预算的要求，在规定时间内，组织编制本部门申报基本支出预算的基础数据和相关资料，按照规定格式报送财政部。

（二）确定支出标准

财政部综合考虑影响基本支出的相关因素，以国家政策规定为依据，同时兼顾不同单位实际情况，以财力为基础，确定基本支出各项标准。

（三）审核基础数据

财政部对各单位报送的人员基本情况进行整理，提取并审核测算基本支出所需的人员、资产等基础数据。编制数的审核应主要以中央编办关于各单位编制数的正式文件为依据,实有人数为截至 7 月底实际人数。

(四) 测算下达基本支出预算控制数

财政部根据制定的定额标准和核实的单位人员、资产情况,测算形成各部门的基本支出预算控制数或财政拨款补助数,按程序下达给中央部门。

(五) 细化编制基本支出预算

中央部门在财政部下达的基本支出预算控制数额及财政拨款补助数额内,根据本部门的实际情况和国家有关政策、制度规定的开支范围及开支标准,在人员经费和公用经费各自的支出经济分类款级科目之间,自主调整编制本部门的基本支出预算,在规定的时间内报送财政部。需要强调的是,在编制基本支出预算时,基本支出自主调整的范围仅限于人员经费支出经济分类"款"级科目之间或公用经费支出经济分类"款"级科目之间的必要调剂,人员经费和公用经费之间不允许自主调整。

四、基本支出预算的调剂

中央部门要严格按照批复的基本支出预算执行,严格控制基本支出预算调剂。执行中确需调剂基本支出预算的,由中央部门向财政部提出申请,财政部按程序审核办理。执行中因编制内增人、增编等产生的增支需求,中央部门应申请动用机动经费解决。

第五章　中央部门项目支出预算管理

第一节　项目支出预算概述

一、项目支出预算的内涵和特征

项目支出预算是部门支出预算的组成部分，是中央部门为完成其特定的行政工作任务或事业发展目标，在基本支出预算之外编制的年度项目支出计划，包括基本建设、有关事业发展专项计划、专项业务费、大型修缮、大型购置、大型会议等项目支出。

项目支出预算是围绕"项目"编制的支出计划，项目支出预算具有三方面特征：一是专项性，预算围绕项目，项目围绕特定的业务目标，预算是为完成特定业务目标而编制的经费支出计划，针对不同目标应分别设立项目。二是独立性，每个项目支出预算应有其支出的明确范围，项目之间支出不能交叉，项目支出与基本支出之间也不能交叉，如果出现交叉则说明项目的目标或任务有重叠，项目边界不清，设置不尽合理。三是完整性，项目支出预算应包括完成特定业务目标所涉及的全部经费支出，应避免将为一个目标而发生的支出拆解分散到多个项目支出中去。

二、项目支出预算管理改革回顾

(一) 部门预算改革前

中央部门预算改革以前,部门的项目预算是先有经费预算指标,然后再落实到具体项目,基本上是财政先切块分配资金,再由管理这些资金的部门将其分配到项目和各执行单位。这种管理方式下,预算编制随意,内容粗放、不具体;项目预算与部门职能业务脱节,无法体现预算政策;项目一年一定,缺乏稳定性和长期性;没有科学的项目决策程序,也没有完整的项目预算编审机制;项目执行过程中,缺乏有效监控,也没有追踪问效的制度;项目预算的约束力较差,资金使用的随意性较大;项目完成后也没有进行规范的成果、效益评价。以上这些都严重制约了预算编制质量的提高,阻碍了预算资金使用效率和效益的提高,以及财政支出结构的优化,不利于发挥预算的宏观政策工具作用。

(二) 部门预算改革后

2000年实行中央部门预算改革后,财政部将部门预算支出划分为基本支出和项目支出两部分,并分别按照不同模式管理。在推进中央部门预算管理改革的过程中,财政部结合改革实践,对项目支出预算和项目库管理不断加以完善和改进,在加强和改进项目支出预算管理、做实项目库、规范项目预算评审、项目支出标准建设、项目支出绩效管理等方面的一系列的制度办法,中央部门项目支出预算管理日趋规范,结构不断优化,绩效逐年提高,有力地保障了国家重大方针政策的贯彻落实和中央部门履行职能的需要。

特别是2015年以来,按照财税体制改革的总体方案,以及深化预算管理制度改革的有关部署,推行中期财政规划管理,把预算评审、预算监管和绩效管理嵌入预算管理流程,相继印发了《财政部关于加强和改进中央部门项目支出预算管理的通知》(财预〔2015〕82号)、《财政部关于进一步做实中央部门预算项目库的意见》(财预〔2016〕54号)、《财政部关于进一步完善中央部门项目支出预算管理的通知》（财预〔2017〕96号）等文件，基本构建以宏观政策目标为导向、以规范的项目库管理为基础、以预算评审和绩效管理为支撑的全生命周期项目支出预算管理新模式。

第二节　项目支出预算管理规定

一、项目的分级管理

中央部门预算项目实行分级管理，分为一级项目和二级项目两个层次。

一级项目明细到支出功能分类的款级科目，按照部门主要职责设立并由部门作为项目实施主体，每个一级项目包含若干二级项目。一级项目要有明确的名称、实施内容、支出范围和总体绩效目标，项目数量要严格控制，项目名称、实施内容和支出范围等在年度间要保持相对稳定。

二级项目包括在现有项目基础上规范整合而成的项目和新设立的项目，立项单位为项目实施主体。二级项目的设立，要与对应的一级项目相匹配，有充分的立项依据、具体的支出内容、明确合理的绩效目标。二级项目明细到支出功能分类的项级科目，年初部门预算按二级项目批复。

二、一级项目的管理

（一）一级项目的设立

一级项目在年度预算编制的前期准备阶段进行设置或调整。通用项目由财政部制定，并统一下发给部门。部门专用项目，由各部门提出设置建议，经财政部审核后下发给部门，作为部门编制二级项目的基础。

（二）一级项目的设立要求

设置一级项目的基础是部门职责。以国家战略发展规划、宏观调控政策为导向，以相关行业、领域中长期发展规划为依据，结合部门事业发展需要，根据职责分工设置一级项目。

一级项目主要体现中央本级支出责任，聚焦重大改革、重要政策和重点项目。一级项目应有指向明确、合理的绩效目标，并围绕绩效目标来设计项目实施方案，保证绩效目标具有可行性。

一级项目的设置与部门职责紧密衔接，数量严格加以控制。一级项目一经设立，年度间应保持连续性、稳定性，一次性项目或短期工作任务原则上不设为专门的一级项目。

一级项目的名称应表意清晰、文字简练，准确反映项目的主要内容和范围等，避免与支出功能分类科目名称重复。一级项目应有独立、完整的支出内容，清晰、明确的实施范围，科学、合理的总体绩效目标。

一级项目的范围和规模应合理适度，避免规模过大或过小，要防止一级项目之间交叉、重叠。部门单项职责涉及支出规模较小的，应将多项职责合并设置一级项目；单项职责涉及支出规模较大的，应对职责适当细化后设置一级项目。

一级项目和二级项目之间应相互衔接，一级项目要集中体现所属二级项目的主要内容和绩效目标，二级项目要与对应的一级项目相匹配。

（三）一级项目的分类

按照使用范围，部门一级项目分为通用项目和专用项目。

通用项目，指根据部门的共性项目设立并由各部门共同使用的一级项目。通用项目由财政部根据管理需要统一设立，主要包括有预算分配权部门管理的项目和归口管理的项目等。

专用项目，指部门根据履行职能的需要自行设立和使用的一级项目。专用项目由中央部门提出建议，报财政部核准后设立。对于相关支出事项，财政部已统一设置通用一级项目的，部门不应再重复设置类似的专用一级项目。

部门使用的每一个支出功能分类款级科目，原则上都应设置一个其他项目，归集该款级科目下部门专用项目未能涵盖的二级项目。

（四）一级项目的代码

为保证项目信息的完整、连续、可识别，对项目实行代码化管理。一级项目代码为 8 位数字，其中：部门通用项目代码为 "999＋5 位顺序码"。部门专用项目代码为 "3 位部门代码＋5 位顺序码（范围为 30001—40000）"。部门专用其他项目代码为 "3 位部门代码＋3 位功能分类类级科目码＋2 位功能分类款级科目码"。

（五）一级项目的内容

一级项目的内容应包括实施内容、支出范围和总体绩效目标。实施内容主要包括立项依据、涉及的工作任务、计划开展的活动等。支出范围指的是根据工作任务或开展的活动，计划发生的主要支出的范围。总体绩效目标指的是一级项目在预算年度内和三年内预期达到的产出和效果。

"一上"时，根据部门申报的预算和规划情况，对一级项目的上述内容要进行完整的、更为详细的填报，而且相关内容中应分别描述与年度预算和三年规划对应的情况。"一下"后，根据财政部下达的控制数，在"二上"时，要对上述内容进行调整和修改。

三、二级项目的管理

（一）二级项目的设立

二级项目由具体预算单位，根据项目支出预算管理的相关规定和部门的有关要求，自主设立。按照部门规定的程序和时间要求逐级上报部门。

（二）二级项目的设立要求

项目内容要反映政府施政目标、部门主要职责和发展规划，并避免与公用经费及其他项目交叉重复。项目要在深入的政策研究和充分论证的基础上设立，并具备可执行性，预算批复后即可实施。二级项目包括在现有项目基础上规范整合而成的项目和新设立的项目，项目单位为实施主体。

支出性质相同的预算事项原则上不按照司（局）、处（室）分别编报二级项目，应进行归并整合后合并编制，具体支出事项作为项目的子活动进行管理，避免对同类支出的管理碎片化。

（三）二级项目的分类

二级项目按照项目的重要性，划分为重大改革发展项目、专项业务费项目和其他项目。

重大改革发展项目，指党中央、国务院文件明确规定中央财政给予支持的改革发展项目，以及其他必须由中央财政保障的重大支出项目等。

专项业务费项目，指中央部门为履行职能，开展专项业务而持续、长期发生的支出项目，如：大型设施、大型设备运行费，执法办案费，经常性监管、监测、审查经费，以及国际组织会费、捐款支出等。

其他项目，除上述两类项目外，中央部门为完成特定任务需安排的支出项目。

基本建设项目统一列为其他项目，并按管理主体分为国家发展改革委安排的基建项目、中央财政安排的基建项目和其他主管部门安排的基建项目。

（四）二级项目的周期

二级项目要有明确的实施周期。项目实施周期应与国民经济社会发展规划、部门或行业发展规划的期限相适应，与中期财政规划相衔接。除业务主管部门已明确批复实施周期外，项目实施周期一般不超过5年，项目到期后需继续安排的，应按程序重新立项。专项业务费项目到期后，可补充编制后续年度的支出计划，实施周期相应顺延。其他项目周期一经确定，原则上不得调整；确需调整的，按程序报批。项目执行周期确实需要超过5年的，采取到期后重新立项的办法处理。

（五）二级项目的代码

二级项目代码为18位数字，由"3位部门预算代码+3位二级预算单位代码+3位三级预算单位代码（或000）+3位四级预算单位代码（或

000）+2 位项目编制年份码 +4 位顺序码"组成。部门根据管理需要，可以对单位使用的 4 位顺序码，单独制定使用规则。

（六）二级项目的内容

二级项目要与对应的一级项目相匹配，有充分的立项依据、详细的实施方案、明确的支出内容、具体的支出计划、合理的绩效目标。二级项目编制要统一按照"项目—活动—子活动—分项支出—标准（价格）—支出计划"的层次加以细化，清晰反映项目内容、具体活动和支出需求。对重大的经常性、专项性项目，要制定统一的项目立项指南、实施方案编写规范和支出计划填报模版，推进立项依据政策化、实施方案合理化、绩效目标科学化、项目活动清单化、支出内容选项化、经费开支定额化，建立健全项目编制的规范体系。

二级项目的立项依据一般包括：法律法规规定的政府义务、国民经济社会发展五年规划、国务院政策文件、部门（单位）的职责等。无前述立项依据的项目，应对项目立项的意义和必要性进行全面阐述和论证，并对开展相关任务的决策过程进行描述。立项依据中应论述的内容包括：

1. 项目（及其政策）是否有利于发挥市场配置资源的基础性作用和更好地发挥政府作用；

2. 项目是否属于中央本级事权，与地方政府的职责关系；

3. 项目对国家安全、政治、经济、外交、文化，以及社会结构等方面的意义和影响；

4. 项目是否有利于促进社会公平正义，是否有利于降低社会成本、提高效率；

5. 项目对于部门（单位）履行职能，完成工作任务的必要性，及推动作用；

6. 项目是否属于本部门（单位）职能范围，其他部门（单位）是否开展类似项目，与本项目之间如何区分或衔接，其他部门（单位）已有类似项目的情况下，本部门（单位）相关项目立项是否必要等。

项目的实施方案，要力求选择实现绩效目标的最优路径，降低成本消耗，提高产出绩效。实施方案一般应包括以下内容：

1. 项目的主要目标、总体思路、实施方式、步骤和计划、开展的主要活动；

2. 项目实施与实现项目目标之间的关联性；

3. 项目实施方案的路径选择是否最优的说明（是否有其他替代方案，为何选择本方案）；

4. 与本部门（单位）其他项目的关系（是否与其他项目交叉或互补）。

除上述内容外，二级项目还应填报与年度预算有关的相关管理信息，如：项目的密级和期限、是否纳入绩效评价等。

四、项目的审核及申报

（一）部门审核和评审

部门内部的项目审核和评审程序，由部门自行确定。部门应结合部门内部的业务管理流程及预算分配机制，设计审核和评审程序。预算审核可以采取逐级审核、分级审核或部门集中审核等方式。部门审核和评审的内容主要包括完整性、必要性、可行性和合理性等方面。项目评审的结果是项目审核信息的必要组成部分。

部门内部审核和评审过程中，如需调整的，可以由下级单位调整后重新上报，也可以由上级单位直接进行调整。项目的相关信息，最终以部门审核同意为准。部门要对一级项目下的二级项目进行优先排序，并作为预算和规划安排的重要参考因素。

（二）项目申报

按照财政部要求的分年度项目支出控制规模，部门根据项目的优先排序情况，将项目列入预算和规划中，向财政部申报项目支出预算。同时，根据项目的优先排序情况，向财政部申报项目库。项目库的申报与项目支出预算的申报同步进行。申报的项目库中包含已列入预算和规划的全部项目，其他未列入预算和规划的项目，根据优先排序情况选择申报。

(三) 财政部审核和评审

财政部主要审核项目的几个方面：一是项目内容的完整性，即项目应填报的相关内容是否完整；二是项目履行程序的合规性，即属于评审范围的项目是否经过评审等必经程序；三是项目立项的政策性，即项目立项是否符合党中央、国务院有关要求，以及国家有关法律法规和政策。同时，按照部门预算评审有关规定，对部门申报的项目中拟纳入预算安排的重大项目、财政专项安排的基本建设项目、专业性强或技术复杂的项目等，财政部有选择地进行评审。

五、项目的调整及控制

（一）财政部对项目的调整与控制

1. 项目的处理与调整。根据审核和评审情况，财政部对项目有三种处理方式：一是审核通过，纳入财政部项目库；二是审核未通过，且项目立项属于不符合国家有关政策的，财政部对相关项目明确标识"不予安排"；三是审核未通过，但不违反国家有关政策的项目，财政部通知部门进行调整后重新申报。对明确标识"不予安排"的项目，不得再纳入预算或规划中安排。

2. 核定下达控制数。财政部根据全国中期财政规划、财政政策、部门需求等情况，综合平衡后，核定并下达部门三年项目支出控制数。控制数中明确一级项目和部分重点二级项目的具体分年控制数。财政部项目库随控制数一并下发给部门，相关信息反馈纳入部门项目库。

3. 项目动态评估清理。财政部每年选择部分中长期支出政策或重大项目进行滚动评估，评估结果作为安排预算和调整支出政策的重要依据。

（二）部门对项目的调整

1. 项目调整的控制规则。财政部控制数下达后，三年及分年支出总额不得调整。在一级项目的支出控制数规模内，部门可增减或替换二级项目，增加的二级项目必须是已经财政部审核通过并纳入财政部项目库的项目。部门如需在一级项目之间进行调整，或对控制数中已明确的二级项目进行调整的，应报财政部批准。

2. 新增项目的调整程序。"一上"之后，部门如有新项目需要纳入预算或规划中安排的，应单独报财政部，由财政部履行相关审核程序并纳入财政部项目库后下发给部门。部门再将相关项目纳入预算或规划中予以安排。超过规定时限，财政部将不再接收部门新增项目申报。

3. 已入财政库项目的调整程序。对已经纳入财政部项目库的项目，部门如需调整，应通过项目调整功能，将项目调整为新状态，单独报财政部，由财政部履行相关审核程序并纳入财政部项目库后下发给部门。

4. 项目动态评估清理。部门应建立项目评估清理机制，取消政策目标已实现或不再具备实施条件的项目；调整条件形势变化、未达到预期效果或支出标准不可持续的项目；整合投向趋同、交叉或政策碎片化的项目。

六、项目支出预算的批复和调剂

（一）项目支出预算的批复

全国人民代表大会批准中央预算后，财政部以"一级项目＋二级项目"的形式批复各中央部门的年度项目支出预算。

（二）项目支出预算的调剂

硬化预算约束，年度预算执行中除救灾等应急支出和少量年初未确定事项外，一般不追加当年项目预算支出，必须出台的政策通过以后年度预算安排。确需增加安排的，部门应首先在已批复的预算额度内，通过调整当年支出结构解决并按程序报批。

项目的调剂必须全部通过项目库完成。财政部审核同意的调剂，通过项目库将相关调整信息反馈进入部门项目库。项目当年支出以外的后续年度支出计划，原则上预算执行中不做调整，在编制下一年度预算时统一调整。

第三节 做实项目库管理

一、项目库管理方式

中央本级项目库实行分层设立、分级管理。财政部、中央部门和所属单位分别设立项目库。财政部项目库由中央部门上报的项目构成；中央部门项目库由本级和下级单位上报的项目构成；基层单位项目库由本单位立项和实施的项目构成。

中央部门和所属单位的项目库实行开放式管理。各单位可根据工作需要设置二级项目，审核后纳入单位项目库，实时或定期上报，经逐级审核后纳入中央部门项目库，作为部门预算备选项目。编制年度部门预算和部门三年滚动规划时，结合财政部下达的支出控制数，中央部门在预算备选项目中择优选取项目报财政部，未纳入部门项目库的项目原则上不得向财政部申报。各部门申报项目经审核后汇总形成财政部项目库，作为财政部进行项目管理、审核年度部门预算和部门三年滚动规划的基础。中央部门和单位如需对已入库项目进行调整，须编制项目调整计划，按上述审核程序报批。

二、做实项目库管理要求

2015 年以来，按照《国务院关于深化预算管理制度改革的决定》《中共中央 国务院关于全面实施预算绩效管理的意见》等文件精神，财政部积极构建以规范的项目库管理为基础、以预算评审和绩效管理为支撑的中央部门项目支出预算模式，财政资金使用绩效不断提升，总体上发挥了部门预算在资源配置和政策工具方面的作用。从近几年实践看，项目库管理还存在一些亟待解决的问题，比如，项目库冗余项目多、项目质量参差不齐、横向分配项目管理较松、项目绩效目标设置不够科学、绩效导向作用发挥不够充分，项目跟踪管理机制不健全等。

下一步，要积极运用零基预算理念，全面做实项目库，切实提高项目管理水平和资金效益。中央部门项目要紧紧围绕党中央、国务院决策部署，落实落细各项政策举措，进一步增强与支出政策的衔接匹配并确保取得实效。项目预算安排要体现过紧日子要求，突出结构调整，进一步聚焦"保重点、压一般"，坚决取消不必要的项目支出，着力压缩非刚性、非重点项目支出。要对标预算管理一体化规范，进一步优化项目库审核和管理流程，厘清各方权责，压实部门责任，健全项目入库和退出机制，清理完善存量项目，从严控制新增项目。要进一步改进项目库管理系统，对照一体化要求优化项目库设计，加强项目审核分析，贯通项目评审、监管、评估、绩效、决算等信息。

三、全面清理完善项目库

（一）总体目标

进一步做实项目库，全面摸清理顺项目"家底"，对标项目预算管理总体要求，开展项目库清理，将项目库细化为已完成库、备用库和实施库，根据项目是否安排预算、实施进展等情况分类精准管理，提升项目质量，推动部门进一步优化项目支出结构，充分体现过紧日子要求，为编制2021年及以后年度项目支出预算夯实基础。

1. 项目数量大幅精简。将以前年度设置但未实施的项目和暂不具备实施条件的项目移入备用库，将到期项目移入已完成库，将正在实施的项目移入实施库并进一步审核清理，整合归并小散项目。

2. 项目设置更加规范。压实部门责任，全面完善项目设置，实现一级项目与部门职责更加匹配，二级项目与所属一级项目和支出政策更加衔接，集中反映党中央、国务院决策部署，确保每个项目都具备可实施条件。项目优先次序更加清晰。对清理后拟继续实施的项目，要根据轻重缓急探索形成项目排序清单。

3. 与绩效管理深度融合。项目文本更加规范、实施方案翔实、绩效目标更加科学，科学制定标准并加以应用，突出项目预算安排的绩效导向，注重成本效益分析，确保所有项目绩效指标合理、可衡量，并与预算资金相匹配，加强绩效评价结果应用。

4. 与预算衔接更加紧密。分析清理一次性项目支出情况，夯实以后年度预算安排基础。运用预算监管、项目评审、评估、绩效、审计问题等情况规范项目管理，加大项目预算安排约束力度。

（二）具体任务

1. 优化一级项目设置。根据预算管理需要和近几年安排的共性项目情况等，调整通用一级项目设置，取消不再使用的项目。根据"三定"规定和履职需要，结合支出规模情况，调整专用一级项目，合理确定数量，取消不再使用项目。专用项目不能与通用项目重复，既要便于内部管理，又要适宜对外公开，既要有实实在在工作任务，又要有明确可量化的绩效目标。对于专用项目，原则上控制在10个以内，确有需要最多不超过20个。部门所属系统单位的同类支出项目，应设为单独一个专用一级项目集中统一管理。

2. 分类标识已完成项目、备用项目和实施项目。按照统一规则和要求，将项目库中的项目分别标识已完成项目、备用项目和正在实施项目。其中：将以前年度安排过预算、2020年没有继续安排且没有结转资金的项目，标识为已完成项目。将此前已纳入项目库、但未安排过预算的项目，标识为备用项目。将2020年安排当年预算的项目和正在实施的结转资金项目，标识为实施项目，纳入实施项目库进一步审核清理。

3. 提出项目以后年度实施建议。对当前实施项目，进一步审核提出2021年是否继续实施。包括取消不再实施、整合归并后实施、继续实施、开展评估等。

4. 调整完善项目信息。一是调整所属一级项目。对照优化设置后的一级项目，当前二级项目所属一级项目不合理的，进行相应调整。不符合一级项目支出方向和范围的二级项目，原则上应取消或进行整合。其他一级项目下的二级项目，原则上应根据业务内容和项目方案调整至通用或专用一级项目，特殊情况可暂不调整；部门所属单位或垂管系统的同类支出项目，调整到同一个专用一级项目单独管理；各部门机动经费所属的一级项目统一调整为机动经费通用项目。

二是调整项目类别。对照重大改革发展项目、专项业务费项目和其他项目的设置要求，规范调整项目类别。不具有持续性、稳定性、长期性等支出特征的，不再作为专项业务费项目，相应不得延续实施，确有需要重新立项。机动经费项目统一设置为专项业务费项目。

三是调整支出科目。对照政府收支分类科目及说明，合理确定项目的支出功能分类科目，重点关注使用"其他"支出科目的情况和2021年拟修订科目情况。

四是完善项目方案。项目库中项目内容不完整，立项依据、项目方案、支出明细等内容编报不完备、不具体的，应进行修改完善。对于同一个一级项目下的同类项目支出，应尽快制定统一的项目立项指南、实施方案编写规范、支出计划填报模版。

五是完善绩效目标和指标。加强绩效目标审核和梳理，一级二级项目绩效目标之间要有机衔接，突出项目核心产出和效果指标，增加定量指标，参考行业标准、历史标准，合理设定绩效指标值，引导部门逐步提升绩效水平，增强与预算的匹配性和约束力。

四、严格项目入库管理

（一）完善审核程序

部门要提前储备项目，及时完成项目论证、立项、审核评审和申报入库等工作。向相关业务主管部门申报的项目（如发展改革委、国防科工局安排的基本建设项目等），应当事先储备纳入部门项目库，未按规定入库的项目不得纳入预算安排。

财政部对部门申请纳入财政部项目库的项目进行审核，通过审核的，纳入财政部项目库；需要调整的，由部门调整后重新上报；不符合政策规定的，不得列入规划和预算。

（二）严格预算编报

部门入库项目统一按照"项目—活动—子活动—分项支出—标准（价格）—支出计划"的层次编报，清晰反映项目内容、具体活动和支出需求。入库项目应确保具备可实施条件。部门拟纳入预算安排的项目必须是经财政审核同意纳入财政部项目库的项目，部门新增项目未经财政审核确认的，不能进入预算编报环节。

（三）开展事前评估

部门要结合预算评审，对新出台重大政策、项目开展事前绩效评估，评估结果作为申请预算的必备要件。财政部加强新增重大政策和项目预算审核，必要时组织第三方机构独立开展绩效评估。

第四节 项目支出标准体系建设

一、积极推进项目支出标准体系建设的必要性

党的十九大报告提出了"建立全面规范透明、标准科学、约束有力的预算制度"，而制定内容完整、结构优化、定额科学、程序规范、修订及时的项目支出标准体系，是实施全面规范、公开透明预算制度一项重要基础工程。项目支出标准体系是由通用、专用和部门内部标准组成的相互联系、相互补充的有机整体，是申请、审核和安排预算资金的基本依据，在加强项目支出管理、促进预算管理规范化、科学化，以及深化部门预算改革等方面发挥着重要作用。积极推进标准体系建设有利于提高财政资金分配效率，规范资金使用行为，有利于建立现代财政制度，夯实全面深化财税体制改革的制度基础，有利于更好地发挥财政在国家治理中的支柱作用。

二、近年来项目支出标准建设情况

2009年，财政部正式启动中央本级项目支出标准体系建设工作，成立了项目支出定额标准体系建设领导小组，出台了一系列规章制度，强化组织保障。加大标准建设力度，在对项目支出定额标准进行清理的基础上，着力推进通用和专用定额标准建设，并要求中央部门积极开展内部标准建设工作。2015年，印发《关于充分发挥预算评审中心作用 切实加强预算管理的通知》，推动预算评审中心积极参与标准制定。强化标准应用，将适宜公开的通用和专用定额标准汇总编入《中央部门预算编制指南》，敦促部门形成"定标准用标准"的观念和依据标准测算支出的基本理念，将标准有机融入预算管理全过程，充分发挥标准在项目支出预算管理中的基础性作用。

三、加快推进标准体系建设的总体考虑

（一）总体思路

全面贯彻落实党的十九大精神，遵循财政预算编制的基本规律，着力转变观念、拓宽思路、突出重点、理顺关系，进一步提高中央本级标准体系建设的规范性、合理性和实效性，逐步完善基本支出标准体系，切实推进项目支出标准体系建设，加强对项目支出执行情况的分析和运用，逐步将科学合理的实际执行水平作为制定标准的依据，力争到2023年建成规范、科学、合理的基本支出标准体系和涵盖财政重点支出领域、部门主要共性项目和重大延续性项目的数量适度、结构合理、科学规范的项目支出标准体系，更好发挥标准在预算管理中的基础性作用。

（二）基本原则

统筹谋划，改革创新。立足中央部门预算管理全局科学谋划，合理把握工作的力度和节奏。以改革创新精神引领标准体系建设，强化顶层设计

和规划引导，进一步丰富标准的内容和形式，实现各类标准的有效衔接。

突出重点，完善机制。坚持有所为有所不为，聚焦重点支出领域、共性项目、重大延续性项目开展标准制定工作，提高标准体系建设效率。进一步明确各方职责，着力完善标准体系建设管理体制和运行机制，加快形成工作合力，充分调动各方积极性。

科学合理，讲求实效。紧密结合预算管理实际，遵循客观规律，运用科学的方法开展标准制定工作，增强标准的科学性、规范性和可靠性，合理保障机构正常运转、基本履职和重点工作需要。健全标准应用机制，推进标准管理与预算管理、资产管理有机融合，实现标准应用的常态化、制度化。

（三）重点工作

1. 拓宽建设思路。从项目文本和支出标准两方面推进标准化建设，新制定的标准一般包含两部分：一是规范的项目文本。逐步实现同类型项目的项目文本在框架结构、支出内容、文本格式等方面的统一，并按规范的文本编报和审核预算，实现同类项目预算可比较可分析。二是量化的支出标准。逐步将科学合理的实际执行水平作为制定标准的依据，有力加快标准制定步伐，并根据经济社会发展和财力状况适时调整。

2. 丰富标准形式。适当扩充标准外延，支出标准不再拘泥于定额标准一种形式，将财政资金分配规范等纳入支出标准范畴。支出标准包含以下形式：一是安排教育、科学等财政支出重点领域预算规模及其结构的基本规范，进一步优化财政资源配置效率；二是分配专项资金的规范方法，运用这些方法能够有效地规范专项资金的分配，相对合理地确定具体项目的预算额度；三是确定项目整体或某项支出内容预算额度的测算标准，根据各项支出的特点和实际需要，合理运用绝对标准（如支出定额）和相对标准（如计提比例）、综合标准和分项标准等多种形式。

3. 突出建设重点。重点针对部门普遍使用、资金量大、实施期限长、适合标准化管理的项目制定标准：一是对中央本级支出的重点领域，如教育、科学等，综合考虑各方面因素，研究相关领域预算安排的基本规范；二是对中央本级的共性项目，分期分批制定通用的项目文本和支出标准。

对暂时无法制定量化支出标准的,也要首先从项目文本上加以规范;三是对部门延续性重大项目及专项业务项目,制定项目文本和支出标准,作为部门内部预算编报和审核的依据。对一次性项目,考虑到项目数量众多,制定标准既无法满足时效性的要求,也不经济,主要通过预算评审确定支出范围和预算额度。

4. 明确各方分工。充分调动各方积极性,建立边界清晰、相互衔接的分工协作体系,形成工作合力。基本支出标准体系建设由财政部负责,用于基本支出预算的测算和分配;项目支出标准体系建设主要采取"财政部牵头组织,中央部门具体落实"的管理模式,其中:适用于中央本级共性项目的通用标准,由预算评审中心牵头研究制定;适用于特定部门、专项资金或专项业务项目的专用标准,由预算评审中心会同部门研究制定;部门内部标准由部门研究制定。

5. 与预算评审相结合。推进预算评审与标准建设的深度结合:一是强化标准在预算评审中的应用,把支出标准作为预算评审的重要依据,同时,根据评审情况提出对现有标准进行调整的意见建议。二是强化预算评审在标准制定工作的作用,把标准建设纳入预算评审工作流程,充分利用评审结果,对所评项目的特点和规律进行深入分析,并对项目内容和支出需求进行梳理,形成标准的初步方案,按程序批准后成为正式标准,加快形成评审一类项目、出台一个标准、规范一个领域的工作机制。

四、工作要求

(一)加快标准建设进程

各部门要把思想认识统一到党的十九大精神上来,进一步抓实抓好标准建设工作。一方面,做好现有标准的收集整理,财政部研究将相对成熟的部门标准按程序上升为财政部标准。另一方面,按照先易后难、逐步完善的原则,明确分年度标准制定计划。

(二)规范标准编制机制

标准制定工作可由部门自行承担,也可按规定委托第三方机构承担并加强指导。制定的标准应符合实际、切实可行，项目文本要做到内容完整、格式规范、结构合理，标准制定要反映现阶段的合理需求和财力状况，防止以标准制定倒逼财政增支。标准制定过程中，要充分利用预算评审、决算、绩效管理等各方面的信息资料，不断改进标准制定方法，提高标准建设的科学性、合理性。

（三）完善标准应用机制

牢固树立"有标准就要用"的理念，从编制 2020 年预算起，部门"一上"要对本部门项目支出标准建设情况进行说明，项目文本中详细说明测算所使用的标准，各项支出原则上不得突破已有标准。要结合社会经济发展、物价水平、财力状况等，对标准进行适时修订。

（四）强化标准建设保障

各部门要进一步加强对标准建设工作的领导，明确负责机构，落实精干人员，所需经费原则上通过本部门公用经费解决，任务较重的部门可通过项目支出安排，确保标准建设工作需要。

第六章 财政预算监管

财政预算监管是以预算编制、预算执行、决算管理为基础,依据国家有关法律法规和财政预算管理制度规定,实施财政预算监督管理的一系列管理活动。

第一节 财政部各地监管局的工作职责

根据《中共中央关于深化党和国家机构改革的决定》《深化党和国家机构改革方案》《国务院机构改革方案》以及《财政部职能配置、内设机构和人员编制的规定》,2019年3月25日中央编办印发了《关于财政部派出机构设置有关事项的通知》(中央编办发〔2019〕33号),明确财政部各地专员办正式更名为财政部各地监管局,35个监管局行政编制共1008名,以及财政部各地监管局的主要职责。财政部为确保各地监管局严格依照"三定"规定履职尽责,更好服务财政改革发展大局,按照于法有据、体现转变、立足固化的原则,对《中央编办关于财政部派出机构设置有关事项的通知》(中央编办发〔2019〕33号)中规定的监管局工作职能做了细化规定,印发了《财政部各地监管局职能细化规定》(财办〔2019〕43号),明确监管局工作职能细化如下:

1. 贯彻落实党中央关于财经工作的方针政策和决策部署,在履行职责过程中坚持和加强党对财政工作的集中统一领导,履行全面从严治党责任。

2. 根据财政部部署,开展中央重大财税政策出台前的调查研究工作,向财政部提出意见建议;监督中央重大财税政策、国家财税法规在属地执行和落实情况，向财政部反映存在的问题并督促落实。

3. 调查研究属地经济发展形势和财政政策出台情况，分析对属地财政运行的影响，及时向财政部报告。

4. 调查了解属地地方财政收入征管和财政支出安排情况，关注地方财政收入质量，研究分析重点支出保障情况，向财政部反映存在的问题，跟踪相关问题的整改落实情况。

5. 调查了解属地地方财政预算执行情况，关注财政存量资金盘活和国库库款管理情况，跟踪了解属地基层财政尤其是困难地区财政运行情况，向财政部反映存在的问题，提出意见建议。

6. 监控属地中央收入征管和执行情况；征收和监缴部分中央非税收入；审批退付中央预算收入；监督国家金库办理属地中央预算收入的收纳、划分、留解、退付等；审核收取属地纳入中央国有资本经营预算实施范围的中央企业国有资本收益。

7. 审核评估属地中央预算单位预算编制情况，向财政部提出审核意见。

8. 监控、分析及预测属地中央预算单位预算执行情况，审核财政直接支付资金，监控财政授权支付资金，依法依规处理发现的问题，并按有关规定向财政部报告；管理属地中央预算单位银行账户。

9. 审核属地中央预算单位决算编制情况，向财政部提出审核意见并按要求督促落实。

10. 根据财政部部署，审核地方上报中央转移支付预算申请，向财政部提出审核意见；监控中央转移支付在属地执行情况，向财政部反映发现的问题，提出意见建议。

11. 开展中央对地方专项转移支付绩效评价，跟踪绩效评价结果应用情况并督促落实。

12. 根据财政部部署，开展中央重大财税政策绩效评估，向财政部提出意见建议。

13. 监督地方政府债务限额管理、预算管理、风险预警、应急处置、信息公开情况，发现风险隐患及时提出改进意见和处理建议并向财政部、地方人民政府反映报告。

14. 监控地方政府和融资平台公司举债融资、金融机构提供融资情况，依据有关线索依法依规开展违法违规举债融资行为核查。

15. 监督地方政府债券发行、使用、管理、偿还等情况，督促地方政府及使用债券资金的部门单位严格落实地方政府债务管理有关法律制度规定。

16. 监控地方政府隐性债务变化和风险化解情况以及地方政府隐性债务问责办法落实情况，发现风险隐患及时提出改进意见和处理建议并向财政部、地方人民政府反映报告。

17. 审核属地中央行政事业单位新增资产配置事项，按权限审核审批资产处置事项，向财政部提出审核审批意见。

18. 监督属地中央行政事业单位国有资产管理使用情况，发现违规问题及时指出并督促整改。

19. 监管属地中央金融企业执行财务制度情况，包括不良资产处置、薪酬管理等，发现问题并督促整改落实。

20. 监测属地中央金融企业财务风险，督促建立健全财务风险控制体系。

21. 监管属地国有金融资本产权登记情况。

22. 根据财政部部署，对有关单位和组织的会计信息质量进行监督检查。

23. 根据财政部部署，对会计师事务所和注册会计师的执业质量、资产评估机构和评估专业人员的执业质量进行监督检查。

24. 根据财政部部署，参与跨境会计合作检查。

25. 完成财政部交办的其他任务。

第二节 监管局职责转变要求及职责边界

一、财政部各地监管局职责转变要求

《中央编办关于财政部派出机构设置有关事项的通知》中明确提出财

政部各地监管局的职能转变:

第一,进一步转变管理方式,实现由原来的以监督检查业务为主向日常管理和服务为主转变、以事后检查为主向事前事中管理为主转变,寓监督于管理中,推动中央重大财税政策的贯彻落实。

第二,深入推进简政放权,进一步减少微观管理事务和具体审批事项。对于确需保留的事项,充分发挥各地监管局贴近地方、便于熟悉情况的优势,就近就地办理相关审批审核事项,提升效率效能。

第三,充分发挥各地监管局的职能作用,建立健全相关制度,明确和强化责任落实,更加注重其工作成果的运用,作为完善财税政策、预算管理的重要支撑。

财政部各地监管局的职能转变,既充分突显了财政部门的业务特征,又切实强化了派出机构的属地特征,明确将财政部各地监管局职能全面融入财政主体业务工作,深入推进简政放权,充分发挥属地优势,为完善财税政策、加强预算管理提供重要支撑。

二、财政部各地监管局职责边界

"三定"规定赋予财政部各地监管局的职责具有法定的严肃性。财政部各地监管局的工作职责,主要依据预算法和财政部"三定"规定赋予财政部的法定职责,同时充分考虑中央与地方收入划分、中央与地方财政事权与支出责任划分等文件精神,并紧密结合派出机构的驻地优势和工作特征,按照协同优化高效原则统筹确定的。

各监管局要严格遵循"三定"规定,牢固树立依法行政理念,坚持有所为、有所不为,切实厘清与其他部门的职责边界,不超越职权开展工作,避免与其他中央部门的职责交叉,避免同地方财政部门的职能错配。

(一)严格执行与审计的业务分工

按照党和国家机构改革方案,财政部的中央预算执行情况和其他财政收支情况监督检查职责划归审计署。今后,除党中央、国务院交办的特殊事项外,各监管局不得另行开展属于审计部门职责范畴的监督检查工作,更不得变相开展相关检查工作。

（二）准确把握同中央部门驻所在地监管部门的工作关系

各地银保监局、证监局等监管部门，都是中央部门驻在当地的监管机构，都在各自职责范围内行使监管职责。对属于中央驻所在地其他监管部门职责范围内的监管事项，各监管局将积极配合相关监管部门开展工作，加强沟通协调，彼此信息共享，形成工作合力，不越俎代庖，坚决杜绝超越职权甚至替代其他监管部门行使职能。

（三）切实厘清同地方财政部门的职责定位

按照预算法和现行财政体制，地方财政部门对地方财政收支和管理情况负责，并承担相应的主体责任；各监管局作为财政部的派出机构，对地方财政收支和管理情况进行监督，承担相应的监督责任。各监管局从监督视角出发履行好相应的工作职责，不干预地方财政部门正常业务，尤其不越权直接处理应由地方财政部门处理的业务。以后财政部将结合工作情况研究制定监管局工作职责负面清单，划定履职"红线"，进一步约束和规范监管局的履职行为。

第三节　财政预算监管工作主要进展情况

2019年以来，财政部各地监管局，职能转型有序开展，各项业务工作稳步推进，取得积极进展和成效。

一、贯彻中央决策部署，督促重大财税政策落实

各地监管局积极参与财税体制改革，聚焦热点、堵点、难点问题，助力推动中央重大政策落实。

（一）着力做好减税降费政策落实督导调研

实施更大规模减税降费，是党中央、国务院应对国际复杂形势和国内

经济下行压力的重大决策部署。各地监管局按照财政部统一部署将其作为一项重要政治任务，深入组织开展督导调研和监督检查，及时掌握政策落实情况，督促解决政策落实过程中的痛点堵点难点问题，发现部分地方存在落实减税降费政策不到位、乱收费多征税乱摊派等问题，形成专题报告上报国务院，有力保障了党中央、国务院减税降费重大决策部署尽快落地见效。

（二）有序开展全国财政补贴总量和结构摸底

为落实习近平总书记"建立健全符合国际惯例的财政补贴体系"的指示精神，各地监管局对我国上市公司有关年度从政府获得的补贴情况逐笔进行评估，并提出分类处置、逐步规范的政策建议，相关工作报告获得国务院领导的批示认可。在此基础上，按照国务院领导"进一步摸清全国财政补贴总量和结构"的指示精神，开展摸底调查，全面弄清地方财政补贴的总量和结构，并对各财政补贴项目客观评估分类，为制定符合我国实际和竞争中性的产业补贴政策提供重要参考。

（三）聚焦重大财税体制改革事项

监管局充分发挥属地优势，以完善财税政策为目标，积极开展改革调研工作，推动财税体制改革全面发力、多点突破。如，对属地增值税留抵退税有关情况开展摸底调研，为落实好《国务院关于实施更大规模减税降费后调整中央与地方收入划分改革推进方案的通知》提供参考依据；深入开展省以下财政体制改革调研，揭示支出责任下移、收入向上集中等问题，并提出规范支出责任分担方式、加快构建地方税体系等政策建议；开展农业转移人口市民化相关情况调研，深入分析市民化基本公共服务的成本，重点了解资金分配使用情况，并提出科学测算基本公共服务成本等政策建议，为研究农业转移人口市民化成本分担机制提供了重要参考。

二、全面融入财政主体业务，切实提升财政资金使用效益

各地监管局进一步嵌入财政预算管理链条，调整重心、创新方式，着

力提升预算管理水平和资金使用效益。

(一) 属地中央部门预算监管成效显著

目前,监管局在部门预算监管方面,已嵌入属地中央单位预算管理的各个环节,实现了"预算审核—执行监控—决算审核"完整的闭环监管模式,工作成果不断巩固,工作成效不断提升。同时,监管局服务意识、服务质量不断提高。

一是进一步做深做实属地中央单位预算编制审核。按财政部统一部署,各监管局依托"预算管理一体化"系统对2020年属地中央二级及二级以下预算单位(军队、武警、国防军工、国家安全、驻外单位、敏感单位除外)的人员、资产、津贴补贴等基础数据开展审核工作,共涉及97个中央部门所属1.32万个属地预算单位(不含人民银行和新疆兵团、不含自收自支单位和企业化管理单位)。在"预算管理一体化"系统之外,还对新疆兵团的预算进行了审核。在项目审核方面,监管局审核了8个重点"一级项目"所属8545个二级项目,平均经费需求核减率超过20%。相关审核数据得到部门司的有效利用,基础数据采纳率接近100%、新增资产和项目预算安排原则上将监管局审核意见作为上限控制,促进了新增资产合理配置和做实项目库。同时,监管局在预算编制审核过程中,不断加强疑点问题分析,研究提出政策建议,进一步摸清了属地中央预算单位底数,夯实了预算管理基础,提升了属地中央预算单位预算编制的规范性和准确性。

二是进一步加强预算执行分析和动态监控。各监管局依托"国库授权支付动态监控系统"开展预算执行日常监控,并对公款违规购买名贵特产行为进行重点监控,较好完成了排查系统预警疑点、核实违规疑点事项、查处违规行为等工作。对发现的问题,及时纠偏,督促预算单位整改,也得到了属地预算单位上级主管部门的支持和肯定,充分发挥了动态监控的规范、纠偏、警示、威慑作用。部分监管局探索开展实有资金账户监控,对试点中央部门的属地预算单位,持续开展实有资金账户交易行为监控,有效督促有关预算单位堵塞资金管理漏洞。财政部相关司局也将监管局反映的执行分析和动态监控的问题,作为抓好预算执行的有效抓手。预算执行监控,在保障财政资金安全、增强预算执行刚性约束、严肃财经纪律等方面发挥了重要作用。

三是加强部门决算审核,有力推动了部门预算闭环监管。2020年采取"财政部指定＋监管局自选"的方式确定属地中央预算单位决算审核范围,对中国气象局和国家统计局所属预算单位的2019年度决算进行集中审核,其他决算审核单位由各地监管局结合工作情况自行确定(共自主审核23个单位)。决算审核的主要内容:(1)决算规范性、完整性、及时性审核;(2)重点关注的情况及问题,重点关注预算编制、执行监控及审计关注的重点情况和问题,如上年结转资金列入年初部门预算及执行情况、单位执行规范津补贴政策情况、事业单位执行绩效工资情况、人员经费挤占其他经费情况等进行专项审核。主要目的是通过决算审核,全面了解和反映属地单位预算管理是否规范以及国家相关政策的落实情况,并及时纠正预算执行、会计核算中存在的问题,进一步规范决算编制,完善相关政策及预算编制与决算审核相互衔接机制,提高以后年度预算编制的准确性和规范性。

此外,监管局按照财政部要求,认真做好涉及预算的物资储备等14项部门预算审核核查、医保缴费审核、属地公车改革审核等专项审核以及银行账户管理等监管工作。

(二)强化中央对地方转移支付监管

监管局把中央对地方转移支付监管作为工作重点,并结合自身优势,把预算执行和绩效作为监管的主要环节和内容,扎实工作,取得积极成效。

一是积极做好预算申报审核。对中央财政城镇保障性安居工程专项资金、城乡居民医疗保险中央补助资金、城乡居民基本养老保险中央补助资金、城乡义务教育中央补助经费等专项项资金开展重点审核,审核结果作为资金分配的重要依据,有效提升财政资金使用效率,同时深入开展专题调研,为政策调整作依据。

二是全面加强预算执行监控。根据监管局职责和工作实际,财政部提出了"点面结合"的监管要求,"面"上,将全部转移支付纳入监控范围,对制度建设、执行进度等实施监控;"点"上,根据财政部统一部署,延伸到市县和资金使用单位。部分监管局充分利用大数据、互联网＋等手段,开发应用转移支付动态监管系统,实现了资金实时监控,切实传导了中央财政管理压力,发挥了执行过程监控和威慑作用,初步改变了中央财政资金在基层管理的薄弱状态,促使违规问题得到及时纠正,取得明显成效。

(三)扎实开展重点绩效评价

对保障房、教育、文化、农业、扶贫等重点领域开展绩效评价工作。通过将绩效评价结果和资金安排、工作成效考核挂钩,提高财政资金使用效益,督促政策制度得到有效落实。促使部分地方政府对预算绩效管理问题突出的市县主要负责同志进行约谈和问责。

三、聚焦精准扶贫,支持打好脱贫攻坚战

各地监管局针对扶贫领域突出问题深入开展监管,对标对表、持续发力,为支持打赢脱贫攻坚战提供有力保障。

(一)全面开展扶贫资金动态监控

结合中央专项巡视整改要求,通过财政扶贫资金监控平台,对财政扶贫资金进行监控,督促地方财政提高扶贫资金的下达和支出进度,完善绩效目标填报质量。深入开展日常监管和调研分析,及时反馈问题、督促整改。

(二)切实做好扶贫项目资金绩效自评抽审工作

根据财政部统一部署,对国家扶贫开发工作重点县和连片特困地区县的项目,就地开展扶贫项目资金绩效自评抽审,对抽审发现的自评质量不高、资金闲置浪费、管理不规范等问题,督促地方做好整改,压实了相关预算单位的绩效主体责任,提高了扶贫项目资金绩效管理水平。

（三）深入开展涉农扶贫领域其他监管工作

开展贫困县涉农资金整合核查、开展涉农资金统筹整合长效机制调研、开展专项巡视、审计发现问题整改情况核查等，督促地方及时制定举措并整改，巩固脱贫攻坚巡视工作成效。

此外认真做好定点帮扶相关工作。

四、切实加大监督力度，着力防控金融和债务风险

各地监管局贯彻党中央、国务院的决策部署，加强地方政府债务管理和金融监管，精准发力、务求实效，为防范化解金融风险和债务风险提供保障。

（一）严控法定限额债务风险

进一步强化债务监督，严控地方政府债务发行、使用等行为，守住限额内债务不出风险的底线。对有关年度地方政府债券发行使用情况进行专项核查，发现相关问题，引起地方政府高度重视，主动对相关责任人员进行约谈和处分；对地方政府债务限额空间形成情况进行逐笔核实确认，核实笔数超过百万笔；派员现场观察地方政府债券发行，有效规范债券发行现场管理。

（二）强化地方政府隐性债务监督

加强隐性债务监督，督促地方坚决遏制隐性债务增量，妥善化解债务存量。开展《地方政府隐性债务问责办法》落实情况调研，提出完善配套政策、提升实施成效等具体意见措施，增强问责办法的实效性；开展地方政府、金融机构等违法违规举债融资行为调研，提出加强财政与金融风险防范建议，为完善债务监管办法提供重要参考；依照移交的地方政府违法违规举债融资行为线索开展核查，对核定问题按程序转请当地纪委监委和银保监会、证监会严格依法依规处理；开展建制县隐性债务风险化解试点，有序推进相关工作。

(三) 做深抓实地方政府债务日常监管

为落实习近平总书记"防范化解重大风险要未雨绸缪"的重要指示，各地监管局树立问题意识，坚持底线思维，创新监管方式。一是聚焦机制建设，厘清相关责任主体权责分工，探索形成监管合力，逐步实现偿债能力评估分析与风险提示动态预警。二是聚焦项目控制，对旧区改造、轨道交通等资金规模较大项目进行事前甄别和源头把控，及时发现和化解资金筹措、组织实施中潜在风险点。三是聚焦供给端口，关注区域内金融机构业务动态，把握放贷数量与投向趋势，及时发现和提示风险。四是聚焦线索挖掘，通过对监管数据和特殊事项的分析判断，及时发现线索、揭示问题。

(四) 探索开展防范金融风险监管

紧密对接现行金融监管政策，深入研究《完善国有金融资本管理的指导意见》等，从监管局职责角度着力制度先行、强化风险预警，延伸开拓金融企业资本监管视野。

五、推动绿色发展，支持打好污染防治攻坚战

各地监管局聚焦生态文明建设，标本兼治、源头管控，支持推动污染防治攻坚战阶段性目标实现。

(一) 建立健全长效监管机制

各地监管局积极创新工作方式，探索建立长效机制，多措并举持续推进中央污染防治专项资金监管。

(二) 深入调研重点生态功能区政策

为维护国家生态安全，引导地方政府加强生态环境保护力度，监管局以重点生态功能区转移支付使用情况为切入点，对11个国家重点生态功能区资金分配和落实情况开展调研，为下一步完善重点生态功能区政策提

供重要参考。

（三）全力做好环保资金监管工作

监管局围绕支持打好污染防治攻坚战要求，积极开展生态环保资金申报审核、执行监控和绩效评价工作，督促地方财政和有关部门完善制度，有效提升生态环保资金使用效益。

六、密切关注属地经济发展，确保地方财政可持续运行

各地监管局动态监测地方财政经济运行态势，聚焦"三保"支出，督促地方切实兜底线、保稳定。

（一）积极开展财政经济形势研究

各地监管局充分发挥就地就近优势，把地方财政经济形势发展作为关注重点，积极开展分析研究，报送分析材料及研究报告，参加地方经济形式座谈会为，为深入分析地方经济运行情况和财政收支形势提供了第一手资料。

（二）重点监控地方财政运行状况

各地监管局积极监控本地区尤其是重点困难县级财政运行情况变化，督促地方切实兜住"保工资、保运转、保基本民生"底线。如，主动开展财政预算收入监控系统建设；针对暂付款规模过大问题开展核查调研，系统了解暂付款的主要用途和形成原因，相关报告引起当地省政府高度重视；及时发现个别县区"三保"支出缺口大、逼近红线、教师欠薪等问题，有效督促地方财政部门集中财力保基本、兜底线，确保基层财政稳定运行。

（三）深入调研重大区域政策落实情况

按照财政部统一部署，相关监管局牵头开展"三大战略""四大板块"等宏观战略和重大区域政策实施情况调研，积极探索建立中央重大政

策落实监控机制，促进重大区域政策落地见效。如开展调查分析，提出加大生态补偿力度、强化交通基础设施建设等政策建议，相关材料被中办、国办采用。

七、维护财经纪律，切实保障财政资金安全合规

各地监管局精准开展财政执法检查工作，进一步严肃财经纪律。

（一）扎实开展预决算公开检查

各地监管局按部里统一安排，对预决算公开情况进行了专项检查，公开内容更加全面，公开质量稳步提升，地方预决算公开的各项综合指标总体达标率超过90%。

（二）有序推进会计信息质量检查

各地监管局认真履行会计监督职责，围绕破解民生难题、防范化解重大风险，切实维护规范的市场经济秩序。如针对人民群众反映强烈的"药价虚高""看病贵"的民生问题，对国内外知名医药企业进行穿透性检查，基本摸清了药价虚高的根本性原因，为下一步推动药价综合治理奠定了坚实基础。针对上市公司预披露大额商誉减值问题，对部分上市公司开展商誉专项检查，防范化解资本市场风险。继续开展证券资格会计师事务所和资产评估机构执业质量轮查，对国有金融企业集中采购管理制度执行情况进行专项检查，切实维护市场经济秩序。

（三）认真落实脱贫攻坚和惠民惠农调研核查

落实部党组"让扶贫资金真正用于扶贫一线"的指示精神，开展惠民惠农财政补贴资金"一卡通"专项治理，并对惠农补贴资金审计发现问题进行排查整改，切实整治群众身边的"微腐败"，提高群众的获得感、幸福感。此外，开展了财政支持深度贫困地区脱贫攻坚政策落实情况核查等。

八、提高政治站位，做实做细服务"两会"代表委员工作

各地监管局提高服务意识，强化责任担当，坚持不懈地把服务代表委员各项工作做深、做实、做细，得到代表委员们的充分肯定。

（一）参与做好"两会"财政解释说明服务工作

监管局充分发挥了解属地代表团情况的优势，积极做好政策宣传和引导工作，提高财政解说服务工作的精准性。"两会"前，通过走访重点代表委员，提前了解其对财政工作的意见建议，前置开展解说工作；"两会"期间，监管局主要负责同志集中到京办公，现场参与"两会"财政解释说明服务工作，协助做好中央领导同志参加有关组别讨论服务，认真记录问题建议，协助司局回答代表问询，赢得代表委员对财政工作的理解和支持，圆满完成工作任务（2020年由于新冠疫情影响，取消了"两会"现场解说服务）。

（二）扎实推进与代表委员的日常沟通联络

各地监管局发挥就近就地服务优势，积极开展相关工作。做好代表委员基础信息维护工作；协助开展集中座谈和意见建议答复反馈工作；及时做好与代表委员的沟通联络。同时，不断创新工作方式方法，提升服务成效。

此外，其他各类监管工作有序开展。如：中央收入日常监管、有关税收到期优惠政策评估、县级财政"八项支出"预算执行情况专项核查、部分地区农业保险理赔难专项核查、彩票终端机互联网销售专项核查等工作。

第七章 预算绩效管理

预算绩效管理是一种"注重结果导向、强调成本效益、硬化责任约束"的新型预算管理方式，是政府绩效管理的重要组成部分。预算绩效本质上反映的是各级政府各部门的工作绩效，目的是推动政府和部门效能提升，不断提高公共服务质量和水平，增强政府的公信力和执行力。

第一节 全面实施预算绩效管理的重要意义

党中央、全国人大、国务院高度重视预算绩效管理工作，多次强调要深化预算制度改革，加强预算绩效管理，提高财政资金使用效益和政府工作效率。2015年新《预算法》将"讲求绩效"作为预算管理的基本原则之一，对预算绩效管理做出了具体规定。2017年党的十九大报告强调，要"加快建立现代财政制度，建立全面规范透明、标准科学、约束有力的预算制度，全面实施绩效管理"。2018年9月，《中共中央 国务院关于全面实施预算绩效管理的意见》（以下简称《意见》）正式印发，明确提出力争用3—5年时间基本建成全方位、全过程、全覆盖的预算绩效管理体系，着力提高财政资源配置效率和使用效益，改变预算资金分配的固化格局，提高预算管理水平和政策实施效果，为经济社会发展提供有力保障。

全面实施预算绩效管理是推进国家治理体系和治理能力现代化的内在要求，是深化财税体制改革、建立现代财政制度的重要内容，是优化财政资源配置、提升公共服务质量的关键举措。当前我国经济发展进入新常态，财政收入增长放缓，支出刚性需求较大，财政运行紧平衡特征明显。

全面实施预算绩效管理，将管理方式从"重投入"向"重绩效"转变，有利于挖掘内部潜力，把有限的财政资金用在刀刃上、花在紧要处，推动实现更高质量、更有效率、更加公平、更可持续的发展。

第二节　西方国家绩效预算改革经验借鉴

20世纪80年代，在经济、财政和政府信任危机的背景下，绩效预算在西方国家应运而生，此后逐渐成为世界性的财政改革潮流。截至2018年年底，在经济合作与发展组织（OECD）成员国中，绝大部分国家已建立绩效预算框架，世界上有50多个国家不同程度地采取绩效预算管理模式。经过近40年的不断完善和创新，绩效预算已经成为当代主要市场经济国家政府治理最有效的工具之一。

一、改革背景

（一）经济压力下的财政收支矛盾是直接原因

实施绩效预算的最直接原因是经济压力造成的财政困难。20世纪70年代，西方各国面临经济衰退、财源枯竭，而"二战"之后普遍实行的福利主义政策和政府职能的不断膨胀，导致政府支出持续增长，日益陷入入不敷出的财政困境。为有效缓解财政收支矛盾，各国纷纷寻求以提高效率和效益为中心的预算管理制度，政府预算管理加快向重视绩效转型。

（二）政府信任危机和来自公众的压力是主要推动力

20世纪七八十年代，长期持续的经济不景气使公众对政府的关注度不断提高，公众对庞大、浪费的政府非常不满，对政府控制财政赤字的决心和增进社会福利的能力产生了怀疑，政府逐渐陷入了信任危机。在经济和政治的双重矛盾下，改革政府职能，建设节俭、高效政府的呼声越来越高，促使政府被迫进行预算改革。

（三）经济全球化和信息技术的发展创造了条件

随着经济全球化程度的不断提高，国家间的竞争日趋白热化，传统意义上的商品竞争转变为国家间实力的竞争。西方各国政府纷纷转向建设"服务型政府"，着力提高政府行政效率。信息技术的发展为建立灵活、高效、透明的政府提供了可能性和物质基础，政府开始对其机构及运作做出相应的变革和调整，从传统的公共预算模式向以"绩效"为核心的预算管理模式转变。

（四）"新公共管理"理论的兴起提供了重要理论基础

20世纪70年代末，"新公共管理"理论在英国、美国、澳大利亚和新西兰兴起，并迅速扩展到其他国家，由此引发了世界范围内的旨在提高政府绩效的改革浪潮。一些国家尝试将"新公共管理"的理念引入到政府部门的管理实践中，借用私营部门的管理模式、原则和技术方法，推行目标和绩效管理，利用社会和市场力量实现公共服务社会化，在追求效率的同时更关注质量。

二、改革的主要特征

绩效预算伴随着政府行政改革和政府支出绩效评价而产生，对传统的预算管理模式带来很大冲击，呈现出鲜明的特征。

（一）建立全过程绩效预算管理体系

绩效预算模式区别于传统预算管理模式的核心，是将市场机制和竞争机制引入到部门预算管理，使部门从定计划、定任务，到预算的编制、执行、结果都紧紧围绕绩效展开。很多西方国家建立了较为完善的绩效预算管理体系，一般包括制订年度绩效计划、提交季度绩效报告、开展绩效评价、反馈评价结果等内容。年度绩效计划通常在编制年度预算时根据部门的战略目标确立，要求部门详细阐述在特定年度内拟提供的公共服务数量和水平，并提交内阁或国会通过，以作为将来对该部门或项目进行绩效评价的依据。如新西兰的绩效声明报告,美国的年度绩效计划等。部门管理者要跟踪部门年度绩效计划的执行情况,定期或者不定期提交绩效报告,详细描述绩效目标及指标的完成程度并向公众公开。

(二) 创新绩效预算管理技术方法

绩效信息是绩效预算的基础和依据,科学有效的分析技术,能够充分挖掘数据的潜在价值,为全面分析绩效预算的开展情况、科学衡量绩效预算的利弊得失、整体设计绩效预算的推进重点和实施步骤提供有益参考。绩效评价方法是技术层面的核心,如美国开发了平衡计分卡、PART(Program Rating Tool,项目评级工具)、红绿灯评价系统等,为提高绩效评价的科学性和准确性提供了重要技术支撑。此外,各国注重建立完善的信息系统,以保障绩效信息来源的科学性、合理性与及时性。

(三) 在政府会计与预算领域引入权责发生制

为客观、科学地评价财政资金使用绩效,需要政府会计核算以及预算编制能够正确计量各种政府活动的真实成本,权责发生制的应用在技术上满足了这种要求。自新西兰在 20 世纪 90 年代率先在政府会计与预算领域全面引入权责发生制以来,包括英国、澳大利亚在内的众多发达国家越来越重视权责发生制在预算管理中的作用。权责发生制的引入,适应了绩效预算测量产出效益和结果质量的要求,对于确定合理的预算拨款规模,制定科学的绩效计划,调整未来绩效目标等具有不可替代的基础性作用。

(四) 创造绩效预算基础制度和条件

绩效预算改革并不仅仅涉及预算模式的变化,也需要相关配套制度的支持和配合。一是构建良好的中期支出框架(MTEF)。MTEF 是绩效预算过程的第一阶段,有利于确保财政支出分配与国家中期战略规划、政策优先事项相衔接。目前 88% 的 OECD 国家采用了中期支出框架,保证了绩效预算能够持续稳定发挥作用。二是完善公共资产管理制度。例如,美国由财政部负责公共资产预算管理,制定了统一的管理制度和法规,对公共资产进行严格的预算控制和绩效考核,并设立相对独立的专门机构,负责管理具体事务。三是实行国库集中收付制度。例如，澳大利亚在财政部设立财务管理办公室，专门负责国债和国库资金的管理。四是健全政府采购制度。又如，英国充分利用互联网发布政府采购信息，推进政府公共管理改革、提高政府效率和透明度。

三、西方国家实施绩效预算的经验总结

纵观英国、加拿大、澳大利亚等国绩效预算改革历程，虽然采取的管理模式存在一定差异，但也呈现出一些共同特点，如关注产出和效果、强调成本效益分析，对管理过程的放权和授权，建立正向激励和无效问责机制，推动绩效信息公开透明等。西方国家成功推动绩效预算改革的经验值得借鉴。

（一）高层推动，各方配合

绩效预算是一场从管理理念到管理方式的深刻变革，涉及面广、难度大，各国改革的成功离不开历届首相、总统或总理等国家高层领导的高度重视和持续支持，从根本上改变了政府部门长期存在的官僚作风，提高了行政效率和公共服务质量。同时，绩效预算改革是一项长期性、系统性工程，涉及政府管理的方方面面，需要政府各部门和社会各界从多方面支持。在法律保障方面，需要立法机构的介入；在保证绩效信息准确、完整方面，需要审计部门的监督；在提高绩效管理的客观性、专业性方面，需要财务和技术专家、第三方机构、社会公众等各方力量的广泛参与。

（二）完善立法，健全机构

为减少改革阻力和成本，大部分国家出台绩效预算相关法律，为建立绩效预算制度提供了强有力的法理支持。美国《项目评估与结果法案》《政府绩效与成果现代化法案》、加拿大《成果政策法案》、韩国《政府绩效评价框架法》和瑞典《预算法案》等，都为其各自绩效预算制度的建立提供了法律遵循。同时，大部分国家设立专职机构，负责绩效预算改革整体设计和统筹推进。多数国家在财政部内，一些国家在总统或总理办公

室，有的在中央政府层面成立专门机构从事绩效预算指导和推动工作。

（三）放权和问责相结合

为调动部门积极性，多数国家在支出限额内适当加大部门人事和预算资金使用的自主权，允许部门按照更为合理的方式优化资源配置。同时，按照"权力与责任相对等"的原则，明确各部门部长对预算产出和效果的责任。

第三节 近年来预算绩效管理工作进展情况

党的十八大以来，按照党中央、国务院有关部署和预算法规定，财政部深入推进预算绩效管理改革，大力推动各项管理制度和改革措施扎实落地，取得了较大进展。2016年以来，中央财政已经初步构建起以项目支出为主的一般公共预算绩效管理体系，部分地方财政也结合自身实际加快预算绩效管理改革步伐，对优化财政资源配置、节约公共支出成本、提高资金使用效益发挥了积极作用。

一、做实绩效目标，绩效目标管理全覆盖

绩效目标是全过程预算绩效管理的基础。2016年，财政部组织对中央部门2024个一级项目和93项中央对地方专项转移支付绩效目标逐一进行审核并修改完善。同时，将中央部门一级项目的绩效目标及具体指标随同资金一并批复。2017年，进一步规范绩效目标设置，扩大绩效目标覆盖范围，确立绩效目标与预算同步申报、同步审核、同步批复机制。2018年，绩效目标管理范围进一步拓展到大部分中央政府性基金预算和部分中央国有资本经营预算项目。目前，绩效目标管理已经覆盖所有中央部门的本级项目、中央对地方专项转移支付，以及大部分中央政府性基金和国有资本经营预算项目，初步建立了比较全面规范的绩效指标体系，为今后开展绩效监控和绩效评价奠定了良好基础。

二、全面实施绩效监控和绩效自评

绩效监控是全过程预算绩效管理的必要环节，是保障绩效目标实现的机制性安排。2018年起组织中央部门对所有本级项目支出开展绩效运行监控，对预算执行情况和绩效目标实现程度实施"双监控"。2019年印发《中央部门预算绩效运行监控管理暂行办法》，并加强绩效监控结果分析，对部门预计无法完成、进度滞缓、绩效指标设置不合理的项目及其产出指标分别通过红、黄、蓝灯预警，并反馈主管部门进行整改，及时弥补管理中的"漏洞"，纠正绩效目标执行中的偏差。

绩效自评是资金使用单位对预算执行和绩效目标完成情况的信息反馈，相当于对国家战略目标和政策落实情况进行"自我体检"，有利于强化部门的绩效主体责任，促使预算资金使用结果从"报账单"向"成绩单"转变。目前，已对所有中央部门项目支出和中央对地方专项转移支付全面实施绩效自评，如实反映绩效结果，对未完成原因进行逐条分析，研究提出解决措施。

三、抓好重点绩效评价，评价结果充分运用

绩效评价是预算绩效管理的重要手段。2016年以来，财政部建立重点绩效评价常态机制，每年选择贯彻落实党中央、国务院重大决策部署，覆盖面广、影响力大、社会关注度高、实施期长的重点民生政策和重大项目，由财政部预算评审中心、财政部各地监管局组织第三方机构开展绩效评价。目前已组织对200多个重点项目和政策开展了绩效评价，涵盖教育、科技、文化、经济建设、环境保护、农林水、社会保障等领域。同时，及时将绩效评价结果反馈有关部门和单位，督促其对发现的问题进行整改，部分绩效评价结果已应用于预算安排和政策调整。

四、做好绩效信息公开，主动接受社会监督

推动预算绩效信息公开，有助于及时回应社会关切，更好满足人民群

众的知情权、参与权和监督权。2016年以来，逐步建立绩效信息随同预决算向全国人大报告制度，加大向社会公开力度。绩效目标方面，2017年中央预算草案中，首次将高层次人才计划、大气水土壤污染防治等10个重点项目绩效目标提交全国人大常委会审议，2020年增加到76个，审议通过后的绩效目标随同有关部门预算向社会公开。同时，将所有中央对地方专项转移支付、政府性基金预算重点项目绩效目标作为参阅材料提交全国人大财经委。绩效自评结果方面，2016年中央部门决算草案中，首次选取99个中央部门的111个一级项目绩效自评结果提交全国人大常委会审议，2018年增加到265个，其中绝大部分项目绩效自评结果随同有关部门决算向社会公开。重点绩效评价报告方面，2015年中央部门决算草案中，首次将5个重点项目和政策绩效评价报告给全国人大常委会参阅，2018年增加到20个，并稳步推动上述绩效信息向社会公开。同时，积极组织和推动中央部门随同部门决算公开本部门重点项目绩效评价报告。

第四节 全面实施预算绩效管理的思路

尽管当前我国预算绩效管理取得了一定成效，但一些中央部门和地方"重投入、轻管理，重支出、轻绩效"的意识尚未根本改变，预算绩效管理工作仍然存在广度和深度不足，结果应用机制不健全等问题。下一步，财政部将深入贯彻落实党中央、国务院关于全面实施预算绩效管理的决策部署，加快构建"全方位、全过程、全覆盖"的预算绩效管理体系，实现预算和绩效管理一体化，着力提高财政资源配置效率和使用效益，持续推动政府效能和公共服务质量水平提升，促进国家治理体系和治理能力现代化。

一、构建全方位预算绩效管理格局

将预算绩效管理实施对象从项目为主向政策、部门整体拓展，从转移支付为主向政府财政运行拓展，形成政府预算、部门预算、政策和项目预算等全方位绩效管理格局。各级政府预算收支全面纳入绩效管理，预算收入要实事求是、积极稳妥、讲求质量，预算支出要统筹兼顾、突出重点、量力而行。加强部门和单位预算绩效管理，赋予部门和资金使用单位更多的管理自主权，推动提高部门和单位整体绩效水平。深化政策和项目预算绩效管理，对重大政策和项目实行全周期跟踪问效，建立动态调整和清理退出机制。

二、建立全过程预算绩效管理链条

将绩效理念和方法深度融入预算编制、执行、决算、监督全过程，构建事前、事中、事后"三位一体"的绩效管理闭环系统。一是建立事前绩效评估机制。结合预算评审、项目审批等，对新出台重大政策、项目开展事前绩效评估，重点论证立项必要性、投入经济性、绩效目标合理性、实施方案可行性、筹资合规性等。二是强化绩效目标管理。提高绩效目标编制质量，加强绩效目标审核，绩效目标与预算同步批复下达。三是做好绩效运行监控。对绩效目标实现程度和预算执行进度实行"双监控"，发现问题及时纠正，确保绩效目标如期保质保量实现。四是加强绩效评价和结果应用。开展多维度绩效评价。提高绩效自评质量，完善重大政策、项目预算绩效评价常态机制，健全绩效评价结果反馈制度和绩效问题整改责任制，加强绩效评价结果应用。

三、完善全覆盖预算绩效管理体系

推动各级政府、各部门、各单位全面实施预算绩效管理，将绩效管理责任层层传导和落实到基层政府及部门，延伸至资金使用终端。将一般公共预算、政府性基金预算、国有资本经营预算、社会保险基金预算全部纳入绩效管理范围，积极开展政府投资基金、主权财富基金、政府和社会资本合作（PPP）、政府采购、政府购买服务、政府债务项目绩效管理。

四、加强预算绩效管理制度建设

围绕预算管理的主要内容和环节,完善涵盖绩效目标管理、绩效运行监控、绩效评价管理、评价结果应用等各环节的管理流程,制定预算绩效管理制度和实施细则。建立专家咨询机制,引导和规范第三方机构参与预算绩效管理,严格执业质量监督管理。健全预算绩效标准体系,实现科学合理、细化量化、可比可测、动态调整、共建共享。创新绩效评估评价方法,提高绩效评价结果的客观性和准确性。

五、硬化预算绩效责任约束

压实绩效管理责任,强化各部门、各单位的预算绩效管理主体责任,体现"谁使用、谁负责"。强化绩效管理激励约束,建立绩效结果与预算安排和政策调整挂钩机制。加强绩效监督问责,充分发挥人大、审计等机关的职能作用,对预算绩效管理情况进行监督。推进绩效信息公开,重要绩效目标、绩效评价结果要与预决算草案同步报送同级人大、同步向社会主动公开,促使部门和单位从"要我有绩效"转变为"我要有绩效"。

第八章 部门预算管理重点工作

第一节 中期财政规划管理

2013年，党的十八届三中全会《中共中央关于全面深化改革若干重大问题的决定》中明确提出"建立跨年度预算平衡机制"。《国务院关于深化预算管理制度改革的决定》（国发〔2014〕45号）明确提出"改进预算管理和控制，建立跨年度预算平衡机制"，包括实行中期财政规划管理、改进年度预算控制方式、建立跨年度预算平衡机制等。为落实改革决定，国务院印发了《国务院关于实行中期财政规划管理的意见》（国发〔2015〕3号），对实行中期财政规划管理提出了具体意见，标志着财政预算由年度管理转向中期管理的改革进入到实质性阶段。

一、中期预算的概念

中期预算通常指的并不是法律上的多年拨款，而是一种多年度的滚动计划或者政府对其支出的预算。世界银行多采用"中期支出框架"的概念，重点强调财政支出。世界银行的研究成果认为中期支出框架由三个阶段序列组成，分别是：中期财政框架、中期预算框架和中期绩效框架。其中，中期财政框架侧重于强调中期的收支总量平衡，自上而下的制定宏观经济和财政中期目标；中期预算框架在中期财政框架的基础上，结合国家和部门中期发展战略制定中期预算，设定中期支出上限，侧重于支出的战略性优先配置；而中期绩效框架侧重于通过预算分配鼓励产生更好的绩效表现。

二、中央部门中期财政规划管理的目标

（一）提高预算的可持续性

中央部门三年支出规划与中期财政规划相衔接，建立在对未来三年收入水平和支出规模的合理预测之上，在既定的支出规模之下，财政部将有限的财政资源更加有效地分配到国家战略和政策的优先领域，既保证各部门合理的资金需求，又使财政支出具备稳固和可靠的基础，增强预算的可持续性。

（二）增强预算约束力

适应预算控制由平衡状态、赤字规模向支出预算和政策拓展，有效控制支出，增强约束力。一方面，部门三年支出规划受中期财政规划约束，规划期内中央各部门的支出安排不得突破中期财政规划确定的年度支出上限。另一方面，部门年度预算编制也受其三年支出规划约束，未来三年支出规划中的第一年规划即为年度预算，后两个年度的支出规划作为后续年度部门预算编制的基础。部门规划也要与三年规划相衔接，需要资金支持的要纳入三年滚动规划统筹考虑。

（三）盘活存量资金

实行中期财政规划管理，使中央部门能够提前知晓未来三年本部门可用的资金规模，在这个规模之下，部门可以根据需要在年度间统筹安排使用资金，能够有效避免部门出于对未来的不确定性，而在当期"保基数""争增量"的冲动，有利于减少结转结余资金的产生。

（四）理顺预算管理关系

中期财政规划管理有利于更好地体现中央部门作为部门预算主体的地位，部门将在预算编制、执行等方面发挥更大的作用，同时对资金使用结

果负责。财政部门更侧重于在部门间合理配置预算资源,加强项目评审和绩效评价等方面,形成财政部和中央部门之间的合理分工和有效制衡。

三、中央部门中期财政规划主要内容与编制方法

(一) 主要内容

1. 实施范围。一是预算范围,对纳入中央部门预算的一般公共预算和政府性基金预算拨款收支均实行中期财政规划管理。二是支出范围,中央部门中期财政规划主要针对部门项目支出,基本支出按照统一要求编制和调整。三是部门范围,编制部门预算的中央部门全部纳入部门中期财政规划实施范围。

2. 时间和期限。2015年起,财政部组织中央部门编制三年支出规划,此后每年向后延伸一年。为确保年度预算与中期规划紧密衔接,N—N+2年的中期财政规划编制工作与N年的部门预算编制同步进行。中央部门中期财政规划编制的支出规划期为三年。

3. 管理方式。中央部门中期财政规划实行滚动管理。中央部门中期财政规划的规划期为三年,每年向后延伸一年,在时间上实现滚动管理。在编制下一个三年规划时,根据部门提出的重大增减因素,以及新的预测结果和支出上限,财政部对已编制的后两个规划年度及时进行调整,并添加一个规划年度,形成新一轮中期财政规划,使规划与实际情况的变化相适应。

(二) 规划编制方法

1. 编制方法。

(1) 部门提出规划需求。中央部门结合国民经济和社会发展五年规划纲要及相关专项规划,按照部门职责,研究未来三年涉及财政支出的重大改革和政策事项,以此为基础,测算提出部门的三年支出需求,按规定时间和预算管理渠道提交财政部。

(2) 审核确定支出限额。财政部根据中期财政规划、财政政策、部门

需求等情况，经综合平衡、优化结构，分解形成部门支出限额，并下达部门三年支出控制数。

（3）部门编报三年支出规划。中央部门根据财政部下达的三年支出控制数，合理安排政策出台时机和力度，明确政策目标，列出分年度工作任务和时间节点，说明资金使用对象、保障标准、运行流程，建立预算绩效管理机制，在此基础上编制三年支出规划报财政部。

（4）汇总编制中期财政规划。财政部审核汇总部门的三年支出规划，汇编形成中央部门中期规划草案，按程序报批后实施。

2. 以后年度编制方法。以后年度编制规划时，中央部门根据情况变化，可对上年编制的三年规划中后两个年度的分年支出规划进行内部结构调整，并补充第三个年度的规划。财政部重点就调整的内容及第三个规划年度的支出上限进行测算，并按前述程序审核下达。

3. 规划调整方法。部门中期财政规划一经确定，原则上不予调整。中央部门因重大增减支因素需要调整未来年度支出的，应在编制新一轮规划前提出需求，按流程报财政部审核。财政部根据未来财政收支预测结果，结合重大增减因素，制定方案调整支出规划，并在编制规划时通知中央部门，各部门根据新的支出上限调整部门分年度支出安排，按程序报批后实施。

第二节　坚决落实过紧日子要求，有力破除支出固化格局

艰苦奋斗、勤俭节约是中华民族的传统美德，是共产党人的政治本色和优良传统。党中央历来强调，各级党政机关要大兴艰苦奋斗之风，带头厉行勤俭节约、反对铺张浪费。习近平总书记强调，"党和政府带头过紧日子，目的是为老百姓过好日子，这是我们党的宗旨和性质所决定的""不论我们国家发展到什么水平，不论人民生活改善到什么地步，艰苦奋斗、勤俭节约的思想永远不能丢。艰苦奋斗、勤俭节约，不仅是我们一路走来、发展壮大的重要保证，也是我们继往开来、再创辉煌的重要保证"。

我们要切实提高政治站位，把艰苦奋斗、勤俭节约和过紧日子的要求不折不扣贯彻落实到财政财务工作的全过程各方面。

一、近年来部门预算管理中落实过紧日子要求情况简述

2019年以来，中央财政积极采取措施，严格部门预算编制，强化部门预算管理，着力将过紧日子要求落到实处。主要体现在以下几个方面：

一是坚决压减一般性支出。2019年中央部门非刚性、非重点项目支出平均压减幅度达到10%。2020年进一步加大压减力度，中央本级支出安排负增长，剔除国防、武警、债务发行付息、粮油物资储备等四项支出后，其他中央本级支出下降11.1%，其中非急需非刚性支出压减50%以上。同时，大幅压减2020年中央本级"三公"经费预算，其中因公出国（境）费和公务接待费压减幅度均超过60%。

二是健全完善制度体系。2019年制定印发《关于贯彻落实过"紧日子"要求 进一步加强和规范中央部门预算管理的通知》，在严格部门预算编制、规范部门预算执行等方面作出具体规定。2020年制定印发《关于贯彻落实政府过紧日子要求 进一步严格财政支出管理的通知》，在大力压缩一般性支出、严格执行经费开支标准等方面提出明确要求。此外，研究制定《关于规范差旅伙食费和市内交通费收交管理有关事项的通知》等制度办法，将有关方面要求进一步具体化、规范化。

三是切实加强部门预算管理。坚持精打细算、勤俭节约，从严从紧编制部门预算。推进支出标准体系建设，着力发挥标准的基础支撑作用。加强项目库建设，严格项目入库管理。推进项目预算评审和重大项目评估清理，强化评审评估结果运用。严格预算执行管理，严禁铺张浪费和大手大脚花钱。持续推进盘活存量资金，避免资金闲置和沉淀浪费。推进预算绩效管理工作，切实提升资金使用效率和效益。

四是加强评估和经验推广。2020年建立定期评估机制，按季对中央部门落实过紧日子要求情况进行评估，推动部门树牢勤俭节约意识，及时发现问题、堵塞漏洞、改进管理。加强经验交流推广，梳理中央部门带头过紧日子的经验做法、典型案例等，印送部门和地方参考借鉴，帮助部门结

合自身实际,研究细化落实过紧日子的具体举措。

二、落实过紧日子的有关具体要求

一是进一步严格部门预算编制。各部门要牢固树立过紧日子思想,坚持勤俭办一切事业,从严从紧编制部门预算。下大气力优化部门支出结构,大力压减一般性支出,节省出资金用于重大战略、重要改革和重点领域。将部门各项收支全部纳入预算管理,加大结转资金、当年预算等各项资金统筹力度,按照量力而行和讲求绩效的原则,合理安排符合规定的各项支出,避免资金闲置和沉淀浪费。切实落实部门项目管理主体责任,严格执行项目库管理规定。加强项目支出预算评审,部门项目库中按规定应评审的项目要全部评审,将评审结果作为编报预算的上限,并建立审减率与所属单位整体项目预算安排挂钩机制。

二是切实规范部门预算执行。各部门要刚化硬化预算约束,除另有规定外,执行中一律不再追加部门预算。预算执行中新增的临时性、应急性等支出,全部通过动用部门机动经费等现有预算解决。坚持精打细算、勤俭节约,严禁铺张浪费和大手大脚花钱,对不该开支或不必开支的事项一律不得开支,结余资金要按规定及时交回中央财政。切实加快预算执行进度,提升预算执行质量,强化所属单位当年预算执行和下年预算安排挂钩机制的执行,提高财政资金使用效率。完善内部财务管理办法,严格规范会计核算,严格执行经费开支范围和标准,严格报销审核,不得报销任何超范围、超标准以及与相关公务活动无关的费用,不得接受或变相接受企业资助,不得摊派、转嫁费用。严格执行国库集中支付、政府采购和公务卡制度,不得违规从零余额账户向实有资金账户划转资金。

三是持续强化"三公"经费管理。各部门要继续从严控制"三公"经费预算,加强对所属单位"三公"经费支出事项必要性、合理性的审核。强化"三公"经费执行管理,执行中不再追加部门"三公"经费预算。结合本单位实际制定因公临时出国(境)、公务用车、公务接待等公务活动的具体规定,严格审批管理,加强统筹规划和总量控制,不得安排无实质内容的公务活动。严格控制赴有关"热门"国家和热点旅游城市访问团组,严格规范不计批次团组审批和管理。认真落实公车改革和管理规定,严格保留车辆管理,在规定范围内加大保留车辆统筹使用力度,不得放宽租用条件变相增加保留车辆,不得超标准租赁各类高档豪华车辆。不得以举办会议、培训等名义列支、转移、隐匿接待费开支,除另有规定外,国内公务接待不得报销各类烟酒费用。

四是着力强化和规范资产管理。各部门要加强资产管理,依法设置资产管理账簿,按规定及时登记入账,做到账实相符,严禁账外管理。优化新增资产配置管理,对已有资产配置标准的,要严格按照标准配置;对没有资产配置标准或暂未纳入新增资产配置相关预算编报审核范围的,要结合单位履职需要、存量资产状况,按照厉行节约反对浪费的原则,在充分论证的基础上配置。探索建立本部门长期低效运转、闲置资产的共享共用和调剂机制,加大所属单位间共享调剂力度,切实盘活存量资产,提高资产使用效率。

五是切实严肃财经纪律。各部门要贯彻落实"三重一大"决策制度,完善重大项目安排、大额资金使用流程。着力强化部门内控管理,建立财政资金使用全流程内控机制,将项目立项、预算编制、预算执行、绩效管理等各个环节的责任明确到人、落实到位,有效防控业务和管理风险。严格执行国家工资政策规定,严禁超过规定标准、范围发放津贴补贴,未经工资主管部门批准,各部门一律不准以任何借口、任何名义、任何方式出台工资津贴补贴政策。依法自觉接受监督,深刻剖析存在的问题,坚持即知即改、立行立改,从管理源头和制度层面解决问题,切实整改到位。积极配合财政部各地监管局对属地中央单位的预算监管工作,认真整改发现的问题。严格执行各项法律法规,切实把财经纪律和各项管理制度落到实处,对相关违规违纪违法行为,严格按照预算法、《财政违法行为处罚处分条例》等有关法律法规严肃处理。

三、加强中央部门"三公"经费管理

(一)"三公"经费的概念和口径

纳入中央财政预决算管理的"三公"经费是指中央部门用财政拨款安

排的因公出国（境）费、公务用车购置及运行费和公务接待费，是党政机关维持运转或完成特定工作任务所开支的相关支出，是政府行政开支的一部分。其中：

因公出国（境）费反映单位公务出国（境）的国际旅费、国外城市间交通费、住宿费、伙食费、培训费、公杂费等支出。

公务用车购置及运行费反映单位公务用车车辆购置支出（含车辆购置税）、燃料费、维修费、过路过桥费、保险费、安全奖励费用等支出。

公务接待费反映单位按规定开支的各类公务接待（含外宾接待）支出。

从单位范围看，编报"三公"经费财政拨款预决算的单位包括向财政部编报部门预算的中央部门本级及其所属行政单位、参公单位、事业单位、社会团体、企业等。从支出类别看，"三公"经费预决算既包括通过基本支出公用经费安排的支出，也包括通过项目支出安排的支出。

（二）加强"三公"经费管理的有关措施

严格控制中央部门"三公"经费支出，是贯彻落实中央八项规定和上届政府"约法三章"要求，促进党政机关厉行节约工作的一项重要举措。近年来，财政部采取措施，完善"三公"经费制度和管理，加强"三公"经费预算编制和执行管理，严格控制"三公"经费预算规模，积极推动"三公"经费公开，着力构建厉行节约的长效机制。

1. 完善"三公"经费制度和管理。修订完善"三公"经费管理制度，中办、国办印发了《党政机关国内公务接待管理规定》、财政部印发了《因公临时出国经费管理办法》《中央和国家机关外宾接待经费管理办法》等，"三公"经费制度体系进一步完善。强化因公出国计划审批管理，严格控制因公出国团组数量，降低因公出国经费开支规模。继续实行公务用车编制与经费双向控制，推进公务用车制度改革，切实降低公务用车运行成本。加强公务接待费管理，对公务接待费预算实行总额控制，全面推行公务卡结算制度。

2. 加强"三公"经费预算编制和执行管理。从编报2010年部门预算开始，财政部要求中央部门从基层单位逐级汇总编报"三公"经费预算，逐步细化"三公"经费预算编制，规范编报口径，提高了"三公"经费预算编报的准确性。加强"三公"经费执行管理，明确要求各部门用财政拨款安排的"三公"经费支出不得超过预算规模。对部门申请追加预算事项中涉及"三公"经费预算的，要求报请国务院同意后方可追加，有效控制了执行中追加"三公"经费预算。根据中央有关精神，从 2017 年起，教学科研人员因公临时出国开展学术交流合作经费实行区别管理，不再纳入中央部门"三公"经费预算进行额度控制。

3. 严格控制"三公"经费预算规模。近年来，财政部持续贯彻落实党中央、国务院关于过紧日子和坚持厉行节约反对浪费有关要求，从严控制中央部门"三公"经费预算，加强对"三公"经费支出事项必要性、合理性的审核。通过努力，中央本级"三公"经费预算规模连年下降，支出得到有效控制。

4. 积极做好"三公"经费公开工作。2011 年 7 月，财政部第一次公开了中央本级 2010 年"三公"经费支出和 2011 年预算情况。98 个中央部门公开了本部门 2010 年"三公"经费决算和 2011 年预算情况。2011 年以来，中央部门"三公"经费公开成为一项常态化工作，公开形式不断完善，公开内容不断细化。

第三节　预算公开

一、预算公开的法制建设

预算公开是现代财政制度的基本特征，是实现国家治理体系和治理能力现代化的重要推力，是政府接受监督的重要途径，是打造透明政府、阳光行政的重要抓手。党中央、国务院、全国人大高度重视预算公开工作，制定了有关预算公开的法律、行政法规和系列规范性文件，财政部也制定了相关规章制度，规范预算公开工作。

2007 年 1 月 17 日，国务院常务会议通过《中华人民共和国政府信公开条例》，自 2008 年 5 月 1 日起施行。其中第十条规定，县级以上各级人民政府及其部门应当依照条例规定，重点公开财政预算、决算报告等政府信息。

2013 年 11 月 12 日，党的十八届三中全会通过的《中共中央关于全面深化改革若干重大问题的决定》提出"实施全面规范、公开透明的预算制度"。

2013 年 11 月 25 日，中共中央、国务院发布《党政机关厉行节约反对浪费条例》。其中第五十四条规定：党政机关应当建立健全厉行节约反对浪费信息公开制度。除依照法律法规和有关要求须保密的内容和事项外，应当按照及时、方便、多样的原则，以适当方式公开预算和决算信息。

2014 年 8 月 31 日，第十二届全国人大常委会第十次会议审议通过了《关于修改〈中华人民共和国预算法〉的决定》，修改后的预算法自 2015 年 1 月 1 日起施行。预算法第一条提出"建立健全全面规范、公开透明的预算制度"；第十四条对预算公开的主体、范围、内容、时限等作出具体规定，包括政府预决算公开和部门预决算公开两个层次，明确规定"经本级人民代表大会或者本级人民代表大会常务委员会批准的预算、预算调整、决算、预算执行情况的报告及报表，应当在批准后二十日内由本级政府财政部门向社会公开，并对本级政府财政转移支付安排、执行的情况以及举借债务的情况等重要事项作出说明。经本级政府财政部门批复的部门预算、决算及报表，应当在批复后二十日内由各部门向社会公开，并对部门预算、决算中机关运行经费的安排、使用情况等重要事项作出说明。各级政府、各部门、各单位应当将政府采购的情况及时向社会公开。本条前三款规定的公开事项，涉及国家秘密的除外"；第九十二条规定了违反预算公开规定应承担的法律责任，即各级政府及有关部门"未依照本法规定对有关预算事项进行公开和说明的"，责令改正，对负有直接责任的主管人员和其他直接责任人员追究行政责任。

2014 年 9 月 26 日，国务院印发《国务院关于深化预算管理制度改革的决定》（国发〔2014〕45 号），对预算公开提出明确要求。一是扩大部门预决算公开范围，除涉密信息外，中央和地方所有使用财政资金的部门均应公开本部门预决算。二是细化预决算公开内容，除涉密信息外，政府预决算和部门预决算全部细化公开到功能分类的项级科目，专项转移支付预决算按项目按地区公开，按经济分类公开政府预决算和部门预决算。三是加大"三公"经费公开力度，细化公开内容，所有财政资金安排的"三公"经费都要公开。四是对预决算公开过程中社会关切的问题，要规范整改、完善制度。

2014年10月23日，党的十八届四中全会通过的《中共中央关于全面推进依法治国若干重大问题的决定》提出"全面推进政务公开，坚持以公开为常态，不公开为例外的原则，推进决策公开、执行公开、管理公开、服务公开、结果公开。重点推进财政预算、公共资源配置等领域政府信息公开"。

2016年2月，中共中央办公厅、国务院办公厅根据新形势、新情况，印发了《关于进一步推进预算公开工作的意见》，要求各地区、各部门强化主动公开意识，坚持以公开为常态、不公开为例外原则，进一步扩大预算公开范围，细化公开内容，加快公开进度，规范公开方式，进一步推进预算公开工作。

2017年10月，党的十九大报告提出"建立全面规范透明、标准科学、约束有力的预算制度，全面实施绩效管理"。

2019年4月，国务院修订《中华人民共和国政府信息公开条例》，修订后的条例自2019年5月15日起施行。

2019年10月31日，党的十九届四中全会通过的《中共中央关于坚持和完善中国特色社会主义制度 推进国家治理体系和治理能力现代化若干重大问题的决定》提出"完善标准科学、规范透明、约束有力的预算制度"。

为贯彻落实党中央、国务院决策部署和法律制度规定，2008年以来，财政部制定了关于预算公开的一系列规章制度文件，如《关于进一步推进财政预算信息公开的指导意见》（财预〔2008〕390号）、《关于进一步做好预算信息公开工作的指导意见》（财预〔2010〕31号）、《关于深入推进地方预决算公开工作的通知》（财预〔2014〕36号）、《财政部关于切实做好地方预决算公开工作的通知》（财预〔2016〕123号）、《财政部关于印发〈地方预决算公开操作规程〉的通知》（财预〔2016〕143号）、《财政部关于印发〈地方政府债务信息公开办法（试行）〉的通知》（财预

〔2018〕209号)、《财政部办公厅关于印发财政预决算领域基层政务公开标准指引的通知》(财办发〔2019〕77号)等。

二、历年中央部门预算公开工作

2008年,财政部与审计署联合印发《关于2008年部门预算内部公开试点的通知》,选择监察部、财政部等11个部门进行部门预算内部公开试点,将部门预算通过张贴、查阅等形式在单位内部公开。2010年,财政部下发《关于进一步做好预算信息公开的指导意见》(财预〔2010〕31号),要求中央部门落实预算公开的主体责任,及时主动公开预算,财政部、环境保护部等中央部门首次公开本部门预算。此后,中央部门预算公开范围不断扩大,公开时间相对集中,公开数据更加细化。2011年,中央"三公"经费预算首次向社会公开。2013年,中央本级"三公"经费预算和中央部门"三公"经费预算的公开时间由以往7月随同部门决算公开,调整为4月随同部门预算公开,公开时间提前3个月。2014年,中央部门预算除涉密内容外,全部公开到支出功能分类最底层的项级科目;部门预算专门增加《"三公"经费财政拨款预算表》,详细反映"三公"经费预算安排及上年度执行情况,将"公务用车购置及运行费"进一步细化公开为"公务用车购置费"和"公务用车运行费"。2015年4月17日,100个中央部门公开部门预算,100个中央部门公开"三公"经费预算,财政部汇总公开了中央本级"三公"经费预算情况,中央部门预算公开的表格由2014年的6张增加到8张。为了便于社会公众理解,中央部门在公开表格的同时,还对表格的内容进行解释说明,并增加了机关运行经费情况、政府采购情况、国有资产占有使用情况、预算绩效情况的说明。除法定涉密信息外,中央部门预算在2014年已全部公开到支出功能分类最底级的项级科目的基础上,2015年一般公共预算基本支出进一步公开到经济性质分类最底级的款级科目。2016年,有102个部门(单位,下同)公开部门预算,101个部门公开"三公"经费预算。2017年,有105个部门公开部门预算,公开的部门预算涵盖财政拨款和非财政拨款收支情况,其中:财政拨款收支公开5张表,部门收支公开3张表,首次集中在财政部建立的专门平台、中国政府网设置的专门栏目公开中央部门预算，教育、科技等 10 个部门首次公开重点项目的文本和绩效情况。2018 年，有 89 个部门在 4 月 13 日向社会集中公开部门预算，公开项目文本和绩效目标的重点项目数增加到 36 个，涉及 36 个中央部门。

2019 年 4 月 2 日，102 个中央部门（单位）公开部门预算，具备公开条件的中央部门都已公开部门预算，公开部门数比 2018 年增加了 13 家，集中公开时间比 2018 年提前了 11 天。同时，有 47 个部门公开了 50 个重点项目的文本和绩效情况，有 88 个部门在公开预算时专门说明了非重点、非刚性支出压减情况，切实落实《政府工作报告》提出"各级政府要过紧日子""一般性支出压减 5% 以上、'三公'经费再压减 3% 左右"的要求。

2020 年 6 月 11 日，102 个中央部门（单位）公开部门预算，公开预算的部门数与上年持平。各部门重点说明了落实政府过紧日子要求压减支出情况，进一步加大项目支出及预算绩效信息公开力度，102 个部门全部说明了贯彻落实过紧日子要求压减支出等情况，有 71 个部门公开了 83 个项目的项目文本，有 97 个部门公开了 109 个项目的绩效目标。

第四节　财政拨款结转和结余资金管理

财政拨款结转和结余资金（本节简称结转结余资金）是财政资金的一种阶段性状态，是财政资源的重要组成部分，规范和加强结转结余资金管理是完善部门预算管理制度体系、提高财政资金配置效率和使用效益的必然要求。

一、结转结余资金管理工作回顾

为解决结转结余资金管理中存在的诸多问题，2005 年起财政部开始建立制度、采取措施，加强和规范部门结转结余资金管理。

（一）2014 年以前的结转结余资金管理

2005 年，财政部研究制定了《中央部门财政拨款结余资金管理暂行规定》。2006年，财政部修订发布《中央部门财政拨款结余资金管理办法》。2010年，经过几年的运行，结合管理中出现的新问题、新情况，财政部再次对管理办法进行修订，印发了《中央部门结转结余资金管理办法》（财预〔2010〕7号）。修订后的办法明确了结转结余资金的管理程序，具体分为报送和确认、预算执行、预算编制三个阶段。每阶段主要内容如下：

1. 结转结余资金的报送和确认。预算年度结束后，中央部门对本部门结转结余资金情况逐级汇总，对形成结转结余的原因进行分析说明，并报财政部。财政部对部门结转结余资金数额和有关项目完成情况进行审核确认后，正式批复中央部门。

2. 预算执行阶段。部门基本支出结转资金原则上结转下年继续使用，可在执行中用于增人增编等人员经费和日常公用经费支出；项目支出结转资金下年按原用途继续使用，项目支出结余资金在执行中原则上不得动用，全部用于统筹编制以后年部门预算。

3. 预算编制阶段。"一上"预算时，部门应将结转结余资金情况和申请的当年财政拨款支出统筹考虑，在此基础上提出部门预算需求。编制基本支出预算应优先动用基本支出结转资金，编制项目支出预算应优先动用项目支出结余资金。有项目支出结余资金的部门，应将结余资金作为下一年度预算的首要来源，统筹安排使用。延续项目有结转资金的，应结合项目进展情况、结转资金情况，统筹提出下年度项目支出预算申请。"二上"预算时，部门应对结转资金情况做出充分预计，在"二上"预算中填报。

（二）2015年以后的结转结余资金管理

2015年，为落实《国务院办公厅关于进一步做好盘活财政存量资金工作的通知》（国办发〔2014〕70号）精神，切实提高财政资金使用效率，财政部印发了《财政部关于盘活中央部门存量资金的通知》（财预〔2015〕23号），对2015年结转结余资金管理工作及相关规程进行了部署和安排。进一步加大了对结余资金的清理力度和对结转资金的消化力度。

1. 进一步清理结转结余资金。按照国办发〔2014〕70号文要求，对中央部门一般公共预算结转结余资金（含从2015年起由政府性基金预算转列一般公共预算的结转结余资金），以及政府性基金预算结转结余资金做进一步的深入清理。将以下资金清理为结余资金：

（1）2012年及以前年度项目结转资金（包括基本建设支出和非基本建设支出）。

（2）2013年批复的项目支出，两年未动用的；项目已完成或终止形成的剩余资金；项目结转资金中不需继续使用的部分。

（3）2014年批复的项目支出，项目已完成或终止形成的剩余资金；项目结转资金中不需继续使用的部分。

2. 收回结余资金统筹安排使用。对经进一步清理后，确认的结余资金中，已在2015年2月28日前已经形成实际支出的，不再收回，其余资金由财政部审核后统一发文予以收回，统筹用于经济社会发展亟需资金支持的领域。对中央部门收回资金的项目需要在2015年及以后年度继续实施的，作为新的预算项目管理，按照部门预算程序重新申请和安排。

3. 建立结转资金定期报告制度。为有效监控存量资金情况，对中央部门结转资金执行情况进行定期统计。中央部门于每季度结束后15日内，及时汇总截至上一季度末的结转资金情况，进行分析后报财政部。

4. 加快消化结转资金。对2015年继续结转使用的资金，由中央部门进行跟踪分析，采取有效措施，尽快按原用途使用。同时，对编入2015年预算的项目，提前做好可行性研究、评审、招投标、政府采购等前期准备工作，预算批复后尽快启动，加快预算执行进度。

二、《中央部门结转和结余资金管理办法》主要内容

根据深化部门预算改革的新形势，结合近年关于中央部门财政拨款结转结余资金管理的新要求，为进一步改进中央部门结转结余资金管理，盘活存量资金，提高财政资金使用效率，2016年2月，财政部再次修订管理办法，印发《中央部门结转和结余资金管理办法》（财预〔2016〕18号，本节简称《办法》）。

（一）管理范围

1. 拓展预算范围。《办法》中，除一般公共预算结转结余资金外，将

政府性基金预算结转结余资金也纳入管理范围，按照统一原则进行管理。

2. 优化资金管理范围。为真实反映部门结转结余资金情况，为预算管理决策提供更加准确可靠的信息，《办法》中规定，对资金已支付但会计上未列支出的预付账款，以及已支付资金购买但未领用的存货，在管理中予以扣除。对预付账款在以后年度发生收回的，将收回的资金作为结转结余资金。

（二）结转结余的划分

1. 基本支出年度剩余资金仍作为结转管理。《办法》中，对基本支出的年度剩余资金维持原管理办法，仍作为结转资金，结转下年继续使用。这主要是考虑到，基本支出中人员经费主要按照定员定额或基数方式测算，年度剩余资金一般较少；基本支出中的公用经费开支范围较广，使用时灵活性较强，允许结转使用有利于鼓励部门厉行节约，加强管理，节约开支，提高使用效率。同时，为避免出现基本支出结转资金规模过大的问题，《办法》中规定，对部门结转资金规模较大、占比较高的，财政部可予以收回。

2. 项目支出按照实施周期划分结转结余。按照实施部门中期支出规划管理以及项目全周期滚动管理的相关改革要求，项目需按照实施周期予以稳定资金保障，确保项目绩效目标实现。相应，对项目的年度剩余资金也需重新界定性质，并调整管理方式。因此，《办法》中对项目结转结余，总体上按照项目实施周期是否结束来进行划分，实施周期未结束的为结转资金，实施周期结束的为结余资金。

3. 连续两年未用完的项目资金作为结余。按照《预算法》相关规定，为了避免资金长期结转造成闲置，《办法》中明确，在实施周期内，连续两年（指批复预算资金的当年和下一年度）未用完的项目支出预算资金，作为结余资金管理。

4. 允许项目中部分资金提前确认为结余。修订前《办法》规定，单个项目的年度剩余资金应全部确认为结转资金或全部确认为结余资金，这种管理方式相对简单，但不符合实际情况，导致部分已不需要支出的资金较长时间闲置在部门，不利于提高效率。因此，《办法》中规定，因实施计划因故调整，不需要继续支出的部分项目支出预算资金，作为结余资金管理。

（三）结余资金的处理

1. 结余资金统一由财政收回。根据国务院文件精神，以及 2015 年盘活存量资金的做法，为了提高资金使用效率，《办法》中规定，除部分符合相关条件的中央科研项目结余外，其他结余资金均收回财政。

2. 可在执行中及时确认结余。按照修订前《办法》关于项目支出结余资金，应全部统筹用于编制以后年度部门预算的规定，经确认的结余资金需要间隔一年时间才能动用，降低了资金使用效率。《办法》规定，预算执行中，项目提前完成、因故终止或实施计划发生调减，不需要继续支出的预算资金，部门应及时清理为结余资金报财政部，由财政部发文收回财政，以保证结余资金及时安排使用，提高效率。

3. 基建结余资金全部收回。关于基本建设项目的结余资金，《办法》中要求按照基本建设项目结余资金管理相关规定执行。根据最新印发的《基本建设项目结余财政资金收回同级财政的通知》（财建〔2015〕707号）要求，《基本建设财务管理规定》（财建〔2002〕394号）中有关结余的财政资金 30% 由项目建设单位留用的规定和《关于基本建设项目竣工结余财政性资金处理有关事宜的通知》（财建〔2013〕454号）不再执行，基建项目的财政资金结余全部收回财政。

4. 科研项目结余按相关要求管理。国务院《关于改进加强中央财政科研项目和资金管理的若干意见》（国发〔2014〕11号）中明确"项目完成任务目标并通过验收，且承担单位信用评价好的，项目结余资金按规定在一定期限内由单位统筹安排用于科研活动的直接支出"。为此，《办法》中规定，按照国发〔2014〕11号有关要求，中央财政科研项目结余资金中符合相关条件的，报财政部确认后，可在一定期限内由项目单位结转用于统筹安排科研活动的直接支出。具体管理办法，由财政部另行制定。

（四）减少结转结余的措施

1. 由事后消化提前到事中控制。为了提高预算执行效率，减少资金闲置，《办法》中对控制结转资金的管理思路，由事后消化调整为事中控制。在执行中实时跟踪预算执行进度，对预计当年难以执行的支出，部门可根据实际情况，及时调整结构，将资金用到急需的地方，避免年底形成结转结余，切实提高资金使用效率。部门调整支出结构后形成的缺口由部门在其三年支出规划的规模内解决，财政不再单独安排。

2. 加强考核实施奖惩。《办法》规定按照项目实施周期是否结束来划分结转结余，根据新的项目支出预算管理模式，项目的实施周期最长可为5年（基建项目竣工前，均视为实施周期）。项目周期延长后，为了避免部门长期结转或大规模结转，《办法》中提出了几项新措施：一是在周期内，连续两年未用完的资金要作为结余管理。二是部门要跟踪执行进度情况，并进行统计、分析，提出加快执行进度的建议，报财政部。三是结转资金规模较大的，财政部可将结转资金收回财政。四是对部门控制、消化结转资金情况进行考核、通报，对考核排名靠后的压缩其以后年度支出规模。五是部门要对所属单位的结转资金消化情况进行考核和奖惩。

3. 调减或调剂支出要集中限时办理。为了提高效率，避免部门调减或调剂支出较晚影响预算执行，《办法》中要求对中央部门申请调减当年预算或调剂支出，应在 8 月 31 日前集中办理。

（五）结转结余的报送和确认

为了提高工作效率，减少重复报送，《办法》中改进了结转结余资金的报送和确认办法。

1. 年度结转资金的报送和确认。对部门年度结转资金不再单独组织统计、报送和批复，部门在编制年度预算时一并编报。财政部在批复部门年初预算时一并批复部门结转资金。部门预算中批复的结转资金与部门决算批复相关数据不一致的，以部门决算为准。

2. 年度结余资金的报送和确认。年度预算执行结束后，中央部门在 30 日内完成对结余资金的清理，将情况报财政部。财政部在 20 日内发文确认结余资金，并收回财政。年初确认的结余资金数与部门决算批复相关数据不一致的，以部门决算为准，并做相应调整。

(六) 结转结余收回的处理

为了与新的制度衔接,《办法》中明确部门结转结余资金收回,按照《财政总预算会计制度》(财库〔2015〕192号)相关规定进行处理,即收回的资金冲抵当年预算支出。对基本建设项目的结余资金,考虑到基本建设项目管理的特殊性,《办法》中要求按照基本建设项目结余财政资金收回的相关规定执行。

第五节 部门预算评审

预算评审是加强项目支出预算管理、提高预算编制质量、优化预算资源配置的一项重要手段。2015年,财政部印发了《财政部关于加强部门预算评审工作的通知》(财预〔2015〕90号),明确了预算评审职责、范围、内容、环节、方式及结果运用等内容。

一、预算评审管理规定和要求

(一) 预算评审职责

中央部门(即直接向财政部报送部门预算的一级预算单位)和财政部按照部门预算管理权限,分别组织开展预算评审工作。财政部负责制定预算评审的管理制度,对各部门评审工作进行指导,对纳入财政部项目库的项目组织评审,运用评审结果。

中央部门预算评审工作应由部门内部负责预算管理的内设机构组织,主要职责是制定评审制度,选择中介机构和专家,监督评审过程,运用评审结果,安排评审经费等。接受委托的中介机构和专家独立开展评审工作,对出具的评审报告负责。

(二) 预算评审范围

1. 部门评审范围。拟纳入中央部门项目库的项目原则上都要进行预算评审。为保证经济性和避免重复评审，以下项目可不纳入部门评审范围：已确定立项且按规定的支出标准和要求测算的项目，按规定由项目主管部门（指负责专项资金管理并审核相关部门申报项目的部门）评审的项目，绝密级项目（另有规定的除外），总支出规模在100万元以下的项目，其他按规定不予评审的项目。预算执行中拟申请追加预算的项目，以及项目内容、绩效目标或支出总规模等发生调整的项目，原则上也要履行部门评审程序。

2. 财政评审范围。部门申报的项目中拟纳入预算安排的重大项目、财政专项安排的基本建设项目、专业性强或技术复杂的项目优先纳入财政部评审范围。预算执行中拟追加预算的项目，财政部也要有选择地进行评审。

（三）预算评审内容

预算评审的内容主要包括完整性、必要性、可行性和合理性等方面。完整性主要是项目申报程序是否合规，项目申报内容填写是否全面，项目申报所需资料是否齐全等。必要性主要是项目立项依据是否充分，与部门职责和宏观政策衔接是否紧密，与其他项目是否存在交叉重复等。可行性主要是项目立项实施方案设计是否可行，是否具备执行条件等。合理性主要是项目支出内容是否真实、合规，预算需求和绩效目标设置是否科学合理等。

（四）预算评审环节

各部门要按照"先评审后入库"的原则，对部门本级及所属单位申报的项目进行自评，评审通过的项目作为预算备选项目进入部门项目库。财政部项目库中的项目遵循"先预算评审后安排预算"的原则，预算编制阶段，在部门已经开展评审的基础上，由财政部根据需要对拟纳入预算安排的项目进行评审，根据评审结果确定是否安排及预算额度。预算执行阶段，由财政部对部门申请追加预算的项目中拟安排预算的项目进行评审。

（五）预算评审方式

根据预算管理级次的不同，各部门可实行集中评审或分级评审，具体形式由各部门自行确定。根据不同类型项目的特点，可采取由部门所属评审机构、委托有相应资质的中介机构或组织专家评审等方式开展预算评审。委托中介机构评审的，要根据政府购买服务的要求，按照政府采购法规定的方式确定承接主体，签订委托合同。组织专家评审的，原则上应设立专家库并从中随机抽取符合相关专业要求的专家。根据部门的需要，财政部预算评审中心可提供业务指导和技术支持。

（六）评审结果运用

部门要在提高评审质量的基础上，强化预算评审结果的运用，将评审结果作为项目入库、申报和调整的重要依据，并作为预算安排的上限控制。要把预算评审的总体情况作为确定所属单位预算规模的参考因素之一，引导各单位如实申报项目和预算。

财政部将财政评审结果作为预算安排的上限控制，同时建立激励约束机制，按10%设置预算评审容忍度，财政部开展的项目预算评审，凡整体审减率超出容忍度的部门，压减部门下一年度预算，并扣减三年支出规划数。

二、预算评审的组织实施

（一）评审具体流程

根据要求制定预算评审工作计划，确定评审项目、内部分工、时间安排等。具体项目的预算评审一般包括前期准备、制定评审方案、实施评审、报告撰写与稽核、出具报告和案卷归档等环节。具体如下：

1. 前期准备。根据部门预算评审工作计划，项目评审负责人及时通知项目申报单位做好预算评审准备工作。同时，评审人员要获取项目资料，了解项目主要内容，收集、熟悉相关政策制度文件和标准规范。

2. 制定评审方案。在前期准备工作基础上，制定项目预算评审方案，确定评审方式，明确评审内容、评审重点、评审方法和评审时间安排，确定参加项目预算评审的中介机构人员和行业专家，做好任务分组和人员分工。

3. 实施评审。根据评审方案，实施项目预算评审。项目预算评审主要是对项目完整性、必要性、可行性以及预算合理性进行全面审核。

不同评审人员按照任务分工进行评审。部门预算管理人员主要负责评审业务联系、沟通协调、政策把握、评审进度控制、评审结论复核、中介机构人员以及行业专家管理等组织管理工作。行业专家主要利用自身专业优势，评审项目的必要性和可行性，审核项目实施方案和绩效目标的合理性，以及项目预算与项目实施方案及目标的匹配性等。中介机构人员则主要负责审核项目资料和预算完整性、核实工作量、材料与设备市场询价以及资料收集整理等预算评审基础性工作。

对于项目预算合理性的评审，主要的方法有：已经制定相关支出标准的，按标准核定，如办公家具配备标准、会议费标准、培训费标准、出国费标准等；材料、设备等价格，通过市场询价确定；对于工程修缮类项目，按照工程造价审核的方法通过识图算量、套用定额和市场价格确定；需要调整项目实施方案的，通过评审专家的专业审核，形成专家意见后，按专家意见调整，相应调整预算。

评审中可建立重大事项会商机制，充分讨论，必要时可进一步聘请专家进行咨询。项目评审负责人要做好沟通协调，以及质量、进度控制等工作，并对初步评审结论进行复核。在此基础上，与项目申报单位交换意见，并根据交换意见情况，对初步评审结论进行调整，形成最终评审结论，由项目申报单位签署意见、盖章。

评审过程中要形成评审工作底稿，包括评审事项、审核过程、审核依据、审核结论、编制人及编制日期等内容，重大事项工作底稿还需附原始凭证或取证材料。同时，要做好评审工作底稿的复核工作。

4. 报告撰写与稽核。评审报告主要围绕评审内容展开，一般应包括基本情况、评审结论、问题和建议，如有特殊情况需要说明的，可在报告中体现。基本情况是对项目情况的介绍，包括项目背景、项目内容、项目申报预算、项目实施周期等。评审结论主要是针对项目完整性、必要性、可行性和合理性的评审意见，如有涉及预算调整情况，需对项目预算调整的内容、调整原因、调整依据等进行逐一描述。问题和建议主要是评审中发现的项目预算编制和管理等方面存在的问题以及相应的对策建议。此外，应建立评审稽核机制，做好评审报告的内部稽核工作，对评审结论的客观公正性和科学合理性，以及评审报告的完整性和表述的准确性进行稽核。

5. 出具报告和案卷归档。根据稽核意见对评审报告进行修改完善，按照规定程序报有关部门。同时，及时整理项目评审资料，做好案卷归档工作。

（二）中介机构管理

根据预算评审工作需要，参照《深化政府采购制度改革方案》《财政部关于促进政府采购公平竞争优化营商环境的通知》（财库〔2019〕38号）等有关要求，采用公开招标方式，择优选择若干会计师事务所和工程造价咨询公司参与部门预算项目评审工作。在项目评审过程中，要做好对中介机构人员管理，严肃工作纪律和工作要求，严格质量控制，有效控制预算评审风险。项目预算评审实行回避制度，中介机构与项目申报单位有关联关系的，应实行回避制度。中介机构的付费可根据市场水平和考核情况确定，在基本付费基础上给予一定比例的奖励或处罚。

（三）专家管理

根据预算评审工作需要，可建立专家库，采取市场化运作方式购买服务。专家的管理主要包括入库选择，库中专家的选取、使用、考核与付费等。为规范管理，可制定专家库管理办法，明确专家的选取、使用、考核等内容。一般而言，专家库的建立可根据业务需要，采取业内公开招聘、单位推荐、自荐等方式，按照入库标准，择优聘请。在项目预算评审过程中，需做好对专家的管理，严肃工作纪律和工作要求，严格质量控制和日常考核，有效控制预算评审风险。行业专家与项目申报单位有关联关系的，应主动回避。专家付费按照有关规定执行。

三、2019 年财政预算评审情况

（一）总体情况

2019 年，财政部对 171 个中央部门项目预算进行了评审，评审范围覆盖 70 个中央部门，涉及预算资金 1793.33 亿元，平均调减率约 37%。通过评审，大幅度剔除了项目预算申报中的不合理支出，有效促进了部门项目预算编制的合理性，显著提高了财政资金的使用效益和预算管理水平，有效推动了预算管理的规范性，评审结论已成为项目预算批复的重要依据，为项目预算的执行奠定了良好的基础。

（二）评审要点

预算评审主要关注项目的完整性、必要性、可行性和合理性。项目评审中需关注的要点包括：

一是通过了解部门职责、有关的行业发展规划，以及国家当前关于该行业或领域的有关政策等，明确评审项目立项的必要性。

二是通过了解部门经费渠道与项目支出总体情况，判断评审项目与其他项目之间的关系，是否缺乏统筹，是否存在交叉重复等问题。

三是对于一个项目涉及中央部门内部不同部门的，通过了解部门内部机构设置和职责分工，判断评审项目不同内容之间是否存在衔接问题。

四是了解项目实施方式，评审项目实施方式是否合理、合规，是否存在应招标未招标等问题，进而优化调整项目实施方式，并结合市场价格水平评审项目预算。

五是区分政府与市场的边界，确定预算支持重点。按照厘清政府与市场边界的思路确定评审原则，即具有公益性的事业活动或者服务于政府政策目标的企业活动应由中央财政给予补贴，而参与市场竞争、具有盈利能力的事业单位活动或者不具有公益性的企业活动不应纳入财政补贴范围。

六是根据延续性项目以前年度执行和绩效情况，评审当年预算。对于延续性项目预算，不仅要审核当年预算申报情况的真实性、完整性和科学性，还要审核项目以前年度的执行情况和绩效状况。延续性项目预算以前年度的执行情况和绩效评价是核定当年预算的重要依据，对于执行情况不理想、资金大量结转的项目或者绩效目标完成较差的项目，应审减当年或以后年度预算，或中止项目。

七是优化项目实施方案，提高项目可行性。评审中，对于新增项目预算，重点评审其必要性和可行性。一方面深入到项目单位，如实了解项目实施的目标和条件，督促项目单位细化项目的具体内容，核实项目的工作量、费用标准。另一方面，发挥专家智慧，优化项目实施方案，并相应调整项目的费用结构，提高项目预算的可执行性。

（三）评审发现的主要问题

从评审情况看，现阶段中央部门项目预算还存在着"编制不规范、标准化程度低、绩效目标不明确"等问题。

1. 项目预算编制粗糙、立项程序不规范、可行性差。就评审的项目来看，多数项目不同程度上存在着申报资料不完整、申报信息不真实等问题，没有全面准确地反映部门特定活动的绩效目标及指标、具体内容和支出需求。中央部门的项目存在预算立项不严谨，立项程序和技术论证缺失，致使部门项目预算编制未充分考虑业务需要和现实条件。立项依据不充分、必要性不强、不具备执行条件等问题也较为突出。一些专业性较强的项目缺乏充分的技术论证，实施方案不合理，可行性差。

2. 项目支出结构不合理问题较为突出。中央部门在申请项目预算资金时，仍然存在"基数+增长"的思维惯性。大量的延续性项目既没有明确的执行期限，也没有建立绩效评价退出机制，即使政策环境发生了较大变化，项目仍在延续，未能及时清理或转型，固化了项目支出结构和财政资金分配格局，弱化了预算政策的整体性和有效性，制约了财政宏观调控的空间，降低了预算政策的前瞻性和主动性。

3. 部分项目预算"虚高冒估"的"水分"问题比较严重。评审发现，大部分项目预算的申报规模超过实际需求，项目预算编制的科学性、准确性亟需提高。当前，项目预算缺乏支出标准，既制约着项目预算编制的科学性和权威性，也影响着项目资金分配的合理性和公平性。初步统计，约有60%的信息化建设项目预算申报中存在着设备购置数量偏多、单价偏高以及系统开发和运行维护费用标准偏高等问题。

4. 电子政务信息化建设项目缺乏统筹规划，重复建设问题严重。评审发现，目前中央部门电子政务信息化建设不仅存在总体规划和立项程序缺失、投入政策不明确等问题，而且部门规划和内部立项程序也不规范，因此中央部门电子政务信息化项目普遍存在实施方案可行性差、费用预算虚高、项目管理不规范等问题。其结果是，不仅在中央部门之间甚至是部门内部形成了许多互不兼容的"信息孤岛"，难以实现信息资源共享。

四、进一步完善部门的预算评审工作

（一）推进项目预算评审工作常态化

按照中央部门项目支出预算评审有关要求，推动项目库建设和项目滚动管理，对于申报进入项目库的项目实现"随时申报、随时评审、随时入库"，逐步实现项目库管理和预算评审工作的动态化和常态化。

（二）将预算评审与项目支出标准化建设相结合

中央部门在评审项目时，要注重评审数据的积累和有效利用。一方面，为以后年度开展同类项目评审提供参考。另一方面，可与部门内部项目支出标准建设计划相结合，对于适宜标准化管理的项目，通过数据的积累和分析，逐步建立项目支出标准和规范，实现项目的标准化管理。

（三）注重评审专家的遴选和使用

对于专业性较强的项目，预算评审要充分利用行业专家的专业技术优势。行业专家的选择和使用很大程度上决定了项目评审结论的客观公正性，因此选择使用专家是目前评审工作中非常重要的一项内容。一要合理确定专家的数量，坚持专家集体评审方式，对预算评审各事项要经过专家的集体讨论形成共同意见，避免项目评审结论由个别专家确定的情况。二要明确对专家的专业背景、业务能力等要求，综合考虑专业、工作单位等因素,优化专家结构。

(四) 强化评审结果的运用

预算评审的生命力在于结果的有效运用,因此,各部门在开展评审工作时,要强化评审结果的运用,将评审结果作为申报和安排预算的上限控制。在提高客观公正性的基础上,从评审制度安排和预算评审程序设计方面为评审结果的有效运用提供保障。

第六节 政府采购

政府采购制度是现代财政制度的组成部分,是加强财政支出管理的重要管理制度。按照政府采购法规定,政府采购是指各级国家机关、事业单位和团体组织,使用财政性资金采购依法制定的集中采购目录以内或者采购限额标准以上的货物、工程和服务的行为。政府购买服务属于政府采购的范畴,应当遵循政府采购法律法规和有关制度的规定。

一、政府采购工作开展情况

1996年我国政府采购制度改革开始试点,2003年政府采购法正式施行。经过20多年的改革发展,政府采购制度改革取得显著成效。在法制建设方面,形成了包括政府采购法、采购法实施条例、部门规章和各类规范性文件在内的完整法律制度框架;在采购范围和规模方面,从满足机关单位办公需要向为社会提供公共服务扩展,全国政府采购规模由2002年的1009亿元增加到2018年的35861亿元;在采购执行方面,绝大多数预算单位都能够依法采购、规范程序,改革前采购人自由随意采购的局面得到根本改变;在政策功能方面,基本构建了一套包括支持节能环保、中小企业、本国产品在内的政府采购政策体系,丰富了财政调控的方式和手段;在信息公开方面,建立起采购意向、采购活动、采购结果及合同文件全流程信息公开机制,广泛接受社会监督。目前,政府采购制度适用范围覆盖到全国各级党政部门与事业单位，深入到政府社会经济管理的不同领域和层次，在规范政府预算支出、创造公平竞争的市场环境、规范行政履职行为以及推动实现国家经济社会目标等方面发挥了重要作用。

二、政府采购预算编制和调剂

（一）政府采购预算编制

政府采购法第六条规定，政府采购应当严格按照批准的预算执行。全面完整编制政府采购预算是预算单位开展政府采购工作的重要基础。

政府采购预算是部门预算的重要组成部分。中央预算单位使用财政性资金采购集中采购目录以内或者采购限额标准以上的货物、工程和服务，应当在编制部门"二上"预算时同步编制政府采购预算。关于财政性资金，政府采购法实施条例第二条明确规定是指纳入预算管理的资金，而预算法第四条则规定政府的全部收入和支出都应当纳入预算。因此，中央预算单位凡使用纳入部门预算管理的资金开展的采购活动，均应纳入政府采购管理范畴，编制政府采购预算。

中央预算单位在编制2021年政府采购预算时，应当按照《国务院办公厅关于印发中央预算单位政府集中采购目录及标准（2020年版）的通知》（国办发〔2019〕55号）确定编制范围。一般公共预算和政府性基金预算中的项目支出和基本支出涉及政府采购的，均应细化到具体的采购项目，按照《政府采购品目分类目录》（财库〔2013〕189号），准确选择货物、工程、服务类型，填写项目名称、采购标的名称、主要采购标的品目、预算金额、需实现的主要功能或者目标等基本信息，并根据采购项目的具体情况，注明落实政府采购支持节能环保、中小企业发展等政策功能情况，如强制或者优先采购节能环保产品、预留面向中小企业采购份额等。

（二）政府采购预算调剂

预算执行中部门预算资金调剂（包括追加、追减或调整结构）需要明确政府采购预算的,按部门预算调剂的程序和规定,由主管预算单位报财政部审核批复。预算执行中部门预算支出总金额不变,但需单独调剂政府采购预算的类别(货物、工程、服务)和金额,以及使用非财政拨款资金采购需要明确政府采购预算的,按照《关于完善中央单位政府采购预算管理和中央高校、科研院所科研仪器设备采购管理有关事项的通知》(财库〔2016〕194号)规定的程序,由主管预算单位报送财政部备案。

三、政府采购预算执行管理要求

政府采购实行集中采购和分散采购相结合的管理方式。中央预算单位采购纳入集中采购目录的政府采购项目,必须委托集中采购机构代理采购;采购未纳入集中采购目录的政府采购项目,可以自行采购,也可以委托集中采购机构在委托的范围内代理采购。

中央预算单位的所有政府采购项目(涉密政府采购项目除外)均应当按项目编制政府采购计划,并报财政部备案。中央预算单位应当按照有利于采购活动开展的原则,合理确定采购项目,既可将预算项目细化为不同采购项目,也可将不同项目合并为一个采购项目,但不得将一个预算项目下同一品目或类别的采购项目进行拆分,以规避政府采购。

中央预算单位应当加强采购需求管理,根据采购项目的具体特点选择适宜的采购方式,采购公开招标数额标准以上的货物、服务,因特殊情况需采用非公开招标方式的,应当报财政部审批。政府采购应当采购本国的货物、工程和服务,需要采购的产品在中国境内无法获取或者无法以合理的商业条件获取的,应当报财政部审核。中央预算单位应当全面统计所有政府采购项目(含涉密政府采购项目)的执行情况,完整编报政府采购信息统计报表。

政府采购遵循公开透明原则,中央预算单位应当按照政府采购信息公开的规定,及时在中国政府采购网公开采购意向、采购项目公告、采购文件、采购项目预算金额、中标(成交)结果公告、采购合同等政府采购项目信息,并进行单一来源审核前公示。

四、政府购买服务

政府购买服务，是指各级国家机关将属于自身职责范围且适合通过市场化方式提供的服务事项，按照政府采购方式和程序，交由符合条件的服务供应商承担，并根据服务数量和质量等因素向其支付费用的行为。

（一）政府购买服务与政府采购的关系

对于政府购买服务与政府采购的概念，从内涵上看，政府购买与政府采购没有实质上的差别；从外延上看，两者略有差异。服务采购的主体范围大于政府购买服务。服务采购的主体是指各级国家机关、事业单位和团体组织；而政府购买服务的主体是各级行政机关和具有行政管理职能的事业单位，党的机关、纳入行政编制管理且经费由财政负担的群团组织向社会提供的公共服务以及履职服务，也可以根据实际需要实施购买服务。不具备行政管理职能的事业单位服务项目采购，属于政府采购范围，但不属于政府购买服务范围。

（二）我国政府购买服务现状

近年来，在党中央、国务院统一部署和领导下，在各级财政部门大力推动下，经过各方面共同努力，中央和地方政府购买服务改革工作取得重要进展和明显成效。

1. 制度体系基本建立。明确政府购买服务适用《政府采购法》及其实施条例。建立了基础制度，2014年制定《政府购买服务管理办法（暂行）》，2020年1月升级为《政府购买服务管理办法》（财政部令102号），3月1日起施行。建立了专项管理制度体系，包括指导性目录编制、预算管理、政府采购、第三方绩效评价等重要环节。针对事业单位、社会组织、行业协会商会如何参与政府购买服务，分别出台了专项政策措施。

2. 改革工作机制不断健全。建立了领导协调机制，加强了改革的领导协调。建立了信息化机制，依托政府采购网建成政府购买服务信息平台。建立了联系点制度，选取山西等6个地方12个市、区、县作为政府购买服务改革工作联系点，发挥改革"试验田"作用。建立健全全国财政系统政府购买服务信息报送机制，逐步规范和完善报送要求，为推进改革提供了积极支持。

3. 重点专项改革有序推进。事业单位政府购买服务改革顺利启动，探索推进政府向公益二类事业单位购买服务。通过政府购买服务支持社会组织培育发展政策措施进一步完善。第三方绩效评价稳步推进，选取天津等10个地区于2018—2019年开展了试点。

4. 分行业领域改革多点突破。部分重点公共服务领域改革从中央到地方在全国推开，包括残疾人服务、养老、文化、交通运输、青少年社会工作、公租房运营管理、社会救助等。联合教育部、原食品药品监管总局、中国残联在中央本级开展试点。

总的来看，购买范围和资金规模快速扩大，改革成效比较明显。政府购买服务的内容从最初主要集中于社会服务和后勤服务等少数领域，扩展至包括养老、文化、体育、医疗卫生、教育等各类公共服务和政府履职所需服务的方方面面。改革推动公共服务和国家治理创新取得明显成效，更好满足了人民群众公共服务需求，提高了公共服务效率和财政支出绩效，助推了政府职能和行政观念切实转变。

（三）政府购买服务的政策要求

当前和今后一个时期的政府购买服务改革工作，要以习近平新时代中国特色社会主义思想为指导，认真贯彻落实党的十九大和十九届二中、三中、四中全会精神，聚焦转变政府职能、改善公共服务、创新社会治理、提升财政绩效，深化政府购买服务改革，规范实施政府购买服务管理。

1. 关于购买主体。政府购买服务的购买主体是各级国家机关，包括各级人大机关、行政机关、监察机关、审判机关、检察机关等。党的机关、政协机关、民主党派机关、承担行政职能的事业单位和使用行政编制的群团组织机关使用财政性资金购买服务的，可以参照执行。

政府购买服务的购买主体强调其国家机关属性。不承担行政职能的事业单位不属于国家机关，其功能定位是负责直接提供特定领域公益服务，不作为政府购买服务的购买主体。不承担行政职能的事业单位可以购买自身所需辅助性服务,此类行为属于政府采购,但不属于政府购买服务。

2. 关于承接主体。可以承接政府购买服务的主体包括依法成立的企业、社会组织(不含由财政拨款保障的群团组织),公益二类和从事生产经营活动的事业单位,农村集体经济组织,基层群众性自治组织,以及具备条件的个人。

各级政府部门应积极推进事业单位政府购买服务改革,激发事业单位活力。公益二类事业单位承接政府购买服务的,应当注意防止出现既通过财政拨款养人办事,同时又花钱购买服务的行为。公益一类事业单位、使用事业编制且由财政拨款保障的群团组织,不作为政府购买服务的购买主体和承接主体。

社会组织是政府购买服务的重要承接主体。要坚持政府购买和培育扶持并重,引导社会组织健康有序发展。加强分类指导和重点支持,鼓励各级政府部门同等条件下优先向社会组织购买民生保障、社会治理、行业管理、公益慈善等领域的公共服务。

购买主体向个人购买服务,应当限于确实适宜实施政府购买服务并且由个人承接的情形,不得以政府购买服务名义变相用工。具体实施当中,购买主体向个人购买服务,应当根据《中华人民共和国合同法》《中华人民共和国政府采购法》和《政府购买服务管理办法》(财政部令102号)有关规定签订政府购买服务合同,并按合同约定支付购买费用。

3. 关于购买内容。政府购买服务的内容包括政府向社会公众提供的公共服务,以及政府履职所需辅助性服务。6类事项不得作为政府购买服务内容:一是不属于政府职责范围的服务事项;二是应当由政府直接履职的事项;三是政府采购法律、行政法规规定的货物和工程,以及将工程和服务打包的项目;四是融资行为;五是购买主体的人员招、聘用,以劳务派遣方式用工,以及设置公益性岗位等事项;六是法律法规及国务院规定的其他事项。各级政府部门开展预算编制工作应当准确把握政府购买服务内容,禁止以政府购买服务名义变相举债融资、用工或"甩锅"等行为。

4. 关于购买活动实施。政府购买服务应当突出公共性和公益性,重点考虑、优先安排与改善民生密切相关,有利于转变政府职能、提高财政资金绩效的项目。购买活动具体要求:一是遵循预算约束。政府购买服务项目所需资金应当在相关部门预算中统筹安排，并与中期财政规划相衔接，未列入预算的项目不得实施。购买主体在编报年度部门预算时，应当通过填报政府购买服务支出表等方式反映政府购买服务支出情况。部门向所属事业单位购买服务，属于"拨改买"改革范围的，应当将相关经费预算由事业单位调整至部门本级管理，不再直接作为事业单位经费。二是确定规范、适当的购买方式。购买主体应当根据购买内容及市场状况、相关供应商服务能力和信用状况等因素，通过公平竞争择优确定承接主体。属于政府集中采购目录以内或采购限额标准以上的项目，按照政府采购法律、行政法规和相关制度的有关规定，采用公开招标、邀请招标、竞争性谈判、竞争性磋商、单一来源采购等方式确定承接主体。属于政府采购限额标准以下且集中采购目录以外的政府购买服务项目，可实施简易采购，由购买主体按照公平、效率原则自行确定项目的承接主体。三是积极推进绩效管理。购买主体应当健全全过程绩效管理链条，将绩效管理贯穿政府购买服务事前、事中、事后各个环节；强化绩效评价结果公开应用，加强评价结果与购买经费结算挂钩，推动形成评价、反馈、整改、提升的良性循环；具备条件的项目可以运用第三方评价评估。财政部门可以根据需要，对部门政府购买服务整体工作开展绩效评价，或者对部门实施的资金金额和社会影响大的政府购买服务项目开展重点绩效评价。

第七节 需关注的审计问题及整改要求

一、法律规定和制度建设

《中华人民共和国宪法》第九十一条规定：国务院设立审计机关，对国务院各部门和地方各级政府的财政收支，对国家的财政金融机构和企业事业组织的财务收支，进行审计监督。

《中华人民共和国审计法》第三条规定：审计机关依照法律规定的职权和程序，进行审计监督。审计机关依据有关财政收支、财务收支的法律、法规和国家其他有关规定进行审计评价，在法定职权范围内作出审计决定。第五条规定：审计机关依照法律规定独立行使审计监督权，不受其他行政机关、社会团体和个人的干涉。

中共中央印发《深化党和国家机构改革方案》规定：组建中央审计委员会。为加强党中央对审计工作的领导，构建集中统一、全面覆盖、权威高效的审计监督体系，更好发挥审计监督作用，组建中央审计委员会，作为党中央决策议事协调机构。主要职责是，研究提出并组织实施在审计领域坚持党的领导、加强党的建设方针政策，审议审计监督重大政策和改革方案，审议年度中央预算执行和其他财政支出情况审计报告，审议决策审计监督其他重大事项等。中央审计委员会办公室设在审计署。

中共中央总书记、国家主席、中央军委主席、中央审计委员会主任习近平2018年5月23日下午主持召开中央审计委员会第一次会议并发表重要讲话。习近平在讲话中指出，审计是党和国家监督体系的重要组成部分。审计机关成立30多年来，在维护国家财政经济秩序、提高财政资金使用效益、促进廉政建设、保障经济社会健康发展等方面发挥了重要作用。特别是党的十八大以来，为促进党中央令行禁止、维护国家经济安全、推动全面深化改革、促进依法治国、推进廉政建设等作出重要贡献。习近平强调，中央审计委员会要强化顶层设计和统筹协调，提高把方向、谋大局、定政策、促改革能力，为审计工作提供有力指导。审计机关要树立"四个意识"，自觉在思想上政治上行动上同党中央保持高度一致，坚决维护党中央权威和集中统一领导，落实党中央对审计工作的部署要求。习近平指出，审计机关要坚持以新时代中国特色社会主义思想为指导，全面贯彻党的十九大精神，坚持稳中求进工作总基调，坚持新发展理念，紧扣我国社会主要矛盾变化，紧紧围绕统筹推进"五位一体"总体布局和协调推进"四个全面"战略布局，依法全面履行审计监督职责，促进经济高质量发展，促进全面深化改革，促进权力规范运行，促进反腐倡廉。习近平强调，各地区各部门特别是各级领导干部要积极主动支持配合审计工作，依法自觉接受审计监督，认真整改审计查出的问题，深入研究和采纳审计提出的建议，完善各领域政策措施和制度规则。

二、需关注的审计问题

近几年,中央预算执行及其他财政收支等审计工作报告对于中央部门预算管理提出了一些共性问题,主要包括:

1. 预算编制不合规、不科学、不完整。部分部门及单位项目支出中安排补助地方支出,预算安排时项目尚未确定或不具备实施条件,虚报项目内容或人员等多申领资金,未将其他收入及支出纳入部门预算。

2. 项目预算安排与上年执行情况、存量资金盘活统筹不够。部分项目结转资金未统筹纳入年初预算,部分累计结转的项目仍然安排预算造成结转继续增加。

3. 预算绩效管理不到位。部分项目绩效目标不完整不规范,指标设定不够科学合理;部分项目绩效自评结果不实,部门资金使用率自评100%的项目实际支出为零;绩效评价结果应用不充分,自评得分低的项目仍申请下年预算。

4. 决算编报不准确。部分部门及单位为提高预算执行率等虚列支出,决算草案存在多列支出、少计收入等问题。

5. 未按规定及时清理结余资金、上缴收入。部分部门及单位未及时清理结余资金,未及时上缴国有资产处置等收入。

6. "三公"经费管理不严。因公出国(境)方面,部分部门及单位超计划、超限量、超人数安排出国团组,部分部门及单位无预算、超预算列支或转由其他单位承担出国(境)费用。公务用车方面,部分单位未按规定完成公车改革,部分部门及单位无偿占用、超标准超编制、违规或变相配备、未按规定使用公务用车,无预算、超预算、超标准支出公务用车购置及运行维护费。

7. 资产资金管理存在薄弱环节。资产管理方面,部分部门及单位违规出租出借办公用房或设备,部分资产违规处置或闲置浪费。资金管理方面,部分部门及单位使用虚假发票套取或账外存放资金,违规理财或出借资金,租金等收入未严格执行"收支两条线"规定。此外,还存在未严格执行政府采购规定、会计核算不规范等问题。

8. 会议管理和办公用房清理等工作不够到位。会议和培训管理方面，部分部门及所属单位无计划、计划外召开会议或举办培训，违规在非定点饭店或京外召开会议，超预算、超标准、超范围列支，或转由其他单位承担会议费、培训费。办公用房方面，部分单位存在未经批准新建或改扩建办公楼、办公用房超标等问题。

9. 依托管理职能或利用行业影响力违规收费。部分部门及所属单位违规开展资质认证、资格考试、评比表彰、举办论坛、中介服务收费或直接收取赞助等。

10. 违规发放津贴补贴、兼职取酬。个别部门及单位存在违规发放津贴补贴、违规兼职或取酬等问题。

三、有关审计问题整改要求

1. 落实整改责任。认真整改审计查出的问题，落实责任主体，层层压实责任，制定整改方案及台账，即知即改、立行立改，实现对账销号，按时整改到位。各部门要认真履行预算编制和执行的主体责任，对本部门及所属单位预算管理中出现的违法违规问题，要及时予以纠正，并依法依规问责。

2. 加强资金统筹。加强全口径预算管理，将各项收入和支出全部纳入预算。加大结转资金与年度预算的统筹力度，盘活用好存量资金，加快预算执行，防止形成资金沉淀。强化预算安排与预算执行挂钩机制。严格按规定清理、及时交回结余资金。

3. 强化预算绩效管理。将所有预算收支全面纳入绩效管理。严格绩效目标管理，科学设定绩效目标，促进花钱与办事、绩效与责任深度融合。认真审核绩效自评结果，加强绩效评价结果应用，根据绩效评价结果改进管理、优化预算安排。

4. 严格审核项目。认真组织开展本部门项目评估清理工作，切实改变项目支出只增不减的固化格局。做好项目前期准备工作。加强项目预算评审，确保项目预算与支出政策、机构职责衔接匹配。扎实推进项目库管理，加强项目预算审核，不断提高项目预算编制的科学性、准确性。

5. 严肃财经纪律。着力强化部门内控管理，建立财政资金使用全流程内控机制。严格执行预算管理制度规定，人员经费、公用经费和项目支出不得相互挤占，不得在部门预算中安排补助地方支出。切实加强"三公"经费及会议费管理，坚持勤俭办一切事业，严禁铺张浪费和大手大脚花钱。

第九章 行政事业单位国有资产管理

第一节 行政事业单位国有资产管理综述

行政事业单位国有资产,是指行政事业单位占有、使用的,依法确认为国家所有,能以货币计量的各种经济资源的总称,即行政事业单位的国有(公共)财产,包括行政事业单位用国家财政性资金形成的资产,国家拨给行政事业单位的资产,行政事业单位按照国家规定运用国有资产组织收入形成的资产,以及接受捐赠和其他经法律确认为国家所有的资产,其表现形式为流动资产、固定资产、无形资产和对外投资等。行政事业单位国有资产是国有资产的重要组成部分,是行政事业单位履行职能、提供公共服务的物质基础。加强行政事业单位国有资产管理,是完善公共财政体制、健全财政职能、拓宽政府理财领域的重要手段;是提高财政资金使用有效性,提高政府为民理财能力的必要途径。

第二节 近年来行政事业单位国有资产管理工作开展情况

一、完善管理体制

2006年财政部公布了《行政单位国有资产管理暂行办法》《事业单位

国有资产管理暂行办法》（财政部第 35 号、36 号令，以下简称"两个部令"），明确规定了我国行政事业单位国有资产的管理体制，2019 年印发《财政部关于修改〈事业单位国有资产管理暂行办法〉的决定》（财政部令第 100 号），进一步完善了事业单位国有资产的管理体制。截至 2019 年年底，全国 36 个省（直辖市、自治区、计划单列市）已经全部明确了由财政部门负责行政事业单位资产管理工作，均成立了专门的行政事业单位资产管理机构。绝大部分中央部门也成立了资产管理机构，或明确了负责资产管理的工作人员。"国家统一所有，政府分级监管，单位占有、使用"的管理体制，以及与此相适应的"财政部门—主管部门—行政事业单位"的国有资产管理模式，在全国范围内初步建立。

二、健全管理制度

制度是规范和加强管理的依据，2006 年以来，财政部逐步强化行政事业单位国有资产管理的建章立制工作。"两个部令"明确了行政事业单位国有资产的管理体制和各部门、各单位的管理职责，全面规范了资产配置、使用、处置等各个环节的管理，构建了行政事业单位国有资产从形成、使用到处置全过程的有效监管体系。根据"两个部令"的有关原则，财政部进一步健全行政事业单位国有资产管理制度体系，先后出台了涵盖行政事业单位国有资产配置、使用、处置管理以及清查核实、年度报告等各环节的资产管理办法。同时，全国 36 个省、自治区、直辖市和计划单列市也陆续出台了本地区的行政事业单位国有资产管理办法，制定了一系列具体管理办法，行政事业单位国有资产管理的制度框架基本确立。

三、构建全程监管体系

抓住资产配置、使用、处置、收入等重点环节，基本实现了对行政事业资产的全程监管。一是规范资产配置管理，从 2009 年开始，要求中央各部门在编报年度预算时，要按规定编制新增资产配置预算，印发通用资产配置标准，积极推进中央部门建立专用资产配置标准，逐步完善资产配置标准体系，把住了资产的"入口"。二是强化资产使用管理，尤其是规范了资产出租出借管理，既有效地防止了腐败现象的滋生，又提高了资产使用效率。三是完善资产处置管理，把住了资产的"出口"，防止了国有资产流失。四是加强资产收入管理，配合"小金库"治理和清理规范津贴补贴工作，认真贯彻落实"收支两条线"管理规定，对资产处置收入和出租出借收入统一纳入部门预算管理。

四、推进信息化建设

2009 年，按照"金财工程"统一要求，组织开发并在全国范围内实施了行政事业单位资产管理信息系统，借助现代信息技术手段，不断提高资产管理的信息化水平。2011 年，结合新修订的《固定资产分类与代码》（GB/T14885－2010），对现有信息实施情况进行了全面系统总结，启动了系统升级改造工作，将原单机版系统升级为网络版系统，并扩展了管理事项网上申报、审核功能。2013 年，完成了系统（二期）升级改造工作，发布了《行政事业单位国有资产管理信息系统管理规程》，规范了资产管理信息系统的使用管理和各方责任。2018 年，完成了全国资产管理信息系统（三期）优化升级工作，进一步完善和提升资产管理信息系统的功能、应用水平。2019 年，强化行政事业单位资产数据治理工作，从源头上提升资产数据质量，为实现资产管理与预算管理的有效结合提供数据支撑。

第三节　加强行政事业单位国有资产管理的工作思路

资产管理是财务管理的重要组成部分，是预算管理的重要基础性环节。必须认清新形势，切实加强和改进资产管理，更好地保障行政单位有效运转和促进各项事业发展，提高资产使用效率。

一、总体思路

行政事业单位国有资产管理工作的总体思路是：以更好地服务财政改

革发展和财政管理工作需要,更好地保证行政事业单位有效运转和高效履职为目标,围绕新形势下行政事业单位国有资产管理的定位,着力构建预算管理、国库管理和资产管理"三位一体",既有机衔接又相互制衡的财政管理新构架;着力构建更加符合行政事业单位国有资产运行特点和管理规律,从"入口"到"出口"包括资产配置、使用和处置等环节全生命周期的资产管理新体系;着力构建各管理主体分工明确、权责匹配、运转高效、监督制衡的资产管理新机制,进一步强化行政事业单位国有资产管理在财政管理中的基础性作用,丰富财政管理手段,提升财政资产治理能力和治理水平。

二、总体目标

加强行政事业资产管理工作的总体目标是:保障需求,盘活存量,安全完整,提高效益。按照"像管理资金一样管理资产"的要求,在保障行政事业单位履行职能需要的基础上,加强对资产存量和增量的综合管理,注重提高财政资金的使用效率,逐步形成产权清晰、配置科学、使用合理、处置规范、监督公正的行政事业资产管理模式,从根本上缓解资产闲置浪费、苦乐不均、分配不公、损失流失等问题。

三、工作重点

围绕主要目标,今后一段时期,将着重开展以下几方面的工作:

1. 进一步完善管理体制,为进一步强化资产监管提供组织保障。按照党的十九大"加快建立现代财政制度","完善各类国有资产管理体制"的要求,下一步将进一步理顺管理体制,明确各管理主体职责分工,构建分工明确、权责清晰的管理体系,为行政事业单位国有资产管理提供组织保障,逐步健全各级地方财政部门和中央部门行政事业单位国有资产管理机构,巩固"国家统一所有,政府分级监管,单位占有、使用"的管理体制。

2. 加强制度建设,提高行政事业单位国有资产管理的法制化水平。加强立法研究，进一步提升行政事业单位国有资产管理法律层次。进一步健全完善中央行政事业单位资产管理制度体系，同时加强政策指导。

3. 推进资产管理与预算管理紧密结合。一是积极探索资产管理与预算管理相结合的工作思路，按照"总体部署、分步实施"的原则，加强资产管理与预算管理相结合的顶层设计，并结合实际，有计划有步骤地开展相关工作。二是贯彻落实新《预算法》关于各部门、单位根据其依法履行职能和事业发展需要及存量资产情况编制预算草案的要求，进一步明确新增资产配置预算管理流程和管理机制。三是加快推进资产配置标准体系建设，研究分类出台中央级行政事业单位国有资产配置标准，指导地方根据自身特点制定资产配置标准。

4. 完善行政事业单位资产统计报告制度。夯实向全国人大常委会报告国有资产管理情况的管理基础，按照有关要求，结合行政事业单位国有资产年度报告工作，切实规范行政事业单位资产配置、使用和处置等工作，从管理源头上提高资产报告数据质量。为加强对行政事业单位国有资产的日常监管，及时发现并有针对性的解决问题，从2019年1月起在全国范围内开展行政事业性国有资产月报工作，建立"按月填报"的工作机制。

5. 探索建立共享共用和资产调剂机制。落实"各级政府必须真正过紧日子"的要求，推进行政事业单位闲置办公用房调剂使用，进一步盘活资产存量。推动重大科研基础设施和大型科研仪器开放共享，提高资产使用效率，节约财政资金。

第四节　进一步推进资产管理与预算管理的有机结合

为了规范和加强资产预算管理工作，节约行政开支，中央制定了关于党政机关公务用车配备使用的管理办法，财政部印发了《中央行政事业单位国有资产配置管理办法》（财资〔2018〕98号）、《中央行政单位通用办公设备家具配置标准》（财资〔2016〕27号）等文件。现结合以上办法，对中央部门资产管理与预算管理结合有关事项说明如下：

一、完善资产预算管理机制

各部门应当严格落实《中央行政事业单位资产配置管理办法》，资产配置应对租用、购置、建设等配置方式进行综合分析和可行性论证，选择最优方式进行配置，节约资金，避免浪费；对于公务用车、通用办公设备家具等，严格执行资产配置编制和标准，严禁超标准配置；不断完善资产管理和预算管理相关制度和工作机制，通过资产管理部门和预算管理部门的密切配合，切实加强本部门行政事业单位资产配置管理。

二、规范资产预算编制工作

各部门应认真做好年度新增资产配置预算编报工作，提高新增资产配置预算编制的规范性和完整性，切实做到将所有使用财政性资金和其他资金购置车辆，租用土地、办公用房、业务用房，以及购置单价50万元以上的通用设备和单价100万元以上的专用设备的，纳入新增资产配置预算编报范围。对通用办公设备家具、办公通用软件购置，应严格按照规定的数量标准、价格上限标准和使用年限标准编入部门预算。部门基本支出预算表、项目支出预算表、新增资产配置预算表、"三公"经费预算表和政府采购预算表中相关数据应相互一致。各部门要对内部各单位申报的资产配置项目按有关规定严格审核后报财政部审批，对属于财政部审批范围而未获批准的资产配置事项，一律不得列入部门预算，也不得列入单位经费支出。

三、加强预算执行、采购等工作

各部门应当切实规范新增资产配置预算执行管理，强化新增资产配置与政府采购等环节的衔接。中央部门预算批复后，严格按照财政部批复预算和政府采购的有关要求，进行资产配置更新。因不可预见因素确需在年度预算执行中使用财政性资金及其他资金购置新增资产配置预算编报范围内资产，行政事业单位应报主管部门审核后，由主管部门报财政部核批。对属于财政部审批范围而未获批准的资产配置事项，一律不得安排政府采购。

第五节 公务用车管理

为贯彻落实中央关于公务用车配备使用管理的有关规定，规范和加强党政机关公务用车管理，提高资金使用效益，降低行政成本，促进党风廉政建设，财政部于2011年印发了《党政机关公务用车预算决算管理办法》（财行〔2011〕9号），要求各有关部门编制年度公务用车配备更新计划，明确了负责编制公务用车配备更新计划的部门，对公务用车购置费用和运行费用预算、决算作出规定；印发了《党政机关执法执勤用车配备使用管理办法》（财行〔2011〕180号），对党政机关执法执勤用车配备范围、编制管理、配备标准、配置使用和监督检查等内容进行了规定。为了进一步规范党政机关公务用车管理，有效保障公务活动，促进党风廉政建设和节约型机关建设，中共中央办公厅、国务院办公厅2017年印发了《党政机关公务用车管理办法》（中办发〔2017〕71号）。

一、配备更新计划

各部门应根据公务用车的配备更新标准和所属单位公务用车编制数和实有数，编制年度部门公务用车配备更新计划。为简化程序、提高效率、统一口径、科学管理，财政部将党政机关及其所属单位公务用车配备更新计划纳入资产配置预算体系，并对资产配置预算程序和编报内容进行了完善。

二、配置标准

机要通信用车配备价格12万元以内、排气量1.6升（含）以下的轿车或者其他小型客车。

应急保障用车和其他按照规定配备的公务用车配备价格18万元以内、排气量1.8升（含）以下的轿车或者其他小型客车。确因情况特殊，可以适当配备价格25万元以内、排气量3.0升（含）以下的其他小型客车、中型客车或者价格45万元以内的大型客车。

执法执勤用车配备价格12万元以内、排气量1.6升（含）以下的轿车或者其他小型客车，因工作需要可以配备价格18万元以内、排气量1.8升（含）以下的轿车或者其他小型客车。确因情况特殊，可以适当配备价格25万元以内、排气量3.0升（含）以下的其他小型客车、中型客车或者价格45万元以内的大型客车。

特种专业技术用车配备标准由有关部门会同财政部门按照保障工作需要、厉行节约的原则确定。

公务用车配备新能源轿车的，价格不得超过18万元。

上述配备标准应当根据公务保障需要、汽车行业技术发展、市场价格变化等因素适时调整。

三、预算编制

根据现行体制和财政部财行〔2011〕9号文件的规定，中央和国家机关本级机要通信和应急保障用车、部级领导干部用车资产配置预算，按照归口关系分别由中共中央直属机关事务管理局、国家机关事务管理局、全国人大常委会办公厅机关事务管理局、全国政协办公厅机关事务管理局（以下简称四个管理局）负责编制，按照预算管理程序报财政部；中央和国家机关执法执勤用车、特种专业技术用车和其他用车，以及除归口四个管理局以外的机要通信和应急保障用车资产配置预算，由各部门负责编制；中央垂直管理部门所属单位的机要通信和应急保障用车、执法执勤用车、特种专业技术用车和其他用车资产配置预算，由各主管部门负责编制。各基层单位按照预算管理程序逐级上报，各部门对所属单位填报的内容进行审核汇总后报财政部。没有纳入执法执勤用车范围的单位不得填报执法执勤用车和特种专业技术用车。单位原则上不得填报其他用车，确有特殊需要，应附详细文字说明。

第六节 中央行政单位国有资产处置收入和出租出借收入管理

《中央行政单位国有资产处置收入和出租出借收入管理暂行办法》（财行〔2009〕400号）及相应的补充通知，以及《财政部关于将预算外资产管理的收入纳入预算管理的通知》（财预〔2010〕88号）等文件，对中央行政单位国有资产处置收入和出租出借收入及相关支出纳入部门预算进行了明确规定。

一、资金的收缴

财预〔2010〕88号文件规定，自2011年1月1日起，将原按预算外资金管理的收入全部纳入预算管理。中央行政单位国有资产出租出借收入不再上缴中央财政专户，改为和国有资产处置收入一样上缴中央国库，纳入预算管理。（财行〔2009〕400号文件除关于中央财政专户管理部分内容失效外，其他部分继续有效。）

二、税费的扣除方式

考虑到中央行政单位在处置和出租出借国有资产时可能产生的税费问题，明确应缴纳的税款和所发生的直接费用（资产评估费、技术鉴定费、交易手续费等）可以在收入中抵扣，其他间接费用（资产维护和改扩建、管理人员工资等）不得抵扣。

三、收入的使用安排

国有资产收入及相关支出，应纳入部门预算统筹安排。国有资产收入原来用于发放津贴补贴的部分,上缴中央财政后,由财政部统筹安排,作为规范后中央行政单位统一发放津贴补贴的资金来源。除此之外,国有资产收入不得再用于人员经费支出。其余国有资产收入原则上由财政部统筹安排用于中央行政单位固定资产更新改造和新增资产配置,可优先用于收入上缴单位。国有资产收入纳入预算管理后,财政部门要及时核拨预算资金,保障中央部门的正常运转经费和相关事业开支。

四、单位的管理责任

中央行政单位应按规定做好国有资产收入收缴工作,并监督检查下属单位国有资产收入缴纳情况。同时,财政部财行〔2009〕400号文件还明确规定,财政部、中央行政单位和个人违反办法规定的,应依据《财政违法行为处罚处分条例》等国家有关规定追究其法律责任。

第十章 地方部门预算改革

第一节 地方部门预算改革的简要历程

改革开放以来,我国财政管理制度进行了一系列重大改革。特别是1994年,按照党中央、国务院的统一部署,从建立社会主义市场经济体制的目标出发,初步构建了分税制财政管理体制框架,进一步规范了政府间财政关系。同时,通过税制改革,规范了政府与企业、居民的分配关系。这一时期,改革重点主要集中在财政收入管理方面,支出管理尤其是支出预算编制的改革相对滞后。虽然地方财政部门在综合财政预算、零基预算等方面努力进行了一些改革与探索,但一直没有进行深层次和根本性的改革。

为进一步深化财政体制改革,更好地服务于社会主义市场经济,地方财政部门在当地党委、政府的高度重视以及财政部的大力支持下,不断在研究并积极探索预算编制改革。从20世纪90年代开始,各地已经取得了一些明显成效,丰富了预算编制的内容,为全面推进预算编制改革奠定了良好的基础。一些地区结合本地区实际情况,借鉴国际经验,在细化预算编制、加强预算管理方面进行了多种形式的探索。例如,天津市实行了标准周期预算制度,安徽省实行了综合财政预算,陕西省探索了国库集中支付制度,各地广泛推行了政府采购制度等。1998年,河北省在全国范围内率先启动部门预算改革,改变原来按财政资金性质和部门交叉管理的方式,以部门为依托,将各类不同性质的财政性资金,包括单位自有收入、预算内拨款、预算外拨款等，统一编制到具体部门；取消中间环节，财政直接将预算批复到省直116个一级预算单位，初步构建出一个新的部门预算编制模式。同时，财政部门调整内部机构设置，将预算编制、执行、监督相对分离，建立起适应部门预算新要求的组织机构。

2000年4月，为总结交流各地预算编制改革经验，提高对预算编制改革重要性和紧迫性的认识，进一步明确预算编制改革的基本方针、内容和方法，财政部在河北省组织召开了全国预算编制改革座谈会。这次会议之后，地方财政预算编制改革的步伐明显加快，呈现出全面启动、稳步推进、不断深化的良好局面。

2004年10月，为了推动部门预算编制改革，提高预算编制水平，财政部在山东召开了地方预算编制与管理座谈会，组织各地财政部门结合当前的形势和任务，认真交流经验，互相取长补短，达成共识，有力地推动了地方部门预算编制改革均衡进展。

2005年12月，为了进一步推动地方部门预算改革工作，财政部组织各地财政部门对近年来部门预算编制改革情况进行了认真总结，并将制度、措施汇编成书，展现各地部门预算改革的实践及成果，促进地方财政部门之间相互启发、相互借鉴。

2006年7月，为深入贯彻落实党中央、国务院关于建立公共财政体制、深化部门预算改革的要求，进一步加强对地方部门预算改革工作的指导，解决改革中存在的模式不统一、操作不够规范、进展不够均衡等问题，财政部在安徽召开了全国地方预算管理工作座谈会。会后，在总结近年来地方部门预算改革经验基础上，财政部于8月印发了《关于完善和推进地方部门预算改革的意见》，正式规范了地方部门预算编制的主要内容、方法，提出了深化部门预算改革的方向和重点，并明确要求"十一五"时期全国县级以上都要实行比较规范的部门预算。这个文件的印发，有力地推动了地方部门预算改革，是地方部门预算改革的里程碑式文件。此后，地方部门预算改革逐步规范，改革的范围和力度越来越大，至2014年，全国县级以上已实现了部门预算改革全覆盖，建立起了较为完整的部门预算管理体系。

第二节 地方部门预算改革的主要内容

近年来特别是党的十九大以来,按照"建立全面规范透明、标准科学、约束有力的预算制度,全面实施绩效管理"的要求,各地结合实际情况,积极创新探索,以综合预算、零基预算、透明预算、细化预算为重点推进预算全面规范透明,以项目库、支出标准、基础数据库、预算流程等为重点推进预算标准科学,以硬化预算约束、增强支出刚性为重点推进预算约束有力,以绩效目标、绩效监控、绩效运用为重点推进部门预算绩效管理,形成了一些各具特色的做法和经验。

一、探索运用零基预算理念,打破支出固化格局

各地积极探索运用零基预算理念,根据实际需要科学核定预算,打破"基数+增长"的预算编制方式。一是完善基本支出编制。完善基本支出预算标准化体系,严格实行定员定额方式编制。山西省安排基本支出时,将组织、人社、编委等部门的工资系统、机关事业单位养老保险信息系统、编制管理系统的有关基础信息与预算编制系统进行了对接,现行预算编制系统的基础资料库信息细化到了每一位在编职工,具体到身份证号、参加工作时间、工资级别等信息,在此基础上按照基础信息据实测算安排。四川省梳理评估近年来部门预算项目支出编制、执行情况,在常态性运转支出不增加的情况下,将通用项目中具有公用支出性质的项目支出作为非定额公用经费并入公用支出,纳入基本支出范畴,逐步厘清基本支出与项目支出边界,真正实现项目支出是完成特定工作任务的本质属性。二是完善项目库管理。加强项目库入库项目审核,根据项目必要性、重要性、成熟度等进行排序,严格按顺序安排支出。云南省建立全省统一的项目库管理系统,将中央、省委省政府的决策部署,支持云南高质量跨越发展的重大政策等重点支出,优先体现到项目安排上。所有项目在入库前必须经过规范评审,以项目预计实现的绩效为基础,重新评估支出的必要性

和可行性，项目成熟一个、申报一个、评审一个，并按照轻重缓急和可执行程度等对项目进行排序。湖北省省级 200 万元以上的建设类、修缮类项目和 100 万元以上的信息化项目必须履行财政再评审程序，落实评审结论后方可入库，做到"先评审、后入库"，同时定期清理到期项目和一次性项目。三是完善项目支出标准。结合各类项目支出特点，对于能够明确支出标准的，建立明确的支出标准体系。陕西省 2019 年起部门预算专项业务经费实行清单式管理，分别制定"通用项目"和"专用项目"两个清单。"通用项目"反映省级单位普遍性支出，所有部门均可使用，如物业管理、网络维护建设、专项购置等经费；"专用项目"按单位重点职能和工作特点设置，部门专属使用。同时，为避免个别单位经费增长过快而造成资金浪费，专项业务经费还参照近 3 年平均数实行"总额控制"，超出控制数申请的专项业务经费项目，必须由部门按照新增项目予以申报。浙江省探索项目支出标准化制度，2020 年已构建 166 项明细开支范围标准框架，明确了 49 类 138 项财政支出标准，80% 以上的财政支出都有标准，基本建成"边界清晰、科学全面、动态调整"的支出标准体系，预算编制的精准性、规范性和透明度有了明显提升。四是清理存量项目和资金。梳理存量项目，清理沉淀资金，加大统筹力度，为开展零基预算编制做好前期准备。北京市对于连续 3 年部门预算累计支出进度低于时间进度的部门，原则上同比例核减部门项目预算总规模；对于单个项目年度结余资金超过原项目预算（含追加经费）50% 的，原则上下年不再安排该项目预算。市级专项转移支付项目（不含中央项目、基建项目）数量由 2017 年的 35 项减少至 2019 年的 24 项，连续三年实现专项转移支付项目个数、资金规模双下降。云南省对省级重点支出挂钩事项进行全面清理，在中央明确 6 个领域清理任务的基础上，增加了民族宗教、扶贫、生态和产业发展等 4 个领域，挂钩事项不再作为预算编制和审核的依据，由财政部门根据项目和财力情况统筹安排，从"零"安排支出预算。除按政策标准测算的基本民生资金及与中央配套资金外，凡是 2015 年及以前年度未明确期限的专项资金，全部清理退出；凡是设立期限超过三年以上的专项资金，原则上按到期退出。2019 年清理取消政策目标已完成和已到期的项目资金共计 36 亿元。

二、改革预算编制模式，建立科学管理机制

各地积极创新部门预算编制。一是实行全口径预算管理。从 2011 年起，取消预算外收入规定，政府所有收支全部纳入预算管理。浙江、山东、安徽等地区健全"收入一个笼子、预算一个盘子、支出一个口子"的财政综合预算管理模式。山西、河南、河北等地区增强部门预算完整性，将中央提前下达转移支付省级列支资金、省级部门结转资金、部门原有账户存量资金全部编入省级年初部门预算，并随预算一并批复执行。山西在省级预算中新增了资产预算，提高了部门预算的完整性。二是强化预算体系筹衔接。加大政府性基金预算、国有资本经营预算与一般公共预算的统筹力度，先后将水利建设基金等 19 项政府性基金纳入一般公共预算管理，取消了排污费、水资源费等以收定支、专款专用的规定，对相关领域支出统筹安排保障，逐步加大国有资本经营预算调入一般公共预算的比例。全国大部分地区部门预算既包括部门财政拨款收支预算，又将部门管理的财政专户资金、事业收入、经营收入、其他收入等统一纳入部门预算，全面反映部门所有收支管理活动。三是规范部门预算编制流程。各地部门预算编制主要遵循"二上二下"的基本程序，一般经过部门上报预算建议计划、财政审核后下达预算控制限额、部门在限额内细化编报预算、财政批复部门预算四个阶段。四是拓宽预算编制周期。合理延长部门预算编制时间，逐步推行标准周期预算制度，实现预算编制的程序化、规范化和制度化。标准的预算周期为 28 个月，其中：预算编制阶段 10 个月、预算执行与调整阶段 12 个月、决算阶段 6 个月。标准预算周期制度涵盖了预算管理的全过程，其核心是强化预算编制，为规范预算管理创造条件，有效实现对预算执行的过程控制，增强预算的前瞻性、连续性和可控性。天津、辽宁、河北、湖南、安徽、福建、黑龙江、陕西等地区均实行了标准的周期制度。

三、优化财政支出结构，严格控一般保重点

各地落实党中央、国务院重大决策部署，调整优化财政支出结构，严

控一般性支出,加大对重大改革、重要政策和重点项目支出的支持力度,更好服务经济社会发展。一是严控一般性支出。吉林省2020年对非刚性、非重点项目支出平均压减20%,办公费、邮电费、一般会议费等公用经费定额压减10%,设备更新、日常维修(护)经费定额压减5%,省级专项资金整体压减35.5%,考核奖励市县支出和省级机动资金大幅度压减或不再安排。黑龙江省2020年对会议费年度预算压减50%、培训费年度预算压减50%、国境(内)差旅费年度预算压减50%等。对编制外用人、办公用房场馆建设、节会庆典、公务用车购置、设备购置更新、规划编制、信息化建设及其他一般性支出等项目进行清理,清理节约支出收归总预算,统筹用于疫情防控和推进经济社会发展。二是从严控制"三公"经费。北京市按20%比例下调"三类会议费"和"公务接待费"的定额标准,分类下调公车运行维护费定额标准,对无实质内容的公务出国活动一律不安排预算,严格控制赴有关"热门"国家和热点旅游城市访问团组,进一步压缩行政支出成本,将资金用于市委市政府重点支出。2020年市级党政机关、事业单位的"三公"经费预算进一步下降6.7%。陕西省2020年编制"三公"预算时,确保预算较上年不增长;明确要求各单位不得擅自扩大"三公"经费开支范围和提高开支标准,严禁挤占其他经费开支"三公"经费;利用国库集中支付执行监控系统,实施对"三公"经费执行的全方位监督;除特殊情况外,执行中对"三公"经费一律不做调整,年底对各单位"三公"经费支出结余一律由财政部门收回统筹使用;在公开政府和部门预决算时,一并向社会公开"三公"经费预决算,加大"三公"经费预算编制及执行的透明度。三是保障重点项目支出。各地将压减的一般性支出,优先用于保障基本民生,支持扶贫、教育、生态环保等重点领域及党委政府确定的转型综改、人才战略、科技创新、脱贫攻坚、国企改革等重点项目和重大战略支出。内蒙古自治区2020年将节省出来的资金优先用于保障以下几个方面:落实党中央、国务院各项重大政策和决策部署支出,如安排各类民生政策配套、促进高质量发展等方面资金合计215.2亿元;坚决支持打赢"三大攻坚战"支出,如安排扶贫、化债、污染防治经费179.4亿元;旗县"三保"保障支出,如增加对盟市、旗县一般性转移支付227.3亿元,增长15.9%,同时新增安排困难地区补助资金

20 亿元。上海市将节省下来的资金优先安排用于支持打赢三大攻坚战、疫情防控等重要领域，确保落实国家重大战略、推进重大改革和实施重大项目的资金需求。

四、细化部门预算编制，实行规范化管理

各地不断细化支出预算编制，提高预算编制的规范性。一是推进政府支出经济分类科目改革，全国 36 个省、自治区、直辖市和计划单列市按照政府支出经济分类和部门支出经济分类两套科目，编制政府预算和部门预算。二是提高年初预算到位率，基本支出全部细化到单位，项目支出预算细化到具体单位或具体项目，明确具体支出用途，减少预算代编和预留项目，资金到位率逐年提高。河北省转移支付、非预算单位拨款和预留资金编到部门系统，福建省部门业务费细化率原则上不低于 90%，部门发展性项目支出细化率原则上不低于 70%，新疆维吾尔自治区加大力度压缩代编预算规模，所有项目支出预算必须明确到部门或地区，分别编入本级单位的部门预算和对各地的转移支付，没有落实到部门或地区原则上不列入预算。

五、增强部门预算约束，强化预算执行刚性

各地硬化部门预算刚性约束。一是从严控制预算追加。各地原则上预算执行中除救灾等应急支出外，一般不出台增加当年支出的政策，必须出台的政策纳入以后年度预算安排。如贵州省规定预算一经批准，年度中除因政策性增支或经省委常委会等确定以及其他特殊事项（如自然灾害等）需安排支出外，原则上不办理追加支出事项。安徽省明确年度执行中无大事急事要事不办理预算追加，为落实党中央国务院和省委省政府重大决策部署，必须追加预算的，按规定编制预算调整方案，提请省人大常委会审查批准。重庆市严格执行市人大批准的预算，自 2020 年起，年度中重点增支事项提交市政府常务会统一研究，并按程序报市人大常委会。凡无详细测算和平衡措施的增支政策，一律不得提交研究，一律不得写入正式文

件，可出可不出的政策一律不得出台，当年可安可不安的经费一律不安排。二是加快支出预算执行。各地密切跟踪部门预算执行进度，建立健全按月通报制度，根据支出进度、盘活存量等指标考核排名，对排名靠后的部门进行通报，督促部门强化预算执行主体责任，加快预算执行进度。吉林省省级部门预算正式批复后，逐月考核通报省级各部门的预算执行进度，对进度排名靠后、结转资金规模较大的部门进行约谈，督促其抓紧采取措施，加快项目支出进度和施工采购招标进度，及时办理价款结算、验收付款和列支；对于进度排名持续靠后、结转资金支出不力的部门，视情况报请省政府启动督查机制。浙江省对项目经费预算执行进度分类管理，实施重点类别项目和1000万元及以上项目季度通报制度，并强化执行情况与下年预算安排的挂钩机制。三是严格结转结余管理。在落实中央各项盘活存量资金管理规定的基础上，部分地区出台更加严格的结转结余管理措施，如天津市将基本支出结转的50%及项目支出结转超过1年且执行率不足30%的资金全部收回，安徽省将省级结转超过1年的项目支出全部收回。同时，各地加大结转资金与年度预算的统筹力度，强化实有账户结余资金和事业基金管理。四是建立预算执行与预算安排挂钩机制。如广西壮族自治区建立预算执行与预算编制五项挂钩措施，即结余结转资金支出进度、部门预算支出进度、部门预算执行绩效、政府采购节约资金、监督巡察结果运用与预算安排挂钩。贵州省强化结转结余资金和预算编制相衔接。宁夏强化支出进度、项目结转结余资金与预算安排挂钩机制。山西省建立预算编制与存量资金规模、预算执行进度、绩效评价结果、预算细化程度、审计发现的问题"五个结合"，增强预算约束力。

六、深化绩效预算理念，探索建立绩效评价体系

各地强化部门预算绩效管理，推进绩效管理在预算管理各个环节的全覆盖。一是在预算编制时，做好绩效目标申报及审核工作，如山西省将绩效目标设置作为预算安排的前置条件，未按要求设定绩效目标，不得纳入项目库，也不得申请预算资金。河北省设计完善覆盖省市县三级的部门职责—活动模板，完善绩效指标体系，针对973项工作活动，研制了3165条

绩效指标、12660个评价标准模板，并设立项目共性指标18个和个性指标38类1479个，涵盖了部门共性项目和预算安排资金额度较大的预算项目。吉林省实现项目支出预算编制环节绩效目标全覆盖，并将重点项目绩效指标随部门预算同步批复。二是在预算执行中，加强绩效运行重点监控，实时掌握和监控财政支出项目预算绩效目标完成情况，及时发现、纠正项目运行中存在的问题，促进预算绩效目标如期保质保量实现。三是预算完成后，做好绩效评价工作，要求省直各部门各单位以绩效目标为依据对资金的经济性、效率性和效益性进行绩效自评，并提出改进意见和建议。财政部门和预算主管部门，对重大政策、重大投资、重大民生项目资金、部门和单位整体支出开展绩效评价。四是在结果运用时，注重绩效评价结果的反馈及应用，将绩效评价结果及时反馈给主管部门和预算单位，在做好绩效问题整改的同时，将评价结果作为预算资金安排、政策调整、专项资金竞争性分配的重要依据。安徽省省级每年选取重点项目、部门整体开展财政重点评价，将评价结果作为改进管理、完善政策、安排预算的重要依据，对评价结果较差的项目取消或压减下年预算，对评价结果较好的项目根据需要优先予以保障。北京市构建"部门职责—保障范围—行业标准—投入成本—工作数量—施政结果—绩效考核"闭环管理机制，对学前教育补助、养老机构运营补贴、地面公交补贴、农村污水处理等29个项目进行全成本、效益综合分析，进一步压降项目成本达8.6%，调整完善支出标准86项，节约财政资金约60亿元。

七、强化部门预算数据支撑，夯实预算编制基础

一是提高预算编制信息化水平。随着"金财工程"的实施和部门预算"E财"软件的应用推广，全国36个省、市、计划单列市已经实现了使用软件编制部门预算，将部门预算"二上二下"编制流程嵌入预算编制软件，初步建立了预算基础数据信息化平台。在此基础上，进行网络版升级改造，集成建立了网络化的省级财政管理信息系统，除部分涉密部门外，实现了财政数据网上传输，减轻了各预算部门的工作负担，提高了预算数据的安全性和准确性。二是强化基础数据库建设。全国所有省份都已经建

立了涵盖预算单位基本情况、编制、人员、工资、车辆、房屋、收入、收费项目等基础信息的数据库，实行动态更新和滚动管理。如云南省印发级预算单位基础信息动态管理操作规程，要求各部门按月申报基础信息变更数据，并附相关变动依据。安徽省省级构建集政策库、基础信息库、项目库、评审库为一体的"四库一平台"预算编制系统，运用"互联网+"大数据技术，推进部门预算编制管理规范化、科学化。吉林省在现有省级部门预算编审模块、基础数据信息模块、项目库管理模块的基础上，增加了预算绩效管理、政策信息发布等模块，并与国库集中支付系统等业务软件实现有效链接，实现了预算管理业务网上操作。三是务实预算编制基础管理和制度建设。如吉林省将省级行政、事业单位的机构、编制、人员、工资、资产等 基本数据纳入基础信息管理系统，建立了省级预算基础数据库。同时，制定印发相关办法，并定期对办法进行修订完善。财政部门严格按照办法要求，认真审核预算部门（单位）提交的基础信息变更申请材料，符合变更条件的，在预算基础信息库中予以变更，保证基本信息数据的真实、准确性。

八、主动接受各界监督，推进部门预算公开

主动接收人大审计监督，逐步细化报送人大审议的部门预算内容。在此基础上，强化部门主体责任，提高部门预算公开的主动性和积极性。一是完善公开工作制度。天津市制定市级部门以及区级政府和部门预决算公开指导性文件，使各级各部门预决算公开有章可循、便于操作，并建立公开沟通机制，组建区财政和市级部门预决算公开工作群，耐心解答公开工作中的实际问题，提高公开工作规范化水平。河北省先后制定《推进财政预算信息公开的指导意见》等一系列文件，对全省预算公开工作进行全面规范，并着眼于细化公开内容、程序、方式，相继制定了《财政预算信息公开管理办法》等具体制度。二是细化公开内容。北京市扩展公开各部门所有项目支出预算、政府购买服务信息，以及部分涉及面广、社会关注度高的行政事业性收费事项等内容，主动将所有500万元以上的重点项目支出绩效目标予以公开，并在2018年首次公开"两重"政策依据、预算安

排等情况,引起了社会媒体广泛关注;进一步增加了公务接待费的使用方向和出国经费涉及的主要项目的公开,主动将市级"公务用车运行维护费"细化为公务用车"燃油、保险、维修及其他"四项支出明细。福建省部门预算公开至少12张表,按功能分类细化到项,按经济性质分类细化到类。安徽省部门预决算公开涵盖部门收支和"三公"经费,以及机关运行经费、政府采购支出、国有资产占用使用情况和预算绩效管理工作开展情况,并围绕收入项目和支出科目解读说明,为收支数据配上"说明书"。三是统一信息公开模板。河北省制定全省统一的预算公开模板,对政府预算公开统一确定了20张表格、6项说明,对部门预算公开统一确定了9张表格、9项说明,使得预算账本看起来更简洁、更清晰、更透明。辽宁省以省财政厅为例制作了部门预算公开模板,包括部门职责、机构设置、名词解释、相关情况说明以及公开报表等。上海市选择了市级教育、科技、卫生、交通等领域的31个金额较大、社会关注度高的重点支出项目,将其基本情况列入部门预算一并向社会公开,各部门公开不少于4个项目的绩效目标和绩效评价报告。四是搭建公开平台。青海省各级财政部门均在同级政府或财政部门网站设立统一的预算信息公开统一平台或专栏,对内容进行分级、分类管理,将政府和部门预决算信息在平台或专栏上集中统一公开,方便公众查阅和监督。河南省从2017年起,在省级及市县财政部门门户网站上建立预决算统一公开平台,将政府预决算、部门预决算在平台上集中公开,实现了政府门户网站、部门网站、公开平台同时公开部门预决算,方便社会公众查阅和监督。

九、综合采取多种手段,推进县级部门预算改革

为提高县级财政提供公共服务的水平,规范基层预算管理,各地区统一要求、统一规划,积极推进县级部门预算改革,强化县级政府依法理财、科学理财的观念。山东、云南、山西等省根据县级部门预算开展情况进行分类指导,以信息化建设和考核激励机制等为手段,积极有序地推进县级部门预算编制工作。对全面推进部门预算改革的市县,进步巩固工作成果,对试点或尚未推广的县市,通过建立和完善考核激励机制,将部门

预算改革成效作为一项重要内容，与缓解县乡财政困难和测算转移支付资金等工作联系起来，充分调动各级财政积极性。在大力实施"缓解县乡财政困难"等政策的基础上，江西省统一编制模式，考虑到市县预算编制实际情况，根据部门预算改革的总体要求，在总结市县预算编制经验的基础上，制定了全省市县统一的部门预算报表格式。同时，为适应市县特色管理需要，允许市县根据自身特点另设管理类报表，从而为规范管理奠定了良好的基础。同时，强化了技术保障。由省级财政安排专项经费在各市县统一安装了"E财"软件，提供部门预算编制的技术服务，确保了市县全面推进部门预算改革。北京市建立了"一体两翼"的公共财政框架体系，"一体"即财政预算的事前、事中和事后管理的一体化，"两翼"即是以"财政基础工作"和"金财工程"为依托。截至目前，全国县级以上已全面实行了部门预算改革。

第三节 地方部门预算改革的主要经验和成效

在财政部的大力指导下，各级党委、人大、政府高度重视部门预算改革工作，各部门也给予了积极支持和配合。经过共同努力，部门预算改革由浅入深，不断推进，取得了重大进展。

一、地方部门预算改革的主要经验

（一）部门分工协作是搞好部门预算改革的前提

编制部门预算的主旨是一个部门一本预算，部门预算编制和执行的主体是部门，充分发挥部门在预算编制过程中的作用至关重要。只有财政部门和预算部门齐心协力、形成合力，才能理顺关系，共谋改革大计，共享改革成果。

（二）增强政府部门工作计划性是搞好部门预算编制的保障

政府不同于市场主体的随意和自由，就在于政府是在一定制度规范下有计划、有目的的开展工作，其既不能盲目扩大政府行为范围，也不能行政不作为，因此预算对政府部门具有财力约束的作用，在不超预算支出的同时要加快支出进度。部门预算编制客观上要求政府及其部门履行行政职能、实施公共管理必须具有前瞻性和计划性，坚持科学决策、民主决策、依法决算，唯此，才能细化项目预算编制，增强预算刚性，提升预算执行约束力，有效解决"一年预算、预算一年"的问题，确保改革不断向纵深推进。

（三）确保支出科学合理是搞好部门预算改革的关键

就部门预算而言，实现公平公正应该把握好两点：一是摒弃原有基数，实行零基预算。二是建立标准化的定员定额体系。定员标准以国家和省的政策规定为依据，定额标准以均等化和客观因素为遵循。制定定额标准应坚持量力而行、尽力而为，有多少钱办多少事的原则，使有限的财政资金发挥最大的效益，实现最好的效果。

二、地方部门预算改革取得的主要成效

（一）强化部门预算管理的法治性

近年来，地方部门预算改革不断向前推进，预算编制更加全面规范，预算管理更加公开透明，管理措施更加丰富完善，预算绩效更加全面覆盖，部门预算观念已经深入人心，特别是 2014 年 8 月新修订的《预算法》，对部门预算的组成和编制做出了明确规定，确定了部门预算在我国政府预算体系中的正式地位，进一步强化了部门预算的法治性。同时，实行"一个部门一本预算"，进一步强化部门单位是部门预算编制执行的主体责任，部门在编制预算时对本部门履职进行全面梳理，对预算安排进行统筹考虑，对预算编制与部门履职进行有效衔接，进一步提升了部门履职保障能力。此外，部门预算改革与收支两条线、国库集中支付、政府采购制度等相关改革协调推进，突破了传统计划经济体制下的政府收支预算管理模式，在推进现代预算管理制度方面迈出了坚实的步伐。

（二）提高部门预算管理的科学性

实行部门预算改革以来，推进了标准化预算周期管理，预算编制时间逐步逐步延长，为部门全面规范科学、编实编准编细部门预算提供了充足的时间保障；推进项目库建设和预算评审论证制度，所有项目支出均要纳入项目库，所有入库项目必须纳入预算评审论证，立足项目库实行滚动管理，并建立项目支出政策动态评估论证机制，项目支出预算立项、安排更加科学规范；推进了基本支出定额标准和项目支出定额标准体系建设，建立健全定额标准动态调整机制，部门预算测算更加科学有据。同时，预算编制程序立足基层单位，逐级汇总，预算批复到基层单位和项目预算，预算编制更加科学细化。

（三）提高部门预算管理的约束性

部门预算改革后，改变了过去层层留机动的做法，预算全部批复到基层单位和具体项目，避免了传统的功能预算年初预算未细化到具体项目，预算执行调整变动过多的现象，为各级各部门严格按照执行预算创造了有利条件；改变了过去预算追加过于频繁，强化部门预算约束执行硬约束，一般不出台增加当年支出的政策，必须出台的政策纳入以后年度预算安排，非特殊情况原则上不追加；改变了过去预算分散分割的弊端，将部门单位原来自行管理政府性基金、非税收入等资金纳入综合预算，统一纳入部门预算管理，预算执行随意性得到有效控制。同时，各地加强对部门预算执行考核通报，硬化了部门预算执行的约束。

（四）强化部门预算管理的透明性

部门预算改革后，在预算编制论证环节，引入专家评审机制，重点将新增安排、专业性较强、社会关注度高的项目纳入公开评审，主动听取人大代表意见建议，进一步提高预算编制的公众参与度和透明度；在预算安排审议环节，地方逐步扩大报送人大审查的部门预算范围，各地省级基本涵盖所有非涉密部门，报送的重点项目数量逐步增加；在预算对外公开环节，在推进部门及"三公"经费预决算公开的基础上，进一步细化预算公开内容，拓展公开范围至政府采购、财政政策和重点项目绩效，推进"统一时间、统一方式、统一平台、统一模板"预算公开方式，部门预算管理更加公开透明。

（五）强化部门预算管理的规范性

实施部门预算改革后，各级财政部门按照新的预算管理模式，建立了预算编制、执行、监督相分离的预算管理机制，调整了内部机构设置，强化了预算部门的编制职责，成立了专门的执行机构，明确了各个机构的职责分工，初步建立起预算编制、执行、监督相对分离又相互制约的预算管理新机制。同时，大力推进与预算编制改革紧密相关的国库集中收付、政府采购和收支两条线管理等各项改革，提高了部门预算执行的科学性和规范性。各省、区、市本级全面实施了国库集中支付改革，并逐步向县市推进；基本建立了以《政府采购法》为核心的政府采购法规体系，政府采购范围、规模不断扩大；推进收支两条线管理，逐步扩大了政府性基金和行政性收费纳入预算管理范围，进一步规范部门预算管理。

（六）强化部门预算管理的绩效性

实行部门预算改革以来，地方财政部门改变了过去一些部门重分配轻管理，花钱不问效，闲置浪费等问题。一方面，围绕全面实施绩效管理，加快建立目标、监控、评价、应用、问责的全过程绩效管理体系，规范绩效目标的编制审核，继续拓展评价领域，强化评价结果运用。特别是近年来，推进项目绩效目标与部门预算同步申报、同步审核、同步批复制度，并逐步扩大项目预算绩效评价范围，健全绩效评价结果与预算安排挂钩机制，着力提高财政资金使用效益。另一方面，围绕提高存量资金效益，推进地方财政管理绩效考核，将地方预算执行进度作为重要指标考核，地方财政部门建立健全预算执行考核、通报、约谈等制度，完善规范结转结余资金管理，切实提高部门预算资金使用绩效。

第四节 深化地方部门预算改革的思路和措施

地方部门预算改革取得丰硕的成果,为深化财税体制改革、加快建立现代财政制度奠定了坚实的基础。但一些部门预算主体责任意识还需进一步强化,部门预算编制与预算执行衔接不够,重分配轻管理、花钱不问效仍然存在。下一步,我们将按照"建立全面规范透明、标准科学、约束有力的预算制度,全面实施绩效管理"的总体要求,深化部门预算管理制度改革,为建立现代财政制度、推进国家治理体系和治理能力现代化的奠定坚实的基础。

一、进一步推进部门预算管理全面规范透明

一是继续推进全口径预算管理制度改革。一方面强调将部门的全部收支活动纳入预算管理当中,规范部门事业收入等其他收入管理,全部纳入部门预算并与财政拨款统筹安排,以规范部门预算管理行为;另一方面要加强四本预算管理,尤其是除一般公共预算以外的其他三本预算。对于政府性基金预算,重点是控制规模并全面纳入预算管理,对于国有资本经营预算,重点是做好与一般公共预算和社会保险基金预算的统筹衔接,对于社会保险基金,重点是加强管理,确保资金的可持续运行。二是完善部门预算管理制度。指导地方结合部门预算管理的新要求,围绕部门三年滚动预算、项目库建设、预算评审论证、支出标准建设、预算安排挂钩、部门预算绩效等重点领域,进一步完善管理制度,构建现代部门预算管理制度体系。三是深化部门预算公开改革。要求部门能够进一步拓宽和细化预算公开的范围和内容,同时在公开方式上加强的公开的及时性、便利性、易懂性等,并细化部门预算公开内容,扩大公开范围,从而形成广泛参与的预算形式,强化社会监督。四是完善部门预算信息库建设。以提高部门预算管理信息化水平为支撑,加快构建部门预算支出政策库、基础信息库、预算项目库、预算评审专家库等基础数据信息库,加强部门预算编制、执

行、决算、资产等业务信息的互联互通，并建立基础信息动态采集和共享机制。

二、进一步推进部门预算管理标准科学

一是强化预算安排的科学性。部门预算安排要体现财政发展规律，并且要契合经济发展形势和国家宏观调控的需要，一方面，要严控一般性支出。坚持精打细算、勤俭节约，从严控制非急需、非刚性支出，从严控制"三公"经费，从严控制会议、差旅和培训费，继续严控新建政府性楼堂馆所和财政供养人员。另一方面调整优化部门支出结构，把有限的资金用于党委政府重大决策部署的重点领域，用到部门履行职责的重点工作领域，增强部门预算安排的科学精确。二是加强项目库管理。以项目库管理为载体，推动地方财政部门健全项目全周期管理，将项目库与预算绩效、预算执行、资产管理等信息系统对接，实现项目的全过程绩效管理，预算安排和预算执行的完整闭环管理；推动部门加强预算项目评审论证，将支出预算的政策依据、标准、支出方向和绩效目标等信息充实到部门预算项目库。三是推动支出标准体系建设。逐步完善基本支出和项目支出标准体系，加快推进通用和专用项目定额标准制定，推动部门内部标准制定，实施项目标准管理，发挥支出标准对预算编制的基础性作用。四是深化预算评审论证。进一步推动开门办预算，深入推进预算评审论证，完善评审专家库建设，扩大预算评审范围，预算安排时逐步拓宽决策参与者范围，听取人大、部门和社会各界的意见，进一步强化评审结果运用。同时，结合分类推进事业单位改革，研究探索不同事业单位的财政预算保障机制。

三、进一步推动部门预算管理约束有力

一是着力加强预算编制约束机制。进一步推进部门三年滚动预算管理，既要强调财政政策的稳定性、连续性与统筹性，又要注重预算安排随社会经济发展的动态调整，通过制定部门三年滚动预算，进一步对部门年度预算的约束力，新增支出原则上在支出规划内通过调整支出结构解决，

并按照轻重缓急安排项目预算。二是切实强化预算执行约束。严格按照人大批准预算执行，从严控制部门预算追加和预算调剂，确需安排的新增支出主要通过调整结构解决。三是健全预算激励约束机制。建立预算编报"精准度"和契合度与预算安排挂钩机制，建立绩效管理与预算安排挂钩机制，建立预算支出进度与预算安排挂钩机制，建立项目结转结余资金与预算安排挂钩机制，建立落实中央有关要求与项目支出安排挂钩机制。

四、进一步推动部门预算全面绩效管理

一是推进绩效管理在各级部门预算资金的全覆盖。一方面要实现预算绩效管理在中央、省、市、县、乡五级政府的部门预算资金全覆盖；另一方面纳入绩效管理的财政资金要从一般公共预算扩展到其他三本预算，实现预算绩效管理在四本预算上的全覆盖，原则上只要是经由财政拨款的资金，都应纳入绩效管理的范围。二是推进绩效管理在各个环节的全覆盖，建立预算安排与绩效目标、资金使用效果相挂钩的激励机制。全过程的预算绩效管理包涵事前、事中、事后阶段的长期性、连续性过程，并对部门预算编制、执行、决算、评价、结果应用等各个阶段起到监督和指导作用。其中事前阶段主要是指绩效目标管理，要求各预算部门能根据自身的职能定位合理设置绩效目标，并以此安排预算支出；事中阶段主要是指绩效跟踪管理，要求各部门在预算执行阶段对绩效目标运行情况进行跟踪，以发现问题并及时纠正；事后阶段主要是指绩效评价管理，要求相关部门对项目运行或预算执行情况进行绩效评价，并对结果进行应用，将资金使用效果与下一年度的预算安排进行挂钩。

五、进一步推进部门预算基础管理

一是压实部门预算管理主体责任。预算法明确规定部门是预算管理的责任主体，进一步压实部门在部门预算编制、执行、绩效、公开等方面的责任，督促部门强化项目库管理、支出标准建设等，强化内控管理，提高部门的预算管理水平。二是完善预算管理流程。待预算法实施条例出台

后，指导地方完善预算调剂管理制度，简化部门预算调剂程序；从严控制预算代编预算规模，能细化落实到部门的预算全面细化落实到部门。三是强化部门预算约束。继续指导地方将部门全部收支纳入预算管理，推进部门将经营收入、实有账户资金等其他收入统筹纳入预算管理；严格控制预算追加，新增的临时性支出原则上通过内部调剂解决；加强对部门结转结余的清理，有效盘活存量资金，提高资金使用效益。四是加强预算执行监控。指导地方建立部门预算执行分析，分科目、分项目强化对部门预算的执行监控，加大对重点部门、重点项目的预算执行督查力度，完善国库集中支付动态监控，确保资金使用安全。

六、进一步推进基层部门预算管理

随着我国经济社会的发展，以及中央财政转移支付力度不断加大，近年来县级财政状况明显改善，基本消除拖欠工资现象，公用经费及其他社会公共服务保障水平和满足程度有所提高，部门支出得到了有力保障，部门预算改革已经向纵深发展。指导地方按照深化预算管理制度改革的总体部署，认真贯彻落实预算法，结合完善财政管理体制、转移支付制度改革以及县级基本财力保障等工作，进一步加强部门预算改革配套制度建设，切实提高预算编制的准确性和到位程度，从范围上进一步拓展部门预算的覆盖面，实现横向扩展到所有部门及下属单位，纵向扩展到所有县和乡镇；从管理上要规范程序和分工，合理界定支出范围和标准，实现预算支出的全面规范；从效益上要增质提效，切实增强财政资金使用效益和预算管理效率；从透明度上要完善制度，形成主动公开、自我监督的良好机制。通过推进和深化基层部门预算改革，使我国部门预算管理制度和体系整体实现全面规范和公开透明。

第十一章 预算支出标准汇编

一、中央和国家机关会议费标准有关规定

文件依据:《财政部、国家机关事务管理局、中共中央直属机关事务管理局关于印发〈中央和国家机关会议费管理办法〉的通知》(财行〔2016〕214号)。

(一) 会议分类

一类会议。是以党中央和国务院名义召开的,要求省、自治区、直辖市、计划单列市或中央部门负责同志参加的会议。

二类会议。是党中央和国务院各部委、各直属机构,最高人民法院,最高人民检察院,各人民团体召开的,要求省、自治区、直辖市、计划单列市有关厅(局)或本系统、直属机构负责同志参加的会议。

三类会议。是党中央和国务院各部委、各直属机构,最高人民法院,最高人民检察院,各人民团体及其所属内设机构召开的,要求省、自治区、直辖市、计划单列市有关厅(局)或本系统机构有关人员参加的会议。

四类会议。是指除上述一、二、三类会议以外的其他业务性会议,包括小型研讨会、座谈会、评审会等。

(二) 审批程序

一类会议。应当由主办单位报经党中央和国务院批准。会议总务、经费预算及费用结算等工作分别由中共中央直属机关事务管理局(以下简称

中直管理局）和国家机关事务管理局（以下简称国管局）负责。

二类会议。党中央和国务院各部委、各直属机构，各人民团体应当于每年12月底前，将下一年度会议计划（包括会议名称、召开的理由、主要内容、时间地点、代表人数、工作人员数、所需经费及列支渠道等）送财政部审核会签，按程序经中央办公厅、国务院办公厅审核后报批。各单位召开二类会议原则上每年不超过1次。

三类会议。各单位应当建立会议计划编报和审批制度，年度会议计划（包括会议数量、会议名称、召开的理由、主要内容、时间地点、代表人数、工作人员数、所需经费及列支渠道等）经单位领导办公会或党组（党委）会审批后执行。

四类会议。由单位分管领导审核后列入单位年度会议计划。

（三）会议天数

一类会议会期按照批准文件，根据工作需要从严控制；二、三、四类会议会期均不得超过2天；传达、布置类会议会期不得超过1天。会议报到和离开时间，一、二、三类会议合计不得超过2天，四类会议合计不得超过1天。

（四）会议人数

一类会议参会人员按照批准文件，根据会议性质和主要内容确定，严格限定会议代表和工作人员数量。

二类会议参会人员不得超过300人，其中，工作人员控制在会议代表人数的15%以内；不请省、自治区、直辖市和中央部门主要负责同志、分管负责同志出席。

三类会议参会人员不得超过150人，其中，工作人员控制在会议代表人数的10%以内。

四类会议参会人员视内容而定，一般不得超过50人。

（五）会议地点

各单位召开会议应当改进会议形式，充分运用电视电话、网络视频等现代信息技术手段，降低会议成本，提高会议效率。传达、布置类会议优先采取电视电话、网络视频会议方式召开。电视电话、网络视频会议的主会场和分会场应当控制规模,节约费用支出。不能够采用电视电话、网络视频召开的会议实行定点管理。各单位会议应当到定点会议场所召开,按照协议价格结算费用。未纳入定点范围,价格低于会议综合定额标准的单位内部会议室、礼堂、宾馆、招待所、培训中心,可优先作为本单位或本系统会议场所。

无外地代表且会议规模能够在单位内部会议室安排的会议,原则上在单位内部会议室召开,不安排住宿。参会人员以在京单位为主的会议不得到京外召开。各单位不得到党中央、国务院明令禁止的风景名胜区召开会议。

(六)会议费开支范围

会议费开支范围包括会议住宿费、伙食费、会议场地租金、交通费、文件印刷费、医药费等。交通费是指用于会议代表接送站,以及会议统一组织的代表考察、调研等发生的交通支出。会议代表参加会议发生的城市间交通费,按照差旅费管理办法的规定回单位报销。

(七)会议费开支渠道

一类会议费在部门预算专项经费中列支,二、三、四类会议费原则上在部门预算公用经费中列支。会议费由会议召开单位承担,不得向参会人员收取,不得以任何方式向下属机构、企事业单位、地方转嫁或摊派。

(八)会议费开支标准

会议费开支实行综合定额控制,各项费用之间可以调剂使用。综合定额标准是会议费开支的上限。各单位应在综合定额标准以内结算报销(如表 11-1 所示)。

表 11-1　　　　　　　会议费综合定额标准　　　　　　单位:元/人天

会议类别	住宿费	伙食费	其他费用	合计
一类会议	500	150	110	760
二类会议	400	150	100	650
三、四类会议	340	130	80	550

（九）会议费报销规定

各单位在会议结束后应当及时办理报销手续。会议费报销时应当提供会议审批文件、会议通知及实际参会人员签到表、定点会议场所等会议服务单位提供的费用原始明细单据、电子结算单等凭证。财务部门要严格按规定审核会议费开支，对未列入年度会议计划，以及超范围、超标准开支的经费不予报销。

各单位会议费支付，应当严格按照国库集中支付制度和公务卡管理制度的有关规定执行，以银行转账或公务卡方式结算，禁止以现金方式结算。具备条件的，会议费应当由单位财务部门直接结算。

（十）严禁各单位借会议名义组织会餐或安排宴请；严禁套取会议费设立"小金库"；严禁在会议费中列支公务接待费

各单位应严格执行会议用房标准，不得安排高档套房；会议用餐严格控制菜品种类、数量和份量，安排自助餐，严禁提供高档菜肴，不安排宴请，不上烟酒；会议会场一律不摆花草，不制作背景板，不提供水果。不得使用会议费购置电脑、复印机、打印机、传真机等固定资产以及开支与本次会议无关的其他费用；不得组织会议代表旅游和与会议无关的参观；严禁组织高消费娱乐、健身活动；严禁以任何名义发放纪念品；不得额外配发洗漱用品。

二、中央和国家机关培训费标准有关规定

文件依据：《财政部、中共中央组织部、国家公务员局关于印发〈中央和国家机关培训费管理办法〉的通知》（财行〔2016〕540号）。

（一）开支范围

培训费是指各单位开展培训直接发生的各项费用支出，包括师资费、住宿费、伙食费、培训场地费、培训资料费、交通费以及其他费用。其他费用是指现场教学费、设备租赁费、文体活动费、医药费等与培训有关的

其他支出。

(二) 开支标准

1. 除师资费外，培训费实行分类综合定额标准，分项核定、总额控制，各项费用之间可以调剂使用。综合定额标准如表 11 - 2 所示：

表 11 - 2　　　　　　　培训费综合定额标准表　　　　　　单位：元/人天

培训类别	住宿费	伙食费	场地、资料、交通费	其他费用	合计
一类培训	500	150	80	30	760
二类培训	400	150	70	30	650
三类培训	340	130	50	30	550

一类培训是指参训人员主要为省部级及相应人员的培训项目，二类培训是指参训人员主要为司局级人员的培训项目，三类培训是指参训人员主要为处级及以下人员的培训项目。以其他人员为主的培训项目参照上述标准分类执行。

综合定额标准是相关费用开支的上限。各单位应在综合定额标准以内结算报销。30 天以内的培训按照综合定额标准控制；超过 30 天的培训，超过天数按照综合定额标准的 70% 控制。上述天数含报到撤离时间，报到和撤离时间分别不得超过 1 天。

2. 师资费在综合定额标准外单独核算。

一是，讲课费（税后）执行以下标准：副高级技术职称专业人员每学时最高不超过 500 元，正高级技术职称专业人员每学时最高不超过 1000 元，院士、全国知名专家每学时一般不超过 1500 元。讲课费按实际发生的学时计算，每半天最多按 4 学时计算。其他人员讲课费参照上述标准执行。同时为多班次一并授课的，不重复计算讲课费。

二是，授课老师的城市间交通费按照中央和国家机关差旅费有关规定和标准执行，住宿费、伙食费按照本办法标准执行，原则上由培训举办单位承担。

三是，培训工作确有需要从异地（含境外）邀请授课老师，路途时间较长的，经单位主要负责同志书面批准，讲课费可以适当增加。

（三）培训实行中央和地方分级管理，各单位举办培训，原则上不得下延至市、县及以下。各单位开展培训应当在开支范围和标准内优先选择党校、行政学院、干部学院以及组织人事部门认可的其他培训机构承办。组织培训的工作人员控制在参训人员数量的10%以内，最多不超过10人。

（四）严禁借培训名义安排公款旅游；严禁借培训名义组织会餐或安排宴请；严禁组织高消费娱乐健身活动；严禁使用培训费购置电脑、复印机、打印机、传真机等固定资产以及开支与培训无关的其他费用；严禁在培训费中列支公务接待费、会议费；严禁套取培训费设立"小金库"。培训住宿不得安排高档套房，不得额外配发洗漱用品；培训用餐不得上高档菜肴，不得提供烟酒；除必要的现场教学外，7日以内的培训不得组织调研、考察、参观。

三、出国培训费用开支标准有关规定

文件依据：《财政部、国家外国专家局关于印发〈因公短期出国培训费用管理办法〉的通知》（财行〔2014〕4号）、《国家外国专家局、财政部关于调整中长期出国（境）培训人员费用开支标准的通知》（外专发〔2012〕126号）。

（一）因公短期（90天以内，不含90天）出国培训费用

1. 因公短期出国培训费用开支范围包括培训费、国际旅费、国外城市间交通费、住宿费、伙食费、公杂费和其他费用。其中，培训费是指出国培训团组用于授课、翻译、场租、资料、课程设计、对口业务考察或业务实践活动等在国外培训所必须发生的费用。

2. 国际旅费、国外城市间交通费、住宿费、伙食费、公杂费、其他费用的管理要求和开支标准参照《因公临时出国经费管理办法》（财行〔2013〕516号）执行。

3. 培训费开支按分国家和地区标准执行，并在规定的标准之内据实报

销（如表 11-3 所示）。

4. 出国培训团组需在国内开展预培训和培训总结所发生的费用，参照国内培训费相关规定执行。

5. 由外方资助出国培训经费的，各单位不得重复支付。外方对费用开支有明确规定的，按其规定执行；没有规定的，参照本办法规定的标准和要求执行。外方资助经费不足以弥补规定培训费用开支的，可以按照本办法的开支标准，由各单位补足其费用差额部分。

表 11-3　　　　因公短期出国地区培训费开支标准表

序号	国家（地区）	币种	培训费（每人每天）
	亚洲		
1	韩　国	美元	80
2	日　本	日元	8400
3	印　度	美元	51
4	以色列	美元	65
5	泰　国	美元	41
6	新加坡	美元	80
7	中国香港特区	港币	500
	欧洲		
8	德　国	欧元	66
9	英　国	英镑	56
10	荷　兰	欧元	57
11	瑞　典	瑞典克朗	90
12	丹　麦	丹麦克朗	79
13	挪　威	挪威克朗	90
14	意大利	欧元	48
15	比利时	欧元	67
16	奥地利	欧元	48
17	瑞　士	瑞士法郎	95
18	法　国	欧元	60
19	西班牙	欧元	48
20	芬　兰	欧元	66
21	爱尔兰	欧元	59

续表

序号	国家（地区）	币种	培训费（每人每天）
22	匈牙利	美元	63
23	俄罗斯	美元	67
	美洲		
24	美 国	美元	87
25	加拿大	加元	80
26	巴 西	美元	65
	大洋洲		
27	澳大利亚	澳元	86
28	新西兰	新西兰元	81
	非洲		
29	南 非	美元	65

（二）公费派出的中长期出（境）国培训人员费用

1. 中长期出国（境）培训是指90天以上（含90天）的出国（境）培训。费用开支项目包括伙食费、住宿费、交通费、通讯费、书籍资料费、医疗保险费和零用费等。

2. 中长期出国（境）培训人员费用开支标准分为"高级职称"人员开支标准和"普通职称"人员开支标准两类（如表11-4所示）。"高级职称"指高级工程师（或相当高级工程师的其他职称）及以上职称、正县（处）级及以上行政职务。"普通职称"指工程师（或相当工程师的其他职称）及以下职称、副县（处）级及以下行政职务。

表11-4　　　中长期出国（境）培训人员费用开支标准表

序号	国家（地区）	币种	标准（每人每月）	
			高级职称	普通职称
一	美洲、大洋洲			
1	美 国（一类地区）	美元	2000	1800
	美 国（二类地区）	美元	2000	1700
	美 国（三类地区）	美元	2000	1400
2	加拿大	加元	2600	1700

续表

序号	国家（地区）	币种	标准（每人每月）	
			高级职称	普通职称
3	澳大利亚	澳元	2100	1800
4	新西兰	新西兰元	2200	2000
5	其他国家（地区）	美元	1100	600
二	欧洲			
6	俄罗斯	美元	1400	1100
7	白俄罗斯	美元	1150	800
8	乌克兰	美元	1150	800
9	其他独联体国家	美元	1100	700
10	德 国	欧元	1800	1300
11	法 国	欧元	1800	1300
12	芬 兰	欧元	1800	1300
13	荷 兰	欧元	1800	1300
14	爱尔兰	欧元	1800	1300
15	奥地利	欧元	1800	1300
16	比利时	欧元	1800	1300
17	卢森堡	欧元	1800	1300
18	葡萄牙	欧元	1800	1100
19	西班牙	欧元	1800	1100
20	希 腊	欧元	1800	1100
21	意大利	欧元	1800	1100
22	冰 岛	欧元	1800	1100
23	塞浦路斯	欧元	1800	1100
24	马耳他	欧元	1800	1100
25	斯洛文尼亚	美元	1100	800
26	保加利亚	美元	1100	800
27	匈牙利	美元	1100	800
28	波兰	美元	1400	950
29	英国（伦敦地区）	英镑	1400	1150
	英国（其他地区）	英镑	1400	1000
30	丹 麦	丹麦克朗	12000	9500

序号	国家（地区）	币种	标准（每人每月）	
			高级职称	普通职称
31	挪 威	挪威克朗	13000	11000
32	瑞 典	瑞典克朗	15000	13000
33	瑞 士	瑞士法郎	2500	2000
34	其他国家（地区）	美元	1100	700
三	亚洲、非洲			
35	日 本	日元	200000	160000
36	韩 国	美元	2000	1400
37	新加坡	新元	2200	2100
38	印 度	美元	1100	600
39	以色列	美元	1200	1000
40	南 非	美元	1100	760
41	其他国家（地区）	美元	1100	600
42	中国香港	港币	14000	12000

四、公务机票购买管理有关规定

文件依据：《财政部、中国民用航空局关于加强公务机票购买管理有关事项的通知》（财库〔2014〕4号）。

（一）各级国家机关、事业单位和团体组织工作人员，以及使用财政性资金购买公务机票的其他人员（以下简称购票人），国内出差、因公临时出国购买机票，应当按照厉行节约和支持本国航空公司发展的原则，优先购买通过政府采购方式确定的我国航空公司航班优惠机票。

（二）国内航空公司按政府采购合同约定给予公务机票优惠。对于市场折扣机票，各航空公司按国内、国际机票各航班舱位的折扣票价给予9.5折优惠；对于市场全价机票，则分别给予全价票价的8.8折、8.5折优惠。政府采购机票优惠率的变动情况，将在政府采购机票管理网站（www.gpticket.org）上发布。

（三）因公临时出国时，购票人应当选择直达目的地国家（地区）的国内航空公司航班出入境，没有直达航班的，应当选择国内航空公司航班到达的最邻近目的地国家（地区）进行中转。因中转1次以上（不含1次）等特殊原因确需选择非国内航空公司航班，以及因最临近目的地国家（地区）中转需办理过境签证而选择其他邻近中转地的，应当事先报经单位外事部门和财务部门审批同意。

（四）购票人应当做好公务出行计划安排，尽可能选择低价机票，原则上不得购买全价机票。对于各航空公司提供的低于政府采购优惠票价的团队价格或促销价格机票，购票人可选择购买，但不再享受政府采购优惠。购票人需要退改签机票的，按照各航空公司的退改签规定办理。

五、公务员奖励开支标准有关规定

文件依据：《关于印发〈公务员奖励规定（试行）〉的通知》（中组发〔2008〕2号）。

（一）对公务员、公务员集体的奖励分为：嘉奖、记三等功、记二等功、记一等功、授予荣誉称号。对表现突出的，给予嘉奖；对做出较大贡献的，记三等奖；对做出重大贡献的，记二等功；对做出杰出贡献的，记一等功；对功绩卓著的，授予"人民满意的公务员""人民满意的公务员集体"或者"模范公务员""模范公务员集体"等荣誉称号。

（二）对获得奖励的公务员，按照规定标准（如表11-5所示）给予一次性奖金。其中对获得荣誉称号的公务员，按照有关规定享受省部级以上劳动模范和先进工作者待遇。对受奖励的公务员集体酌情给予一次性奖金，作为工作经费由集体使用，原则上不得向公务员个人发放。

表11-5 公务员奖金标准

奖励种类	奖金数额（元）
嘉奖	800
记三等功	1500
记二等功	3000
记一等功	6000
授予荣誉称号	10000

六、中央级普通高校捐赠收入财政配比资金管理有关规定

文件依据：《财政部、教育部关于印发〈中央级普通高校捐赠收入财政配比资金管理暂行办法〉的通知》（财教〔2009〕275号）。

（一）适用范围

中央级普通高等学校，不包括独立学院、继续教育学院等。

（二）配比资金的安排

采取"年度总量控制，高校分年申请，逐校核定"的方式。中央财政根据财力状况等因素，确定年度配比资金总额度。各高校对上年接受的捐赠收入情况，按规定提出配比资金申请，报经主管部门审核汇总后，报送财政部，并抄送教育部、中国教育发展基金会。财政部会同教育部根据主管部门提出的配比资金申请，对符合规定条件的捐赠收入总额采取分档按比例核定的方式，并综合考虑高校地理位置、财力状况等因素，逐校确定配比资金数额，按部门预算管理程序拨付资金。各高校所获配比资金实行上限控制。配比资金适当向财力薄弱高校倾斜。

（三）捐赠收入的认定

指高校上年度通过基金会接受的实际到账的货币资金。高校接受的仪器设备、建筑物、书画等实物捐赠，未变现股票、股权，以及长期设立的奖学金、基金运作利息等投资收入，均不包括在内。为方便管理，只对高校申报的货币资金单笔捐赠额在10万元以上（含10万元）的项目实行配比，不足10万元的项目不予配比。此外，还须同时符合以下条件：捐赠收入来源必须合法，必须有利于高校的长远发展且不附带任何政治目的及其他意识形态倾向；申请配比资金的项目必须具有真实的捐赠资金来源、数额及用途，具有明确的项目名称。

七、中国政府奖学金管理有关规定

文件依据:《财政部关于完善中国政府奖学金资助体系和提高资助标准的通知》(财教〔2015〕1号)。

(一) 适用范围

奖学金根据中国政府与有关国家(地区)政府、学校及国际组织等机构签订的教育交流协议或达成的谅解备忘录而对外提供,用于资助到中国高等学校(以下简称高校)学习或开展科学研究的非中国籍公民,包括本科生、硕士研究生、博士研究生、普通进修生和高级进修生。

(二) 资助内容

1. 学费:奖学金生免交学费。
2. 住宿费:奖学金生免交住宿费或对其给予住宿费补助。
3. 生活费:对奖学金生基本生活给予补助。
4. 综合医疗保险费:为奖学金生购买综合医疗保险。
5. 国际旅费:对按照协议规定由我方提供国际旅费的奖学金生提供国际往返机票。

中外双方对奖学金资助内容和资助标准另有协议的,按照协议规定执行。

除上述资助内容外,学业表现特别优秀的奖学金生还可以享受优秀留学生奖励金。

(三) 发放与管理机制

根据奖学金管理需要,奖学金各项内容按照以下方式发放与管理:

1. 学费拨付奖学金生就读高校,由高校统筹用于奖学金生培养、管理以及组织或支持奖学金生开展文体、参观、联欢等活动。
2. 住宿费拨付奖学金生就读高校,由高校统筹用于奖学金生宿舍的日常运转、管理和条件改善。按奖学金生管理规定,同意奖学金生自行安排住宿的,高校根据住宿费标准按月或季度发放给奖学金生。

3. 生活费拨付奖学金生就读高校，由高校逐月定期发放给奖学金生。

4. 综合医疗保险费由教育部按规定为奖学金生购买综合医疗保险。

5. 国际旅费按协议由我国政府提供的，由国家留学基金管理委员会按规定为奖学金生购买国际机票。

奖学金生应按规定接受奖学金资格年度评审。评审工作由高校按有关要求进行。未通过评审的，按规定中止或取消其享受奖学金的资格。

需接受预科教育或汉语补习的奖学金生，其学费资助标准按照本科一类标准执行，生活费和住宿费资助标准根据其学习层次按照相应标准执行。

（四）资助标准

教育部、财政部根据奖学金生基本学习生活需要，结合国家财力状况，根据奖学金生学习层次、学科类别制定奖学金标准（如表11-6所示），并根据国内经济社会发展、物价变动等情况建立奖学金标准动态调整机制。

表 11-6　　　　　中国政府奖学金资助标准　　　　　单位：人民币元/人·年

学生类型	学科分类	学费	住宿费	生活费	综合医疗保险费	合计
本科生	一类	20000	8400	30000	800	59200
	二类	23000	8400	30000	800	62200
	三类	27000	8400	30000	800	66200
硕士研究生（普通进修生）	一类	25000	8400	36000	800	70200
	二类	29000	8400	36000	800	74200
	三类	34000	8400	36000	800	79200
博士研究生（高级进修生）	一类	33000	12000	42000	800	87800
	二类	38000	12000	42000	800	92800
	三类	45000	12000	42000	800	99800

注：1. 一类包括：哲学、经济学、法学、教育学、文学（除文艺类外）、历史学、管理学；二类包括：理学、工学、农学；三类包括：文学（文艺类）、医学。

2. 需要接受预科教育和汉语补习的留学生按照其留学身份享受相应的生活补助标准，教学补助标准按照本科一类标准向留学院校拨付。

3. 全英文授课的研究生和进修生，额外提供5000元/年/人的教学补助。

八、财政性投资评审费用及委托代理业务补助费付费管理有关规定

文件依据:《财政部关于印发〈财政性投资评审费用及委托代理业务补助费付费管理暂行办法〉的通知》(财建〔2001〕512号)。

(一) 付费范围

1. 财政部委托的财政性投资项目工程概算、预算、竣工决(结)算评审费用。
2. 财政性投资项目资金、财政性专项支出资金的专项检查费用、追踪问效费用。
3. 项目库管理及后评价费用。
4. 委托部投资评审中心进行的财政投资政策研究和专项课题研究费用支出。
5. 委托中国建设银行代理业务的委托代理业务补助费支出。

(二) 付费额的确定

1. 投资评审付费额的确定

投资评审付费额一般考虑实际评审投资额、基本付费率、难度系数、特殊要求补助费,计算公式为:

投资评审付费额 = 基本付费额 × (1 + 难度系数) + 特殊要求补助费

(1) 基本付费额按财政性投资项目工程概算、预算、竣工决(结)算全过程全额核定;委托同一评审机构进行项目概算、预算、决(结)算全过程委托评审或对同一项目分阶段委托同一评审机构评审的,三个阶段的付费比例分别按全过程付费额的30%、30%、40%拨付;对项目概算、预算、决(结)算分别委托不同评审机构进行评审或只对某一单项委托评审的,委托评审付费分别按全过程委托评审付费额的40%、50%、60%拨付,但同一项目概、预、决算单项委托评审付费比例之和不超过100%。

基本付费额按财政部确认的实际评审投资额分段累进计算,计算公式为:

基本付费额 = Σ 实际评审投资额（分段金额）× 基本付费率，具体如下：

①评审项目投资额在 3000 万元（含）以下，投资评审基本付费额按实际投资额的 3‰ 计算确定；单项委托评审的费用额在 2.5 万元以下，按 2.5 万元核拨评审费。

②评审项目投资额在 3000 万元至 5000 万元（含），投资评审基本付费额按投资额的 2‰ 计算确定。

③评审项目投资额在 5000 万元至 1 亿元（含），投资评审基本付费额按投资额的 1.5‰ 计算确定。

④评审项目投资额在 1 亿元以上至 50 亿元（含），投资评审基本付费额按投资额的 1‰ 计算确定。

⑤评审项目投资额在 50 亿元以上，投资评审基本付费额按投资额的 0.5‰ 计算确定。

（2）难度系数按委托评审项目的难易程度确定，由财政部与委托评审单位在签订委托协议（合同）时，根据实际情况确定。难度系数控制在 0.3 以内，具体分类如下：

①特殊环境（包括特殊地质、地形、气候、生活条件、污染等）难度系数为 0.1；

②项目跨省、自治区、直辖市难度系数为 0.1；

③项目跨多个行业，且涉及多个专业，难度系数为 0.1；

（3）财政部委托项目时，如有时效性等特殊要求，特殊要求补助费按项目基本付费额的 10% 计算确定。

2. 对建设项目年度财务决算的委托代理业务补助费，按截至年度累计投资额的 1‰ 或截至年度资产额的 1‰ 核定。

3. 有关专项委托付费，按实际发生的人员工资、差旅费、办公费、公杂费等费用并考虑一定比例的利润额核定，由财政部经济建设司办理委托业务时确定。

对以上投资额无法明确或用投资额计算付费比较困难的委托任务，可按工作量计算付费额。

（三）预付款的规定

财政部根据委托业务协议（合同），结合业务的进展情况，可预付评审费用及委托代理业务补助费,预付金额最多不超过协议金额的50%,待评审报告批复后,再办理评审费用及委托代理业务补助费的结算。

九、基本建设贷款中央财政贴息资金管理有关规定

文件依据:《关于印发〈基本建设贷款中央财政贴息资金管理办法〉的通知》(财建〔2012〕95号)。

(一)适用范围

基本建设项目原则上为基本建设贷款安排的中央级大中型在建项目,以及经国务院批准设立的国家级高新技术产业开发区内的基础设施项目。基本建设贷款是指各类银行提供的符合本办法规定的贴息范围的基本建设项目贷款,其中国家级高新技术产业开发区内的基础设施项目贷款还包括中长期债券资金(包括地方政府债券、企业债、公司债、中期票据等)用于基础设施建设的部分。

(二)贴息标准

财政部根据年度贴息资金预算控制指标和当年贴息资金申报情况等因素确定贴息率(国务院有明确规定的项目除外),原则上不高于3%。

(三)贴息周期

2014年起,贴息周期均为前年12月21日至上年12月20日。

十、中央和国家机关基层党组织党建活动标准有关规定

文件依据:《关于印发〈中央和国家机关基层党组织党建活动经费管理办法〉的通知》(财行〔2017〕324号)。

(一)开支范围

党建活动经费支出项目包括:租车费、城市间交通费、伙食费、住宿

费、场地费、讲课费、资料费和其他费用。

（二）支出标准

1. 城市间交通费、住宿费，参照中央和国家机关差旅费有关规定，按标准执行；个人不得领取交通补助。

2. 伙食费，参照中央和国家机关差旅费有关规定，在差旅费伙食补助费标准内据实报销；一天仅一次就餐的，人均伙食费不超过40元；个人不得领取伙食补助。

3. 讲课费，参照中央和国家机关培训费有关标准执行。

4. 租车费，大巴士（25座以上）每辆每天不超过1500元，中巴士（25座及以下）每辆每天不超过1000元；租车到常驻地以外的，租车费可以适当增加。

5. 场地费，每半天人均不得超过50元。

6. 资料费和其他有关费用经批准后据实报销。

（三）活动组织

开展党建活动，要因地制宜，充分利用本地条件；每个基层党组织到党驻地以外开展党建活动原则上每两年不超过一次；要严格控制租用场地举办活动，确需租用的，要选择安全、经济、便捷的场地。开展党建活动，要根据实际情况集体出行，集体出行确需租用车辆的，应当视人数多少租用大巴车或中巴车，不得租用轿车（5座及以下）。到常驻地以外开展党建活动，一般不得乘坐飞机。

开展党建活动，要严格遵守中央八项规定精神，严格执行廉洁自律各项规定。严禁借党建活动名义安排公款旅游；严禁到党中央、国务院明令禁止的风景名胜区开展党建活动；严禁借党建活动名义组织会餐或安排宴请；严禁组织高消费娱乐健身活动；严禁购置电脑、复印机、打印机、传真机等固定资产以及开支与党建活动无关的其他费用；严禁套取资金设立"小金库"；严禁发放任何形式的个人补助；严禁转嫁党建活动费用。

附 录

附录一

中央部门预算改革大事记（2000—2020 年）

2000 年

1. 延长预算编制时间，部门预算编制由此前的从 11 月开始提前到 9 月进行，预算编制时间由 4 个月延长为 6 个月。

2. 改变预算编制程序。从以前自上而下的代编方式转变为自下而上的汇总方式，从基层预算单位开始编制预算，解决了预算分配不能细化到具体项目的问题。

3. 试行"一个部门一本预算"。将一个部门所有的收入和支出都按照统一的编报内容和形式在一本预算中反映，明确了中央部门在部门预算编制中的主体地位。

4. 开始向全国人大报送部门预算。教育部、农业部等 4 家部门作为首批部门预算试点单位，开始向全国人大提供部门预算。

2001 年

1. 首次提出按照基本支出和项目支出编报部门预算，并开始在一些部门中进行试点，对部门预算中的基本支出实行定员定额管理，对项目支出实行项目审核管理，初步改变了按照"基数法"编制预算的方法。

2. 财政部将原来按预算收支功能设置的机构，调整为按部门预算管理的要求设置，基本理顺了财政部内各司局与中央各部门之间的关系。中央部门普遍调整了内设机构，由财务部门统一管理本部门的预算工作。

3. 试编部门"政府采购预算"。部门"二上"时对符合条件要求的支出项目编制部门采购计划，预算执行过程中根据采购计划开展采购工作。

4. 全面推行"一个部门一本预算"。中央 159 个部门全部按照要求编报了部门预算,初步实现了职责范围明确、各项收支清晰、项目预算到位、"一个部门一本预算"的目标。

5. 扩大向全国人大提供部门预算的范围。2001年向全国人大报送的部门预算增加了公安部、水利部等部门,由2000年的4个增加到26个。

2002 年

1. 印发《中央部门基本支出预算管理试行办法》和《中央部门项目支出预算管理试行办法》,规范基本支出和项目支出预算编制。开展基本支出定额试点工作。

2. 按照国务院《关于深化收支两条线,进一步加强财政管理的意见》(国办发〔2001〕93号)的要求,将公安部等5个部门的行政性收费全部纳入预算管理;将国家质检总局等28个部门的预算外收入全部纳入专户管理;改变国税系统和海关系统按照收入比例提取经费的办法,实行"预算制",按照部门预算的统一要求核定经费支出。

3. 全面编制政府采购预算。所有编制部门预算的单位,都要正式编制政府采购预算,财政部在批复部门预算时一并批复。

2003 年

1. 修订和完善《中央本级基本支出管理办法(试行)》,进一步明确界定基本支出范围,完善基本支出定额管理方式。进一步扩大基本支出定额试点范围,增加118个试点事业单位。

2. 制定《中央本级项目库管理规定(试行)》,进一步明确项目预算分类。对中央部门2003年度已安排项目进行清理,分别按照党中央、国务院已定项目、经常性专项业务费项目、已经部门协商需要延续项目和其他类项目四大类重新划分项目类别。建立中央部门项目库和财政部项目库。

3. 印发《财政部 中国人民银行关于将部分行政事业性收费纳入预算管理的通知》,将118项行政事业性收费纳入财政预算管理。

2004 年

1. 积极探索研究中央部门实物费用定额管理。选择审计署等5个部门进行实物费用定额试点工作，采取"虚实结合"的方式运行。

2. 规范项目支出预算管理。设置项目预算申报限额，要求中央部门申报预算的项目总额应控制在本部门上年度财政已安排项目支出预算总额的 120% 以内。

3. 取消了预算外资金管理的一些过渡性政策，增加了司法部、信息产业部等 7 个部门进行预算外资金"收支脱钩"改革试点，试点部门达到 40 个，基本实现了对预算外资金的规范管理。

4. 进一步延长预算编制时间，从 5 月份就着手进行预算编制前的项目清理工作，预算编制时间延长到 10 个月。

5. 尝试对支出项目进行绩效评价。对 2003 年预算已安排的跨年度项目，选择一些项目附报已安排资金的绩效评价材料，作为 2004 年项目预算安排的重要依据。

2005 年

1. 完善实物费用定额试点方案，增加财政部等 13 个实物费用定额试点部门，研究建立费用定额与资产占用相结合的定额标准体系。

2. 印发《中央部门预算支出绩效考评管理办法（试行）》，建立项目预算安排与项目执行效果评价有机联系的绩效评价体系。

3. 制定印发《中央部门财政拨款结余资金管理（暂行）规定》，中央部门在编制预算时，应根据结余资金清理情况统筹安排预算。

4. 将广电总局集中的广告收入等预算外收入逐步纳入预算。对实行收支脱钩管理的部门原先用预算外资金安排的支出，中央财政根据其履行职能的基本需要通过财政拨款予以保障。

2006 年

1. 完善定员定额管理体系，适当调整公安边防九总站等单位公用经费定额标准；将中国地震局下属部分单位纳入定员定额试点范围。

2. 将广电总局集中的中央电视台广告收入全部纳入预算管理，支出由财政部根据广电事业发展的需要在部门预算中统筹考虑。截至 2006 年底，国务院批准的收费项目 90% 以上已纳入预算管理，政府性基金则全部纳入预算管理。

3. 对"农业科技跨越计划"等4个支出项目进行绩效评价试点，并为这些项目规定了绩效评价经费的计提比例，稳步推进绩效评价试点工作。

2007 年

1. 加强资产管理，促进资产管理与预算管理有机结合。行政事业单位购置有规定配备标准的资产，必须报同级财政部门批准后列入单位年度部门预算。未经批准，不得列入部门预算，也不得安排经费。

2. 着手建立中央部门人员和资产数据库，实现资产、实物费用定额与支出定额之间的有效衔接。

3. 研究建立加强结余资金管理的激励机制。对结余资金规模大、管理不力、解决措施不到位的中央单位给予适当"负激励"。

4. 加大绩效评价力度。2007年选择"农业生态环境保护"等6个项目进行绩效评价试点。

2008 年

1. 实行出国经费零增长政策，有效抑制出国经费膨胀。贯彻落实国务院第9次常务会议的要求，对中央国家机关公用经费统一压缩5%。

2. 大力推进预算编制细化管理。要求各部门将2008年部门预算细化到基层预算单位，不得代编下级单位预算。

3. 将40家参公单位纳入定员定额试点范围，实行定员定额试点的范围已涵盖97家行政单位、34家事业单位、40家参公单位、开支"离退休人员管理机构"科目的行政单位离退休机构及武警部队6警种。将实物费用定额试点部门扩大到25家，试点方式也从"虚转"转成部分"实转"。

4. 建立项目清理的激励机制，鼓励中央部门加大对前三类项目的清理力度，实现项目滚动管理。

5. 向全国人大报送部门预算的数量由2007年的40个增加到2008年的50个。将教育、科学技术、社会保障和就业等15类关系民生的重点科目明细到46个款级科目。选择财政部、审计署等11个中央部门推行部门预算内部公开试点。

2009 年

1. 编制 2009 年预算时，对公务购车用车经费、会议费、公务接待费、出国费等支出，全部实行零增长。根据《中办国办关于党政机关厉行节约若干问题的通知》（中办发〔2009〕11 号）文件精神，预算执行中进一步压缩中央部门 2009 年"三公"经费。

2. 修订印发《中央部门预算管理工作规程》，建立了涵盖中央部门预算编制、中央本级支出预算指标管理、财政拨款结余资金管理等在内的中央部门预算管理工作规程。

3. 将 37 家参公单位和 31 家公益性事业单位纳入定员定额试点，2009 年基本支出定员定额试点范围扩大到 97 家行政单位、103 家事业单位、77 家参公单位和武警部队 6 警种，以及大部分行政单位离退休人员和离退休管理机构人员。研究开发中央部门人员信息数据库，组织部门进行了初步填报。

4. 印发《中央本级项目支出标准体系建设总体方案》和《中央本级项目支出定额标准管理暂行办法》，启动党政机关办公用房大中修定额标准等 12 项通用定额标准的制修订工作。根据项目属性将项目支出细分为大型会议和培训类等 13 类，并按新的分类方式进行了项目清理。

5. 在 2009 年部门预算表中新增"中央行政事业单位资产存量情况表""中央行政事业单位新增资产配置预算表"，对新增资产配置情况进行专项审核，初步建立了财政部内部资产配置事项审批的流程，形成了资产管理部门与预算管理部门协调配合的行政事业单位国有资产管理机制。

6. 主动扩大报送全国人大的部门预算范围，由 2008 年的 50 个部门增加到 95 个部门。

2010 年

1. 将 28 家参公单位、9 家公益性事业单位新增纳入定员定额试点范围，着手建立人员基础信息数据库，探索建立人员定额与实物定额相结合的定额标准体系。

2. 印发《中央本级项目支出定额标准管理部内规程》，明确了开展标准体系建设工作的部内分工和工作流程；启动了非棉纤维公证检验经费等

12 项专用定额标准以及城乡住户调查等 58 项部门内部标准的建设任务。

3. 印发《财政部关于将按预算外资金管理的收入纳入预算管理的通知》，明确规定自 2011 年 1 月 1 日起，除教育收费纳入财政专户管理外，将中央和地方预算外管理的非税收入全部纳入预算管理。

4. 印发《财政部关于进一步推进中央部门预算项目支出绩效评价试点工作的通知》，明确了绩效评价各方职责，规范了绩效评价工作程序，构建了包括项目绩效目标和项目绩效问题框架两部分的绩效评价内容体系。

5. 修订印发《中央部门财政拨款结转和结余资金管理办法》，强化结余资金管理，中央部门在预算执行中，原则上不得动用项目支出结余资金，全部统筹用于下年预算。

6. 报送全国人大审议的部门预算数量增加到 98 家。出台《财政部关于进一步做好预算信息公开工作的指导意见》，明确了由各中央部门负责本部门的预算、决算公开工作，原则上应将报送全国人大审议通过的部门预算中的收支预算总表和财政拨款支出预算表作为部门预算公开的最基本格式和内容先行公开。2010 年报全国人大审议的 98 个中央部门中，有 75 个中央部门向社会公开了部门预算。

2011 年

1. 预算执行中，按照国务院第 148 次常务会议精神，按 2% 的比例进一步压缩了相关部门公务用车购置及运行费。

2. 初步建立体现不同类型事业单位特点的分类分档定额标准体系；新增 14 家参公管理事业单位和 34 家公益性事业单位作为定员定额试点单位；颁布了中央行政单位通用办公设备配置标准和经费标准，部门内部标准体系建设加快推进。

3. 按照 2011 年全面取消预算外收入的总体部署，积极推进收支两条线改革，全面清理行政事业性收费等非税收入，预算外收入或纳入一般预算管理或纳入政府性基金管理。

4. 印发《财政支出绩效评价管理暂行办法》，首次批复了绩效评价试点项目的绩效目标。

5. 报送全国人大审议的中央财政预算中，教育、科学技术和农林水事务支出等重点支出进一步细化并公开到项级科目。中央部门公开本部门2010年"三公"经费决算数和2011年预算情况。

2012 年

1. 从2012年起，严格控制执行中"三公"经费预算调整，原则上执行中不再增加"三公"经费预算，对于部门确因特殊情况需要增加"三公"经费，一律报国务院批准后再行调整。

2. 从编制2012年部门预算起，中央行政单位基本支出全面实行人员定额和实物定额相结合的预算方式，并将在京行政机关本级在职人员津贴补贴支出也纳入其中。新制定在华举办国际会议费用开支标准1项通用定额标准和国家体育总局运动员保障经费标准等多项专用定额标准。

3. 2012年，共确定165个中央一级单位的378个绩效评价试点项目，涉及资金137.96亿元，比上年增加136个项目，增加68亿元，实现了"横向到边"和"两个提高"的要求。

4. 首次向社会公开2010年度部门决算，首次向社会公开中央本级"三公"经费和行政经费总额、各部门"三公"经费预决算情况，同时将中央部门预算公开报表由2张增加到5张。

2013 年

1. 推进定员定额与实物费用定额相结合的公用经费测算模式，并结合燃油价格、供暖价格提高等因素和部门实际支出情况，调整完善实物费用定额标准。

2. 推进项目支出定额标准体系建设，启动了会议费、外宾接待费等费用开支标准的制定工作。大力推进部门内部标准建设。

3. 稳步推进部门预算公开工作，部门预算公开的同时，同步公开了2013年"三公"经费预算、政府性基金收入预算，同时进一步将科学技术、文化体育与传媒2个类级科目细化到项级科目。

2014 年

1. 中央政治局审议通过《深化财税体制改革总体方案》，明确了包括预算管理制度改革在内的财税体制改革的时间表和路线图。

2. 全国人大常委会审查批准了修订后的《预算法》，从2015年1月1日起实施，为预算管理制度改革提供了法律保障。

3. 国务院印发了《关于深化预算管理制度改革的决定》，明确了预算管理制度改革的重点任务和工作要求。

4. 严格落实"约法三章"，一律不安排政府性楼堂馆所建设资金，规范和加强中央部门机构编制管理，严格实行"三公"经费零增长。加强内控制度建设和公务支出制度建设，完善相关支出标准，推进公务用车改革。

5. 研究制定中央本级支出三年滚动规划改革方案，提出了规划编制的基本原则、方式方法、工作安排和管理程序。

6. 加快推进项目支出定额标准体系建设，新制修订差旅费、会议费、培训费等12项通用定额标准。

7. 印发《财政部关于政府购买服务有关预算管理问题的通知》，明确了政府购买服务的资金来源、预算管理办法、执行监控、信息公开、绩效评价等具体要求。

8. 95家中央部门预算报送全国人大审议，其中，4家部门首次公开了部门预算，5家部门首次公开了"三公"经费预算。除涉密内容外，中央部门预算全部公开到最底层的"项"级科目，所有财政拨款安排的"三公"经费都要详细公开。

2015年

1. 印发《财政部关于推进中央部门中期财政规划管理的意见》，从编制2016年预算开始，对纳入中央部门预算的一般公共预算和政府性基金预算拨款收支实行中期财政规划管理。启动编制中央部门三年滚动规划（2016—2018年支出规划），合理确定部门支出限额。

2. 印发《财政部关于加强和改进中央部门项目支出预算管理的意见》，中央部门预算项目实行分级管理，分为一级项目和二级项目两个层次，加强项目库建设和管理，积极推进预算评审和绩效管理。从2016年预算起，开始编制中央部门项目支出经济分类预算，具体到款级科目。

3. 印发《财政部关于盘活中央部门存量资金的通知》，对一般公共预算以及从 2015 年起由政府性基金预算转列一般公共预算的结转结余资金进行认真清理，统一收回清理确认的结余资金。

4. 印发《财政部关于加强中央部门预算评审工作的通知》，逐步建立健全预算评审机制，将预算评审工作实质性嵌入部门预算管理流程。

5. 印发《中央部门预算绩效目标管理办法》，进一步加强预算绩效管理，提高中央部门预算绩效目标管理的科学性、规范性和有效性。

6. 98 家中央部门预算报送全国人大审议，100 家中央部门公开了部门预算，公开的表格由上年的 6 张增加到 8 张，同时增加了机关运行经费、政府采购、国有资产占有使用、预算绩效等情况的说明；在上年已全部公开到支出功能分类项级科目的基础上，一般公共预算基本支出进一步公开到经济分类款级科目。

2016 年

1. 修订印发《中央部门结转和结余资金管理办法》，加强和规范中央部门一般公共预算和政府性基金预算结转结余资金管理，结转结余资金数以决算批复为准，结余资金按规定上缴国库，同时有效控制结转资金规模，强化考核并建立激励约束机制。

2. 强化基本支出预算管理，规范编制内增人。从 2016 年起，事业单位增加编制内人员需增加财政拨款基本支出的，要先向财政部申请预算，预算下达后方可增加人员。事业单位新增离退休人员的，要在报送年度部门预算时如实反映，财政部审核后增加离退休人员基本支出，相应减少在职人员基本支出。

3. 制定印发《财政部关于进一步做实中央部门预算项目库的意见》，推进项目库全面做实，细化规范项目内容，将项目划分为标准化管理项目和非标准化管理项目；扩大预算评审范围，2016 年各部门开展预算评审的项目支出数额占项目库中应评审项目支出总额的比例要达到 30% 以上，2017 年达到 50% 以上，2018 年达到 80%，2019 年实现百分之百覆盖；强化中央部门主体责任，建立项目管理考核机制。

4. 100 家中央部门预算报送全国人大审议，102 家中央部门公开了部门预算，报送人大数量和公开部门预算数量较上年均增加 2 家。

2017 年

1. 加强"三公"经费分类管理，对教学科研人员开展学术交流活动区别对待，合理保障工作需要。

2. 对会议费、培训费、宣传费、咨询费、软课题经费和涉企补助等支出进行了压减，并按不低于5%的幅度压减非刚性、非重点项目支出。

3. 加强机构编制管理与预算管理的相互衔接，建立事业单位编制内增人和新增机构编制评审制度。

4. 规范代编预算使用程序，执行中需要动用代编预算的，须报国务院批准后下达。

5. 2017年，组织部门对照2016年年初设定的项目绩效目标全面开展绩效自评，选取99家部门111个一级项目自评结果在部门决算草案中反映，推进落实部门绩效管理主体责任。

6. 公开部门预算的部门增加到105个。

2018 年

1. 构建项目动态评估清理机制，每年选择部分中长期支出政策或重大项目进行滚动评估，评估结果作为安排预算和调整支出政策的重要依据。

2. 2018年公开部门预算的部门为89个，部门公开表格达到8张，公开项目文本和绩效目标的重点项目由10个增加到36个，涉及的部门数量也由10个增加到36个。

3. 对43家划入公益一类的原经费自理事业单位，开展纳入财政保障范围的人员预算支出评审，明确涉及各单位公益性职能及所需人数，避免中央财政对非公益性活动被动买单。

4. 确立绩效目标与预算同步申报、同步审核、同步批复机制。2018年，绩效目标管理已覆盖所有中央部门的本级项目、中央对地方专项转移支付，以及大部分中央政府性基金和国有资本经营预算项目。

5. 2017年，组织所有中央部门对2016年本级项目预算执行情况和绩效目标实现情况开展绩效自评，2018年绩效自评范围将扩大到中央对地方专项转移支付。

2019 年

1. 不折不扣落实过紧日子有关要求，除刚性和重点项目外，中央部门其他项目支出平均压减幅度达到 10%，持续强化"三公"经费管理。

2. 2019 年公开部门预算的部门为 102 个，公开部门数比 2018 年增加了 13 家，集中公开时间比 2018 年提前了 11 天。同时，有 47 个部门公开了 50 个重点项目的文本和绩效情况，有 88 个部门在公开预算时专门说明了非重点、非刚性支出压减情况。

3. 进一步扩大定员定额管理范围，将 48 家行政单位、107 家公益一类事业单位新增纳入定额管理，适当提高公益一类事业单位财政保障水平。

4. 研究制定了《关于进一步做好中央本级支出标准体系建设工作的通知》，明确了总体思路、基本原则、重点工作和有关要求。

5. 扩大绩效目标管理范围，2019 年批复预算时将绩效目标管理范围扩展至全部中央预算单位，强化资金使用单位的绩效责任。选择 31 个重点民生政策和重大项目开展绩效评价、4 家中央部门开展部门整体支出绩效评价试点。将 265 个项目绩效自评结果和 20 份重点绩效评价报告提交全国人大常委会，稳步推动绩效信息向社会公开。

2020 年

1. 全力保障党中央、国务院决策部署落实落地，切实保障部门疫情防控经费，推动清理拖欠民营企业中小企业账款工作。

2. 中央部门带头真正过紧日子，坚决压减一般性支出，2020 年中央本级支出安排负增长，大幅压减"三公"经费预算。制定印发《关于贯彻落实政府过紧日子要求 进一步严格财政支出管理的通知》，并按季对中央部门落实过紧日子要求的情况进行评估。

3. 进一步强化定员定额管理，将海关系统等 583 家行政单位、47 家参公单位和 35 家公益一类事业单位新增纳入定额管理。

4. 督促部门严格清理并交回存量资金，统筹用于疫情防控、保障重点支出。

5. 积极推进预算和绩效管理相融合，加快分行业、分领域核心绩效指标和标准体系建设，制定印发《中央部门预算绩效运行监控管理暂行办法》，对预算执行情况和绩效目标实现程度进行"双监控"。

6. 项目公开力度进一步加大，公开项目文本83个，比上年增加33个；公开绩效目标109个，是上年的2倍多。

附录二

财政部关于编制中央部门2021—2023年支出规划和2021年部门预算的通知

（2020年7月10日　财预〔2020〕89号）

各中央预算单位：

按照《中华人民共和国预算法》《中共中央 国务院关于全面实施预算绩效管理的意见》《国务院关于深化预算管理制度改革的决定》和《国务院关于实行中期财政规划管理的意见》等有关规定，现就编制中央部门2021—2023年支出规划和2021年部门预算通知如下：

一、总体要求

以习近平新时代中国特色社会主义思想为指导，全面贯彻党的十九大和十九届二中、三中、四中全会及中央经济工作会议精神，坚决落实党中央和国务院决策部署，坚持统筹兼顾、突出重点，大力提质增效，全力支持国家重大发展战略和重点领域改革。牢固树立艰苦奋斗、勤俭节约的思想，真正过紧日子，坚持精打细算、把钱花在刀刃上，坚决压减一般性支出。强化运用零基预算理念，打破基数概念和支出固化格局，提高预算编制的科学性和准确性。全面清理完善项目库，加强项目入库审核，切实发挥项目库基础作用。加大各类资金统筹力度，有效盘活存量资金，避免闲置和沉淀。深化部门预算绩效管理，健全绩效指标体系，加强绩效评价结果应用。进一步深化预算管理制度改革，不断完善标准科学、规范透明、约束有力的部门预算制度。

二、重点工作

（一）切实保障重点支出

更加积极有为地实施积极的财政政策，大力提质增效，进一步提高支出政策和项目资金的指向性、精准性、有效性。预算安排要贯彻落实党中央和国务院决策部署，坚持统筹兼顾、突出重点，加大支出结构调整力度，优先保障党中央和国务院确定的重大政策、重要改革和重点项目实施，全力保障国家重大发展战略和国防、教育、科技等重点领域支出，以及债务发行付息等刚性支出，合理保障维持部门正常运转和履职的必需支出。

（二）坚持真正过紧日子

中央部门带头严格支出管理，将过紧日子作为部门预算管理长期坚持的基本方针，执守简朴、力戒浮华，厉行节约办一切事业。进一步压减一般性支出，部门非刚性、非重点项目支出要可压尽压、应压尽压。大力精简会议、差旅、培训、调研、论坛、庆典等公务活动，加强地点相同、对象重叠、内容相近等公务活动整合，积极采用视频、电话、网络等新型方式开展，努力节约日常经费开支。对落实过紧日子要求情况进行定期评估，及时发现问题，堵塞漏洞，根据评估情况改进预算编制。继续强化"三公"经费管理，从严从紧核定"三公"经费预算，对无实质内容的因公出国（境）、公务接待等活动，要坚决予以取消。巩固公务用车制度改革成果，加强保留车辆使用管理，严格控制车辆报废更新，切实降低公务用车运行成本。

（三）强化运用零基预算理念

预算安排坚持量入为出，打破基数概念和支出固化格局，加大结转资金与年度预算、财政拨款与其他资金的统筹力度，建立完善能增能减、有保有压的预算分配机制。加强基本支出定员定额管理，进一步扩大定员定额管理范围，完善基本支出定额标准体系，合理保障部门正常运转和基本履职需要。对公用经费结转资金规模长期较高的部门，适当减少下年预算安排。着力规范项目支出预算管理，所有安排预算的项目必须从项目库中选取，所有进入项目库的项目必须按规定履行论证、评审、立项等必要程序。提前做好项目储备，基本建设支出等向相关业务主管部门单独申报的项目，应当事先储备纳入部门项目库，并按程序统一申报纳入财政部项目库。对项目进行优先等次排序，并根据轻重缓急统筹安排预算。加快项目支出标准体系建设，对延续性重大项目和专项业务费项目，部门要制定内部标准，实施项目标准化管理。

（四）切实盘活存量资金资产

部门所有收入和支出全部纳入预算，规范事业收入、事业单位经营收入等各项收入管理，部门依法取得的各类收入要按规定全部纳入预算统筹使用。加大各类资金统筹力度，大力调整优化支出结构，积极消化存量资金。预算安排要充分考虑以前年度结转资金情况，准确预计年底结转资金并纳入年初预算。对列入年初预算的预计结转资金与实际结转资金规模差异较大的，相应减少下年预算安排。对预计结转资金规模较大的项目，部门要减少2021年预算安排或不再安排，将更多资金调整用于重点支出或其他亟需领域。结余资金按规定交回财政统筹使用。加强存量资产管理，努力盘活闲置资产。

（五）全面清理完善项目库

根据部门职责和业务特点，调整完善专用一级项目，合理确定一级项目数量，更加集中、直观反映部门主要职责和工作任务。进一步精简二级项目，对以前年度设置但未实施的项目、尚不具备实施条件的项目和到期项目进行甄别清理，归并小散项目。提升二级项目质量，合理确定所属一级项目，准确标识项目类别，完善项目实施方案，科学设置绩效目标和指标，确保每个项目都具备可实施条件。对支出规模较大、政策性较强的长期支出项目，部门应开展评估清理，根据评估结果优化预算安排、改进管理、完善政策。对2021年及以后年度启动实施的项目，部门要按照新增项目入库要求进行预算评审和事前绩效评估，严控支出范围和标准，按照程序重新申报入库。对以前年度已经安排预算、2021年拟继续实施的项目，部门要根据轻重缓急研究确定优先次序，坚持有多少钱办多少事，突出"保重点、压一般"。

（六）深化部门预算绩效管理

推进预算和绩效管理深度融合，优化预算绩效管理流程，健全绩效指标和标准体系，提升绩效管理质量。要结合预算评审对新增项目开展事前绩效评估，通过成本效益分析等手段，增强项目立项和预算安排的科学性。依托分行业、分领域绩效指标库，统一规范绩效指标表述，提升绩效目标质量，增强与预算安排的匹配度。一级项目和二级项目的绩效目标要有机衔接，突出核心产出和效果指标并予量化，合理设定绩效指标值，引导资金使用单位逐步提升绩效水平。未按要求设定绩效目标或审核未通过的，不得安排预算。强化绩效运行和评价结果应用，对实施效果不明显、发现问题较为突出的项目和单位，不安排或少安排预算。

（七）加大预算安排约束力度

加强三年支出规划对年度预算的指引和约束作用，部门"一上"编制的2021年项目支出规划建议应当控制在上年下达的2021年控制数规模以内，且不得超过2020年项目支出规划，并尽可能压缩规模。因党中央、国务院新批准重要改革、重大政策等确需进一步增加支出规划的，应单独申请并详细说明理由。加强预算评审和审核结果运用，将财政预算评审结果和各地监管局审核意见作为预算安排的上限，对上年财政预算评审整体审减率较高的部门，压减2021年项目支出预算。继续实施审计查出问题与预算安排挂钩机制，对于存在屡审屡犯审计问题的，进一步加大惩戒力度。完善部门当年预算执行情况和下年预算安排挂钩机制，对2020年预算监管、执行监控等工作中发现问题的部门，酌情减少2021年预算。研究建立项目库清理情况与预算安排挂钩机制，对未按要求开展清理工作的部门，减少2021年项目支出预算。

（八）认真做好其他相关工作

落实人大预算审查监督重点向支出预算和政策拓展有关要求，进一步完善部门预算草案。认真整改审计查出的问题，及时完善相关政策和制度办法。部门应切实履行预算公开主体责任，扩大公开范围，2021年起部门所属单位要按规定公开预算。严格遵守财经法律法规和制度规定，对违反财经纪律的，严肃追究责任，严禁通过多报、虚报在编人数"吃空饷"，严禁重复、多头申报或虚报项目预算。加强和改进政府采购管理，进一步细化政府采购预算编制，按具体采购项目填报采购品目、采购标的、采购金额等信息，按规定公开政府采购意向，并根据批复的政府采购预算依法开展政府采购活动。加快推进政府购买服务，属于政府职责范围且适合通过市场化方式提供的服务事项，应当推行政府购买服务。

三、编制流程

中央部门按照"二上二下"程序，编制一般公共预算和政府性基金预算拨款2021—2023年支出规划和2021年部门预算。具体见附件。

四、时间安排

（一）2020年8月18日前，中央部门将本部门基础信息数据库、项目库及排序情况、2021—2023年支出规划建议和编报说明等材料报财政部（一份，附电子数据）。

（二）2020年11月20日前，发展改革委等有预算分配职能的部门提出有关归口管理经费分配方案建议，明确项目单位、项目名称、项目代码、密级、支出功能分类科目、金额等信息，反馈财政部审核。

（三）2020年12月18日前，中央部门根据财政部下达的控制数等，编制2021—2023年支出规划草案和2021年部门预算草案，提供详细编报说明，报财政部（一式两份，附电子数据）。

附件（略）：1. 中央部门2021—2023年支出规划和2021年预算编制流程
2. 中央部门2021—2023年支出规划表
3. 2021年中央部门预算表和预算附表
4. 中央部门2021—2023年支出规划建议编写格式
5. 2021年报送全国人大审议预算的部门名单

附录三

财政部关于编制2021年中央行政事业单位住房改革支出预算的通知

(2020年7月7日 财综〔2020〕27号)

各中央预算单位：

按照中央部门预算编制有关要求，现就编制2021年中央行政事业单位住房改革支出预算的有关事宜通知如下：

一、住房改革支出预算的编制范围

住房改革支出预算由三个部分组成，分别是住房公积金预算、提租补贴预算和购房补贴预算。

（一）住房公积金预算的编制范围

包括人员经费由中央财政补助的中央行政事业单位（含中央企业所属事业单位）、人民团体、社会团体等单位（以下统称中央单位）。不包括人员经费自理的中央事业单位等其他单位。

（二）提租补贴预算的编制范围

包括人员经费由中央财政补助的中央在京行政事业单位（含中央企业所属在京事业单位）、人民团体、社会团体等单位（以下统称中央在京单位）。

（三）购房补贴预算的编制范围

包括人员经费由中央财政补助的中央在京单位；人员经费由中央财政补助且按照所在地人民政府规定已经实行住房分配货币化改革的中央京外行政事业单位、人民团体、社会团体等单位（以下统称中央京外单位）。不包括人员经费由中央财政补助但尚未实行住房分配货币化改革的其他中央京外单位，人员经费自理的中央事业单位等其他单位。

二、住房改革支出预算的编制原则

（一）优先消化住房改革支出拨款结转资金

按照财政部印发的《中央部门结转和结余资金管理办法》（财预〔2016〕18号）和《财政部关于2006年住房改革支出预算执行等有关问题的通知》（财综〔2005〕59号）的有关规定，中央单位在编制2021年住房改革支出预算时，应当优先消化历年住房改革支出拨款结转资金，住房改革支出拨款结转资金未消化完的，原则上不得申请住房改革支出财政拨款。

（二）将公房出售收入余额的20%用于发放购房补贴

纳入购房补贴预算编制范围的中央单位，在安排2021年购房补贴预算时，应当继续按照财政部的规定，将预计2020年末公房出售收入扣除应计提住宅专项维修资金后余额的20%用于发放购房补贴。

（三）申请购房补贴预算资金应符合相关程序

中央单位申请购房补贴预算资金，除符合上述购房补贴预算编制范围要求外，还必须具备下列条件：单位已经为职工建立住房档案，并按要求对申请购房补贴预算资金的职工进行了公示，同时，对拟申请的购房补贴预算资金预计2021年能够发放到位。

（四）用其他资金安排住房改革支出

中央单位在安排2021年住房改革支出预算时，还应当考虑单位用其他资金安排住房改革支出的情况，减少对财政拨款资金的依赖。

（五）按照专款专用原则编制住房改革支出预算

中央单位在编制住房改革支出预算时，要坚持专款专用的原则。中央单位的住房公积金预算、提租补贴预算和购房补贴预算，应当分别进行编制，各项预算之间应当实行专款专用，不得相互调剂。

三、住房改革支出预算的编制要求

（一）确保有关预算数据真实可靠

住房改革支出预算是部门预算的重要组成部分，填报工作涉及各单位的财务、房管、人事等相关部门，工作量大、业务面广，需要相关部门密切配合。中央单位要严格按照《2021年中央行政事业单位住房改革支出预算编制说明》（附件7）以及本通知要求，认真组织所属单位做好2021年住房改革支出预算编制工作，确保预算数据真实可靠。特别是在填报《2021年中央行政单位购房补贴预算基础数据表》（附件2）、《2021年中央参公单位购房补贴预算基础数据表》（附件3）和《2021年中央事业单位购房补贴预算基础数据表》（附件4）时，要及时更新相关数据，对于以前年度中央财政已经安排预算资金的人员，不得重复申报购房补贴预算。中央京外单位编制在职职工购房补贴预算时，要严格按照本通知规定的范围和口径执行，不得多报、虚报。

（二）做好上下级单位资金调剂工作

中央单位动用历年住房改革支出拨款结转资金以及公房出售收入安排2021年住房改革支出预算，要继续做好上下级单位相关资金的调剂工作，有关调剂办法及会计核算方式继续按照财综〔2005〕59号文件规定执行。

（三）做好与部门预算数据的相互衔接

《2021年中央行政事业单位住房改革支出预算表》（附件1）是部门预算的组成部分，中央单位财务部门要与房管、人事部门相互配合，确保《2021年中央行政事业单位住房改革支出预算表》（附件1）与部门预算相关数据相互衔接。

（四）加强住房改革支出预算编制的审核

中央单位应当严格按照本通知要求，认真编制《2021年中央行政事业单位住房改革支出预算表》（附件1）、《2021年中央行政单位购房补贴预算基础数据表》（附件2）、《2021年中央参公单位购房补贴预算基础数据表》（附件3）、《2021年中央事业单位购房补贴预算基础数据表》（附件4）、《中央行政事业单位符合领取购房补贴条件职工基本情况表》（附件5）和《1999—2021年中央行政事业单位购房补贴情况表》（附件6）。中央单位在向财政部报送2021年住房改革支出预算之前，一级预算单位应当负责对所属下级预算单位编制的预算进行认真审核，确保符合有关预算编制要求。

（五）认真撰写住房改革支出预算编制说明

中央单位编制2021年住房改革支出预算，应当认真撰写预算编制说明，详细说明每项住房改革支出预算数据的测算过程，对于一些特别需要说明的事项，应当重点说明。中央单位在预算编制说明中，对于中央京外单位职工购房补贴需求数额及其具体分项目需求数额，要作单独反映，并详细说明测算过程。

（六）按时报送住房改革支出预算报表

为方便中央单位编制住房改革支出预算，请中央单位于 2020 年 7 月 15 日左右通过网络自行下载住房改革支出预算软件。软件下载网址：www.mof.gov.cn，找到"下载中心"，点击进入后找到"中央行政事业单位住房改革支出"，进行下载。中央单位应当于 2020 年 8 月 31 日前将住房改革支出预算编制说明及附件 1—6 报送财政部（综合司）一式一份（附电子文档）。

（七）及时反映编制预算中的相关问题

中央单位在编制 2021 年住房改革支出预算中，需要反映相关问题，应当在向财政部（综合司）报送 2021 年住房改革支出预算时，以书面形式加以说明。

附件（略）：1. 2021 年中央行政事业单位住房改革支出预算表

2. 2021 年中央行政单位购房补贴预算基础数据表

3. 2021 年中央参公单位购房补贴预算基础数据表

4. 2021 年中央事业单位购房补贴预算基础数据表

5. 中央行政事业单位符合领取购房补贴条件职工基本情况表

6. 1999—2021 年中央行政事业单位购房补贴情况表

7. 2021 年中央行政事业单位住房改革支出预算编制说明

附录四

中华人民共和国预算法

第一章 总 则

第一条 为了规范政府收支行为,强化预算约束,加强对预算的管理和监督,建立健全全面规范、公开透明的预算制度,保障经济社会的健康发展,根据宪法,制定本法。

第二条 预算、决算的编制、审查、批准、监督,以及预算的执行和调整,依照本法规定执行。

第三条 国家实行一级政府一级预算,设立中央,省、自治区、直辖市,设区的市、自治州,县、自治县、不设区的市、市辖区,乡、民族乡、镇五级预算。

全国预算由中央预算和地方预算组成。地方预算由各省、自治区、直辖市总预算组成。

地方各级总预算由本级预算和汇总的下一级总预算组成;下一级只有本级预算的,下一级总预算即指下一级的本级预算。没有下一级预算的,总预算即指本级预算。

第四条 预算由预算收入和预算支出组成。

政府的全部收入和支出都应当纳入预算。

第五条 预算包括一般公共预算、政府性基金预算、国有资本经营预算、社会保险基金预算。

一般公共预算、政府性基金预算、国有资本经营预算、社会保险基金预算应当保持完整、独立。政府性基金预算、国有资本经营预算、社会保险基金预算应当与一般公共预算相衔接。

第六条 一般公共预算是对以税收为主体的财政收入,安排用于保障和改善民生、推动经济社会发展、维护国家安全、维持国家机构正常运转等方面的收支预算。

中央一般公共预算包括中央各部门（含直属单位，下同）的预算和中央对地方的税收返还、转移支付预算。

中央一般公共预算收入包括中央本级收入和地方向中央的上解收入。中央一般公共预算支出包括中央本级支出、中央对地方的税收返还和转移支付。

第七条 地方各级一般公共预算包括本级各部门（含直属单位，下同）的预算和税收返还、转移支付预算。

地方各级一般公共预算收入包括地方本级收入、上级政府对本级政府的税收返还和转移支付、下级政府的上解收入。地方各级一般公共预算支出包括地方本级支出、对上级政府的上解支出、对下级政府的税收返还和转移支付。

第八条 各部门预算由本部门及其所属各单位预算组成。

第九条 政府性基金预算是对依照法律、行政法规的规定在一定期限内向特定对象征收、收取或者以其他方式筹集的资金，专项用于特定公共事业发展的收支预算。

政府性基金预算应当根据基金项目收入情况和实际支出需要，按基金项目编制，做到以收定支。

第十条 国有资本经营预算是对国有资本收益作出支出安排的收支预算。

国有资本经营预算应当按照收支平衡的原则编制，不列赤字，并安排资金调入一般公共预算。

第十一条 社会保险基金预算是对社会保险缴款、一般公共预算安排和其他方式筹集的资金，专项用于社会保险的收支预算。

社会保险基金预算应当按照统筹层次和社会保险项目分别编制，做到收支平衡。

第十二条 各级预算应当遵循统筹兼顾、勤俭节约、量力而行、讲求绩效和收支平衡的原则。

各级政府应当建立跨年度预算平衡机制。

第十三条 经人民代表大会批准的预算，非经法定程序，不得调整。各级政府、各部门、各单位的支出必须以经批准的预算为依据，未列入预算的不得支出。

第十四条 经本级人民代表大会或者本级人民代表大会常务委员会批准的预算、预算调整、决算、预算执行情况的报告及报表，应当在批准后二十日内由本级政府财政部门向社会公开，并对本级政府财政转移支付安排、执行的情况以及举借债务的情况等重要事项作出说明。

经本级政府财政部门批复的部门预算、决算及报表，应当在批复后二十日内由各部门向社会公开，并对部门预算、决算中机关运行经费的安排、使用情况等重要事项作出说明。

各级政府、各部门、各单位应当将政府采购的情况及时向社会公开。

本条前三款规定的公开事项，涉及国家秘密的除外。

第十五条 国家实行中央和地方分税制。

第十六条 国家实行财政转移支付制度。财政转移支付应当规范、公平、公开，以推进地区间基本公共服务均等化为主要目标。

财政转移支付包括中央对地方的转移支付和地方上级政府对下级政府的转移支付，以为均衡地区间基本财力、由下级政府统筹安排使用的一般性转移支付为主体。

按照法律、行政法规和国务院的规定可以设立专项转移支付，用于办理特定事项。建立健全专项转移支付定期评估和退出机制。市场竞争机制能够有效调节的事项不得设立专项转移支付。

上级政府在安排专项转移支付时，不得要求下级政府承担配套资金。但是，按照国务院的规定应当由上下级政府共同承担的事项除外。

第十七条 各级预算的编制、执行应当建立健全相互制约、相互协调的机制。

第十八条 预算年度自公历1月1日起，至12月31日止。

第十九条 预算收入和预算支出以人民币元为计算单位。

第二章 预算管理职权

第二十条 全国人民代表大会审查中央和地方预算草案及中央和地方预算执行情况的报告；批准中央预算和中央预算执行情况的报告；改变或者撤销全国人民代表大会常务委员会关于预算、决算的不适当的决议。

全国人民代表大会常务委员会监督中央和地方预算的执行；审查和批准中央预算的调整方案；审查和批准中央决算；撤销国务院制定的同宪法、法律相抵触的关于预算、决算的行政法规、决定和命令；撤销省、自治区、直辖市人民代表大会及其常务委员会制定的同宪法、法律和行政法规相抵触的关于预算、决算的地方性法规和决议。

第二十一条 县级以上地方各级人民代表大会审查本级总预算草案及本级总预算执行情况的报告；批准本级预算和本级预算执行情况的报告；改变或者撤销本级人民代表大会常务委员会关于预算、决算的不适当的决议；撤销本级政府关于预算、决算的不适当的决定和命令。

县级以上地方各级人民代表大会常务委员会监督本级总预算的执行；审查和批准本级预算的调整方案；审查和批准本级决算；撤销本级政府和下一级人民代表大会及其常务委员会关于预算、决算的不适当的决定、命令和决议。

乡、民族乡、镇的人民代表大会审查和批准本级预算和本级预算执行情况的报告；监督本级预算的执行；审查和批准本级预算的调整方案；审查和批准本级决算；撤销本级政府关于预算、决算的不适当的决定和命令。

第二十二条 全国人民代表大会财政经济委员会对中央预算草案初步方案及上一年预算执行情况、中央预算调整初步方案和中央决算草案进行初步审查，提出初步审查意见。

省、自治区、直辖市人民代表大会有关专门委员会对本级预算草案初步方案及上一年预算执行情况、本级预算调整初步方案和本级决算草案进行初步审查，提出初步审查意见。

设区的市、自治州人民代表大会有关专门委员会对本级预算草案初步方案及上一年预算执行情况、本级预算调整初步方案和本级决算草案进行初步审查，提出初步审查意见，未设立专门委员会的，由本级人民代表大会常务委员会有关工作机构研究提出意见。

县、自治县、不设区的市、市辖区人民代表大会常务委员会对本级预算草案初步方案及上一年预算执行情况进行初步审查，提出初步审查意见。县、自治县、不设区的市、市辖区人民代表大会常务委员会有关工作机构对本级预算调整初步方案和本级决算草案研究提出意见。

设区的市、自治州以上各级人民代表大会有关专门委员会进行初步审查、常务委员会有关工作机构研究提出意见时，应当邀请本级人民代表大会代表参加。

对依照本条第一款至第四款规定提出的意见，本级政府财政部门应当将处理情况及时反馈。

依照本条第一款至第四款规定提出的意见以及本级政府财政部门反馈的处理情况报告，应当印发本级人民代表大会代表。

全国人民代表大会常务委员会和省、自治区、直辖市、设区的市、自治州人民代表大会常务委员会有关工作机构，依照本级人民代表大会常务委员会的决定，协助本级人民代表大会财政经济委员会或者有关专门委员会承担审查预算草案、预算调整方案、决算草案和监督预算执行等方面的具体工作。

第二十三条 国务院编制中央预算、决算草案；向全国人民代表大会作关于中央和地方预算草案的报告；将省、自治区、直辖市政府报送备案的预算汇总后报全国人民代表大会常务委员会备案；组织中央和地方预算的执行；决定中央预算预备费的动用；编制中央预算调整方案；监督中央各部门和地方政府的预算执行；改变或者撤销中央各部门和地方政府关于预算、决算的不适当的决定、命令；向全国人民代表大会、全国人民代表大会常务委员会报告中央和地方预算的执行情况。

第二十四条 县级以上地方各级政府编制本级预算、决算草案；向本级人民代表大会作关于本级总预算草案的报告；将下一级政府报送备案的预算汇总后报本级人民代表大会常务委员会备案；组织本级总预算的执行；决定本级预算预备费的动用；编制本级预算的调整方案；监督本级各部门和下级政府的预算执行；改变或者撤销本级各部门和下级政府关于预算、决算的不适当的决定、命令；向本级人民代表大会、本级人民代表大会常务委员会报告本级总预算的执行情况。

乡、民族乡、镇政府编制本级预算、决算草案；向本级人民代表大会作关于本级预算草案的报告；组织本级预算的执行；决定本级预算预备费的动用；编制本级预算的调整方案；向本级人民代表大会报告本级预算的执行情况。

经省、自治区、直辖市政府批准，乡、民族乡、镇本级预算草案、预算调整方案、决算草案，可以由上一级政府代编，并依照本法第二十一条的规定报乡、民族乡、镇的人民代表大会审查和批准。

第二十五条 国务院财政部门具体编制中央预算、决算草案；具体组织中央和地方预算的执行；提出中央预算预备费动用方案；具体编制中央预算的调整方案；定期向国务院报告中央和地方预算的执行情况。地方各级政府财政部门具体编制本级预算、决算草案；具体组织本级总预算的执行；提出本级预算预备费动用方案；具体编制本级预算的调整方案；定期向本级政府和上一级政府财政部门报告本级总预算的执行情况。

第二十六条 各部门编制本部门预算、决算草案；组织和监督本部门预算的执行；定期向本级政府财政部门报告预算的执行情况。

各单位编制本单位预算、决算草案；按照国家规定上缴预算收入，安排预算支出，并接受国家有关部门的监督。

第三章　预算收支范围

第二十七条 一般公共预算收入包括各项税收收入、行政事业性收费收入、国有资源（资产）有偿使用收入、转移性收入和其他收入。

一般公共预算支出按照其功能分类，包括一般公共服务支出，外交、公共安全、国防支出，农业、环境保护支出，教育、科技、文化、卫生、体育支出，社会保障及就业支出和其他支出。

一般公共预算支出按照其经济性质分类，包括工资福利支出、商品和服务支出、资本性支出和其他支出。

第二十八条 政府性基金预算、国有资本经营预算和社会保险基金预算的收支范围，按照法律、行政法规和国务院的规定执行。

第二十九条 中央预算与地方预算有关收入和支出项目的划分、地方向中央上解收入、中央对地方税收返还或者转移支付的具体办法，由国务院规定，报全国人民代表大会常务委员会备案。

第三十条 上级政府不得在预算之外调用下级政府预算的资金。下级政府不得挤占或者截留属于上级政府预算的资金。

第四章　预算编制

第三十一条　国务院应当及时下达关于编制下一年预算草案的通知。编制预算草案的具体事项由国务院财政部门部署。

各级政府、各部门、各单位应当按照国务院规定的时间编制预算草案。

第三十二条　各级预算应当根据年度经济社会发展目标、国家宏观调控总体要求和跨年度预算平衡的需要，参考上一年预算执行情况、有关支出绩效评价结果和本年度收支预测，按照规定程序征求各方面意见后，进行编制。

各级政府依据法定权限作出决定或者制定行政措施，凡涉及增加或者减少财政收入或者支出的，应当在预算批准前提出并在预算草案中作出相应安排。

各部门、各单位应当按照国务院财政部门制定的政府收支分类科目、预算支出标准和要求，以及绩效目标管理等预算编制规定，根据其依法履行职能和事业发展的需要以及存量资产情况，编制本部门、本单位预算草案。

前款所称政府收支分类科目，收入分为类、款、项、目；支出按其功能分类分为类、款、项，按其经济性质分类分为类、款。

第三十三条　省、自治区、直辖市政府应当按照国务院规定的时间，将本级总预算草案报国务院审核汇总。

第三十四条　中央一般公共预算中必需的部分资金，可以通过举借国内和国外债务等方式筹措，举借债务应当控制适当的规模，保持合理的结构。

对中央一般公共预算中举借的债务实行余额管理，余额的规模不得超过全国人民代表大会批准的限额。

国务院财政部门具体负责对中央政府债务的统一管理。

第三十五条　地方各级预算按照量入为出、收支平衡的原则编制，除本法另有规定外，不列赤字。

经国务院批准的省、自治区、直辖市的预算中必需的建设投资的部分资金，可以在国务院确定的限额内，通过发行地方政府债券举借债务的方式筹措。举借债务的规模，由国务院报全国人民代表大会或者全国人民代表大会常务委员会批准。省、自治区、直辖市依照国务院下达的限额举借的债务，列入本级预算调整方案，报本级人民代表大会常务委员会批准。举借的债务应当有偿还计划和稳定的偿还资金来源，只能用于公益性资本支出，不得用于经常性支出。

除前款规定外，地方政府及其所属部门不得以任何方式举借债务。

除法律另有规定外，地方政府及其所属部门不得为任何单位和个人的债务以任何方式提供担保。

国务院建立地方政府债务风险评估和预警机制、应急处置机制以及责任追究制度。国务院财政部门对地方政府债务实施监督。

第三十六条 各级预算收入的编制，应当与经济社会发展水平相适应，与财政政策相衔接。

各级政府、各部门、各单位应当依照本法规定，将所有政府收入全部列入预算，不得隐瞒、少列。

第三十七条 各级预算支出应当依照本法规定，按其功能和经济性质分类编制。

各级预算支出的编制，应当贯彻勤俭节约的原则，严格控制各部门、各单位的机关运行经费和楼堂馆所等基本建设支出。

各级一般公共预算支出的编制，应当统筹兼顾，在保证基本公共服务合理需要的前提下，优先安排国家确定的重点支出。

第三十八条 一般性转移支付应当按照国务院规定的基本标准和计算方法编制。专项转移支付应当分地区、分项目编制。

县级以上各级政府应当将对下级政府的转移支付预计数提前下达下级政府。

地方各级政府应当将上级政府提前下达的转移支付预计数编入本级预算。

第三十九条 中央预算和有关地方预算中应当安排必要的资金，用于扶助革命老区、民族地区、边疆地区、贫困地区发展经济社会建设事业。

第四十条 各级一般公共预算应当按照本级一般公共预算支出额的百

分之一至百分之三设置预备费,用于当年预算执行中的自然灾害等突发事件处理增加的支出及其他难以预见的开支。

第四十一条 各级一般公共预算按照国务院的规定可以设置预算周转金,用于本级政府调剂预算年度内季节性收支差额。

各级一般公共预算按照国务院的规定可以设置预算稳定调节基金,用于弥补以后年度预算资金的不足。

第四十二条 各级政府上一年预算的结转资金,应当在下一年用于结转项目的支出;连续两年未用完的结转资金,应当作为结余资金管理。

各部门、各单位上一年预算的结转、结余资金按照国务院财政部门的规定办理。

第五章 预算审查和批准

第四十三条 中央预算由全国人民代表大会审查和批准。

地方各级预算由本级人民代表大会审查和批准。

第四十四条 国务院财政部门应当在每年全国人民代表大会会议举行的四十五日前,将中央预算草案的初步方案提交全国人民代表大会财政经济委员会进行初步审查。

省、自治区、直辖市政府财政部门应当在本级人民代表大会会议举行的三十日前,将本级预算草案的初步方案提交本级人民代表大会有关专门委员会进行初步审查。

设区的市、自治州政府财政部门应当在本级人民代表大会会议举行的三十日前,将本级预算草案的初步方案提交本级人民代表大会有关专门委员会进行初步审查,或者送交本级人民代表大会常务委员会有关工作机构征求意见。

县、自治县、不设区的市、市辖区政府应当在本级人民代表大会会议举行的三十日前,将本级预算草案的初步方案提交本级人民代表大会常务委员会进行初步审查。

第四十五条 县、自治县、不设区的市、市辖区、乡、民族乡、镇的人民代表大会举行会议审查预算草案前,应当采用多种形式,组织本级人民代表大会代表,听取选民和社会各界的意见。

第四十六条 报送各级人民代表大会审查和批准的预算草案应当细化。本级一般公共预算支出，按其功能分类应当编列到项；按其经济性质分类，基本支出应当编列到款。本级政府性基金预算、国有资本经营预算、社会保险基金预算支出，按其功能分类应当编列到项。

第四十七条 国务院在全国人民代表大会举行会议时，向大会作关于中央和地方预算草案以及中央和地方预算执行情况的报告。

地方各级政府在本级人民代表大会举行会议时，向大会作关于总预算草案和总预算执行情况的报告。

第四十八条 全国人民代表大会和地方各级人民代表大会对预算草案及其报告、预算执行情况的报告重点审查下列内容：

（一）上一年预算执行情况是否符合本级人民代表大会预算决议的要求；

（二）预算安排是否符合本法的规定；

（三）预算安排是否贯彻国民经济和社会发展的方针政策，收支政策是否切实可行；

（四）重点支出和重大投资项目的预算安排是否适当；

（五）预算的编制是否完整，是否符合本法第四十六条的规定；

（六）对下级政府的转移性支出预算是否规范、适当；

（七）预算安排举借的债务是否合法、合理，是否有偿还计划和稳定的偿还资金来源；

（八）与预算有关重要事项的说明是否清晰。

第四十九条 全国人民代表大会财政经济委员会向全国人民代表大会主席团提出关于中央和地方预算草案及中央和地方预算执行情况的审查结果报告。

省、自治区、直辖市、设区的市、自治州人民代表大会有关专门委员会，县、自治县、不设区的市、市辖区人民代表大会常务委员会，向本级人民代表大会主席团提出关于总预算草案及上一年总预算执行情况的审查结果报告。

审查结果报告应当包括下列内容：

（一）对上一年预算执行和落实本级人民代表大会预算决议的情况作

出评价；

（二）对本年度预算草案是否符合本法的规定，是否可行作出评价；

（三）对本级人民代表大会批准预算草案和预算报告提出建议；

（四）对执行年度预算、改进预算管理、提高预算绩效、加强预算监督等提出意见和建议。

第五十条 乡、民族乡、镇政府应当及时将经本级人民代表大会批准的本级预算报上一级政府备案。县级以上地方各级政府应当及时将经本级人民代表大会批准的本级预算及下一级政府报送备案的预算汇总，报上一级政府备案。

县级以上地方各级政府将下一级政府依照前款规定报送备案的预算汇总后，报本级人民代表大会常务委员会备案。国务院将省、自治区、直辖市政府依照前款规定报送备案的预算汇总后，报全国人民代表大会常务委员会备案。

第五十一条 国务院和县级以上地方各级政府对下一级政府依照本法第五十条规定报送备案的预算，认为有同法律、行政法规相抵触或者有其他不适当之处，需要撤销批准预算的决议的，应当提请本级人民代表大会常务委员会审议决定。

第五十二条 各级预算经本级人民代表大会批准后，本级政府财政部门应当在二十日内向本级各部门批复预算。各部门应当在接到本级政府财政部门批复的本部门预算后十五日内向所属各单位批复预算。

中央对地方的一般性转移支付应当在全国人民代表大会批准预算后三十日内正式下达。中央对地方的专项转移支付应当在全国人民代表大会批准预算后九十日内正式下达。

省、自治区、直辖市政府接到中央一般性转移支付和专项转移支付后，应当在三十日内正式下达到本行政区域县级以上各级政府。

县级以上地方各级预算安排对下级政府的一般性转移支付和专项转移支付，应当分别在本级人民代表大会批准预算后的三十日和六十日内正式下达。

对自然灾害等突发事件处理的转移支付，应当及时下达预算；对据实结算等特殊项目的转移支付，可以分期下达预算，或者先预付后结算。

县级以上各级政府财政部门应当将批复本级各部门的预算和批复下级政府的转移支付预算，抄送本级人民代表大会财政经济委员会、有关专门委员会和常务委员会有关工作机构。

第六章 预算执行

第五十三条 各级预算由本级政府组织执行，具体工作由本级政府财政部门负责。

各部门、各单位是本部门、本单位的预算执行主体，负责本部门、本单位的预算执行，并对执行结果负责。

第五十四条 预算年度开始后，各级预算草案在本级人民代表大会批准前，可以安排下列支出：

（一）上一年度结转的支出；

（二）参照上一年同期的预算支出数额安排必须支付的本年度部门基本支出、项目支出，以及对下级政府的转移性支出；

（三）法律规定必须履行支付义务的支出，以及用于自然灾害等突发事件处理的支出。

根据前款规定安排支出的情况，应当在预算草案的报告中作出说明。

预算经本级人民代表大会批准后，按照批准的预算执行。

第五十五条 预算收入征收部门和单位，必须依照法律、行政法规的规定，及时、足额征收应征的预算收入。不得违反法律、行政法规规定，多征、提前征收或者减征、免征、缓征应征的预算收入，不得截留、占用或者挪用预算收入。

各级政府不得向预算收入征收部门和单位下达收入指标。

第五十六条 政府的全部收入应当上缴国家金库（以下简称国库），任何部门、单位和个人不得截留、占用、挪用或者拖欠。

对于法律有明确规定或者经国务院批准的特定专用资金，可以依照国务院的规定设立财政专户。

第五十七条 各级政府财政部门必须依照法律、行政法规和国务院财政部门的规定，及时、足额地拨付预算支出资金，加强对预算支出的管理和监督。

各级政府、各部门、各单位的支出必须按照预算执行，不得虚假列支。

各级政府、各部门、各单位应当对预算支出情况开展绩效评价。

第五十八条 各级预算的收入和支出实行收付实现制。

特定事项按照国务院的规定实行权责发生制的有关情况，应当向本级人民代表大会常务委员会报告。

第五十九条 县级以上各级预算必须设立国库；具备条件的乡、民族乡、镇也应当设立国库。

中央国库业务由中国人民银行经理，地方国库业务依照国务院的有关规定办理。

各级国库应当按照国家有关规定，及时准确地办理预算收入的收纳、划分、留解、退付和预算支出的拨付。

各级国库库款的支配权属于本级政府财政部门。除法律、行政法规另有规定外，未经本级政府财政部门同意，任何部门、单位和个人都无权冻结、动用国库库款或者以其他方式支配已入国库的库款。

各级政府应当加强对本级国库的管理和监督，按照国务院的规定完善国库现金管理，合理调节国库资金余额。

第六十条 已经缴入国库的资金，依照法律、行政法规的规定或者国务院的决定需要退付的，各级政府财政部门或者其授权的机构应当及时办理退付。按照规定应当由财政支出安排的事项，不得用退库处理。

第六十一条 国家实行国库集中收缴和集中支付制度，对政府全部收入和支出实行国库集中收付管理。

第六十二条 各级政府应当加强对预算执行的领导，支持政府财政、税务、海关等预算收入的征收部门依法组织预算收入，支持政府财政部门严格管理预算支出。

财政、税务、海关等部门在预算执行中，应当加强对预算执行的分析；发现问题时应当及时建议本级政府采取措施予以解决。

第六十三条 各部门、各单位应当加强对预算收入和支出的管理，不得截留或者动用应当上缴的预算收入，不得擅自改变预算支出的用途。

第六十四条 各级预算预备费的动用方案，由本级政府财政部门提出，报本级政府决定。

第六十五条 各级预算周转金由本级政府财政部门管理，不得挪作他用。

第六十六条 各级一般公共预算年度执行中有超收收入的，只能用于冲减赤字或者补充预算稳定调节基金。

各级一般公共预算的结余资金，应当补充预算稳定调节基金。

省、自治区、直辖市一般公共预算年度执行中出现短收，通过调入预算稳定调节基金、减少支出等方式仍不能实现收支平衡的，省、自治区、直辖市政府报本级人民代表大会或者其常务委员会批准，可以增列赤字，报国务院财政部门备案，并应当在下一年度预算中予以弥补。

第七章　预算调整

第六十七条 经全国人民代表大会批准的中央预算和经地方各级人民代表大会批准的地方各级预算，在执行中出现下列情况之一的，应当进行预算调整：

（一）需要增加或者减少预算总支出的；

（二）需要调入预算稳定调节基金的；

（三）需要调减预算安排的重点支出数额的；

（四）需要增加举借债务数额的。

第六十八条 在预算执行中，各级政府一般不制定新的增加财政收入或者支出的政策和措施，也不制定减少财政收入的政策和措施；必须作出并需要进行预算调整的，应当在预算调整方案中作出安排。

第六十九条 在预算执行中，各级政府对于必须进行的预算调整，应当编制预算调整方案。预算调整方案应当说明预算调整的理由、项目和数额。

在预算执行中，由于发生自然灾害等突发事件，必须及时增加预算支出的，应当先动支预备费；预备费不足支出的，各级政府可以先安排支出，属于预算调整的，列入预算调整方案。

国务院财政部门应当在全国人民代表大会常务委员会举行会议审查和批准预算调整方案的三十日前，将预算调整初步方案送交全国人民代表大会财政经济委员会进行初步审查。

省、自治区、直辖市政府财政部门应当在本级人民代表大会常务委员会举行会议审查和批准预算调整方案的三十日前，将预算调整初步方案送交本级人民代表大会有关专门委员会进行初步审查。

设区的市、自治州政府财政部门应当在本级人民代表大会常务委员会举行会议审查和批准预算调整方案的三十日前，将预算调整初步方案送交本级人民代表大会有关专门委员会进行初步审查，或者送交本级人民代表大会常务委员会有关工作机构征求意见。

县、自治县、不设区的市、市辖区政府财政部门应当在本级人民代表大会常务委员会举行会议审查和批准预算调整方案的三十日前，将预算调整初步方案送交本级人民代表大会常务委员会有关工作机构征求意见。

中央预算的调整方案应当提请全国人民代表大会常务委员会审查和批准。县级以上地方各级预算的调整方案应当提请本级人民代表大会常务委员会审查和批准；乡、民族乡、镇预算的调整方案应当提请本级人民代表大会审查和批准。未经批准，不得调整预算。

第七十条 经批准的预算调整方案，各级政府应当严格执行。未经本法第六十九条规定的程序，各级政府不得作出预算调整的决定。

对违反前款规定作出的决定，本级人民代表大会、本级人民代表大会常务委员会或者上级政府应当责令其改变或者撤销。

第七十一条 在预算执行中，地方各级政府因上级政府增加不需要本级政府提供配套资金的专项转移支付而引起的预算支出变化，不属于预算调整。

接受增加专项转移支付的县级以上地方各级政府应当向本级人民代表大会常务委员会报告有关情况；接受增加专项转移支付的乡、民族乡、镇政府应当向本级人民代表大会报告有关情况。

第七十二条 各部门、各单位的预算支出应当按照预算科目执行。严格控制不同预算科目、预算级次或者项目间的预算资金的调剂，确需调剂使用的，按照国务院财政部门的规定办理。

第七十三条 地方各级预算的调整方案经批准后，由本级政府报上一级政府备案。

第八章 决 算

第七十四条 决算草案由各级政府、各部门、各单位,在每一预算年度终了后按照国务院规定的时间编制。

编制决算草案的具体事项,由国务院财政部门部署。

第七十五条 编制决算草案,必须符合法律、行政法规,做到收支真实、数额准确、内容完整、报送及时。

决算草案应当与预算相对应,按预算数、调整预算数、决算数分别列出。一般公共预算支出应当按其功能分类编列到项,按其经济性质分类编列到款。

第七十六条 各部门对所属各单位的决算草案,应当审核并汇总编制本部门的决算草案,在规定的期限内报本级政府财政部门审核。

各级政府财政部门对本级各部门决算草案审核后发现有不符合法律、行政法规规定的,有权予以纠正。

第七十七条 国务院财政部门编制中央决算草案,经国务院审计部门审计后,报国务院审定,由国务院提请全国人民代表大会常务委员会审查和批准。

县级以上地方各级政府财政部门编制本级决算草案,经本级政府审计部门审计后,报本级政府审定,由本级政府提请本级人民代表大会常务委员会审查和批准。

乡、民族乡、镇政府编制本级决算草案,提请本级人民代表大会审查和批准。

第七十八条 国务院财政部门应当在全国人民代表大会常务委员会举行会议审查和批准中央决算草案的三十日前,将上一年度中央决算草案提交全国人民代表大会财政经济委员会进行初步审查。

省、自治区、直辖市政府财政部门应当在本级人民代表大会常务委员会举行会议审查和批准本级决算草案的三十日前,将上一年度本级决算草案提交本级人民代表大会有关专门委员会进行初步审查。

设区的市、自治州政府财政部门应当在本级人民代表大会常务委员会举行会议审查和批准本级决算草案的三十日前,将上一年度本级决算草案提交本级人民代表大会有关专门委员会进行初步审查，或者送交本级人民代表大会常务委员会有关工作机构征求意见。

县、自治县、不设区的市、市辖区政府财政部门应当在本级人民代表大会常务委员会举行会议审查和批准本级决算草案的三十日前，将上一年度本级决算草案送交本级人民代表大会常务委员会有关工作机构征求意见。

全国人民代表大会财政经济委员会和省、自治区、直辖市、设区的市、自治州人民代表大会有关专门委员会，向本级人民代表大会常务委员会提出关于本级决算草案的审查结果报告。

第七十九条 县级以上各级人民代表大会常务委员会和乡、民族乡、镇人民代表大会对本级决算草案，重点审查下列内容：

（一）预算收入情况；

（二）支出政策实施情况和重点支出、重大投资项目资金的使用及绩效情况；

（三）结转资金的使用情况；

（四）资金结余情况；

（五）本级预算调整及执行情况；

（六）财政转移支付安排执行情况；

（七）经批准举借债务的规模、结构、使用、偿还等情况；

（八）本级预算周转金规模和使用情况；

（九）本级预备费使用情况；

（十）超收收入安排情况，预算稳定调节基金的规模和使用情况；

（十一）本级人民代表大会批准的预算决议落实情况；

（十二）其他与决算有关的重要情况。

县级以上各级人民代表大会常务委员会应当结合本级政府提出的上一年度预算执行和其他财政收支的审计工作报告，对本级决算草案进行审查。

第八十条 各级决算经批准后，财政部门应当在二十日内向本级各部门批复决算。各部门应当在接到本级政府财政部门批复的本部门决算后十五日内向所属单位批复决算。

第八十一条 地方各级政府应当将经批准的决算及下一级政府上报备案的决算汇总，报上一级政府备案。

县级以上各级政府应当将下一级政府报送备案的决算汇总后,报本级人民代表大会常务委员会备案。

第八十二条 国务院和县级以上地方各级政府对下一级政府依照本法第八十一条规定报送备案的决算,认为有同法律、行政法规相抵触或者有其他不适当之处,需要撤销批准该项决算的决议的,应当提请本级人民代表大会常务委员会审议决定;经审议决定撤销的,该下级人民代表大会常务委员会应当责成本级政府依照本法规定重新编制决算草案,提请本级人民代表大会常务委员会审查和批准。

第九章 监 督

第八十三条 全国人民代表大会及其常务委员会对中央和地方预算、决算进行监督。

县级以上地方各级人民代表大会及其常务委员会对本级和下级预算、决算进行监督。

乡、民族乡、镇人民代表大会对本级预算、决算进行监督。

第八十四条 各级人民代表大会和县级以上各级人民代表大会常务委员会有权就预算、决算中的重大事项或者特定问题组织调查,有关的政府、部门、单位和个人应当如实反映情况和提供必要的材料。

第八十五条 各级人民代表大会和县级以上各级人民代表大会常务委员会举行会议时,人民代表大会代表或者常务委员会组成人员,依照法律规定程序就预算、决算中的有关问题提出询问或者质询,受询问或者受质询的有关的政府或者财政部门必须及时给予答复。

第八十六条 国务院和县级以上地方各级政府应当在每年六月至九月期间向本级人民代表大会常务委员会报告预算执行情况。

第八十七条 各级政府监督下级政府的预算执行;下级政府应当定期向上一级政府报告预算执行情况。

第八十八条 各级政府财政部门负责监督检查本级各部门及其所属各单位预算的编制、执行,并向本级政府和上一级政府财政部门报告预算执行情况。

第八十九条 县级以上政府审计部门依法对预算执行、决算实行审计监督。

对预算执行和其他财政收支的审计工作报告应当向社会公开。

第九十条 政府各部门负责监督检查所属各单位的预算执行，及时向本级政府财政部门反映本部门预算执行情况，依法纠正违反预算的行为。

第九十一条 公民、法人或者其他组织发现有违反本法的行为，可以依法向有关国家机关进行检举、控告。

接受检举、控告的国家机关应当依法进行处理，并为检举人、控告人保密。任何单位或者个人不得压制和打击报复检举人、控告人。

第十章 法律责任

第九十二条 各级政府及有关部门有下列行为之一的，责令改正，对负有直接责任的主管人员和其他直接责任人员追究行政责任：

（一）未依照本法规定，编制、报送预算草案、预算调整方案、决算草案和部门预算、决算以及批复预算、决算的；

（二）违反本法规定，进行预算调整的；

（三）未依照本法规定对有关预算事项进行公开和说明的；

（四）违反规定设立政府性基金项目和其他财政收入项目的；

（五）违反法律、法规规定使用预算预备费、预算周转金、预算稳定调节基金、超收收入的；

（六）违反本法规定开设财政专户的。

第九十三条 各级政府及有关部门、单位有下列行为之一的，责令改正，对负有直接责任的主管人员和其他直接责任人员依法给予降级、撤职、开除的处分：

（一）未将所有政府收入和支出列入预算或者虚列收入和支出的；

（二）违反法律、行政法规的规定，多征、提前征收或者减征、免征、缓征应征预算收入的；

（三）截留、占用、挪用或者拖欠应当上缴国库的预算收入的；

（四）违反本法规定，改变预算支出用途的；

（五）擅自改变上级政府专项转移支付资金用途的；

（六）违反本法规定拨付预算支出资金，办理预算收入收纳、划分、留解、退付，或者违反本法规定冻结、动用国库库款或者以其他方式支配已入国库库款的。

第九十四条 各级政府、各部门、各单位违反本法规定举借债务或者为他人债务提供担保，或者挪用重点支出资金，或者在预算之外及超预算标准建设楼堂馆所的，责令改正，对负有直接责任的主管人员和其他直接责任人员给予撤职、开除的处分。

第九十五条 各级政府有关部门、单位及其工作人员有下列行为之一的，责令改正，追回骗取、使用的资金，有违法所得的没收违法所得，对单位给予警告或者通报批评；对负有直接责任的主管人员和其他直接责任人员依法给予处分：

（一）违反法律、法规的规定，改变预算收入上缴方式的；

（二）以虚报、冒领等手段骗取预算资金的；

（三）违反规定扩大开支范围、提高开支标准的；

（四）其他违反财政管理规定的行为。

第九十六条 本法第九十二条、第九十三条、第九十四条、第九十五条所列违法行为，其他法律对其处理、处罚另有规定的，依照其规定。

违反本法规定，构成犯罪的，依法追究刑事责任。

第十一章 附　　则

第九十七条 各级政府财政部门应当按年度编制以权责发生制为基础的政府综合财务报告，报告政府整体财务状况、运行情况和财政中长期可持续性，报本级人民代表大会常务委员会备案。

第九十八条 国务院根据本法制定实施条例。

第九十九条 民族自治地方的预算管理，依照民族区域自治法的有关规定执行；民族区域自治法没有规定的，依照本法和国务院的有关规定执行。

第一百条 省、自治区、直辖市人民代表大会或者其常务委员会根据本法，可以制定有关预算审查监督的决定或者地方性法规。

第一百零一条 本法自1995年1月1日起施行。1991年10月21日国务院发布的《国家预算管理条例》同时废止。

附录五

党政机关厉行节约反对浪费条例

第一章 总 则

第一条 为了进一步弘扬艰苦奋斗、勤俭节约的优良作风，推进党政机关厉行节约反对浪费，建设节约型机关，根据国家有关法律法规和中央有关规定，制定本条例。

第二条 本条例适用于党的机关、人大机关、行政机关、政协机关、审判机关、检察机关，以及工会、共青团、妇联等人民团体和参照公务员法管理的事业单位。

第三条 本条例所称浪费，是指党政机关及其工作人员违反规定进行不必要的公务活动，或者在履行公务中超出规定范围、标准和要求，不当使用公共资金、资产和资源，给国家和社会造成损失的行为。

第四条 党政机关厉行节约反对浪费，应当遵循下列原则：坚持从严从简，勤俭办一切事业，降低公务活动成本；坚持依法依规，遵守国家法律法规和党内法规制度的相关规定，严格按程序办事；坚持总量控制，科学设定相关标准，严格控制经费支出总额，加强厉行节约绩效考评；坚持实事求是，从实际出发安排公务活动，取消不必要的公务活动，保证正常公务活动；坚持公开透明，除涉及国家秘密事项外，公务活动中的资金、资产、资源使用等情况应予公开，接受各方面监督；坚持深化改革，通过改革创新破解体制机制障碍，建立健全厉行节约反对浪费工作长效机制。

第五条 中共中央办公厅、国务院办公厅负责统筹协调、指导检查全国党政机关厉行节约反对浪费工作，建立协调联络机制承办具体事务。地方各级党委办公厅（室）、政府办公厅（室）负责指导检查本地区党政机关厉行节约反对浪费工作。

纪检监察机关和组织人事、宣传、外事、发展改革、财政、审计、机关事务管理等部门根据职责分工，依法依规履行对厉行节约反对浪费相关工作的管理、监督等职责。

第六条 各级党委和政府应当加强对厉行节约反对浪费工作的组织领导。党政机关领导班子主要负责人对本地区、本部门、本单位的厉行节约反对浪费工作负总责，其他成员根据工作分工，对职责范围内的厉行节约反对浪费工作负主要领导责任。

第二章 经费管理

第七条 党政机关应当加强预算编制管理，按照综合预算的要求，将各项收入和支出全部纳入部门预算。

党政机关依法取得的罚没收入、行政事业性收费、政府性基金、国有资产收益和处置等非税收入，必须按规定及时足额上缴国库，严禁以任何形式隐瞒、截留、挤占、挪用、坐支或者私分，严禁转移到机关所属工会、培训中心、服务中心等单位账户使用。

第八条 党政机关应当遵循先有预算、后有支出的原则，严格执行预算，严禁超预算或者无预算安排支出，严禁虚列支出、转移或者套取预算资金。

严格控制国内差旅费、因公临时出国（境）费、公务接待费、公务用车购置及运行费、会议费、培训费等支出。年度预算执行中不予追加，因特殊需要确需追加的，由财政部门审核后按程序报批。

建立预算执行全过程动态监控机制，完善预算执行管理办法，建立健全预算绩效管理体系，增强预算执行的严肃性，提高预算执行的准确率，防止年底突击花钱等现象发生。

第九条 推进政府会计改革，进一步健全会计制度，准确核算机关运行经费，全面反映行政成本。

第十条 财政部门应当会同有关部门，根据国内差旅、因公临时出国（境）、公务接待、会议、培训等工作特点，综合考虑经济发展水平、有关货物和服务的市场价格水平，制定分地区的公务活动经费开支范围和开支标准。

加强相关开支标准之间的衔接，建立开支标准调整机制，定期根据有关货物和服务的市场价格变动情况调整相关开支标准，增强开支标准的协调性、规范性、科学性。

严格开支范围和标准，严格支出报销审核，不得报销任何超范围、超标准以及与相关公务活动无关的费用。

第十一条 全面实行公务卡制度。健全公务卡强制结算目录，党政机关国内发生的公务差旅费、公务接待费、公务用车购置及运行费、会议费、培训费等经费支出，除按规定实行财政直接支付或者银行转账外，应当使用公务卡结算。

第十二条 党政机关采购货物、工程和服务，应当遵循公开透明、公平竞争、诚实信用原则。

政府采购应当依法完整编制采购预算，严格执行经费预算和资产配置标准，合理确定采购需求，不得超标准采购，不得超出办公需要采购服务。

严格执行政府采购程序，不得违反规定以任何方式和理由指定或者变相指定品牌、型号、产地。采购公开招标数额标准以上的货物、工程和服务，应当进行公开招标，确需改变采购方式的，应当严格执行有关公示和审批程序。列入政府集中采购目录范围的，应当委托集中采购机构代理采购，并逐步实行批量集中采购。严格控制协议供货采购的数量和规模，不得以协议供货拆分项目的方式规避公开招标。

党政机关应当按照政府采购合同规定的采购需求组织验收。政府采购监督管理部门应当逐步建立政府采购结果评价制度，对政府采购的资金节约、政策效能、透明程度以及专业化水平进行综合、客观评价。

加快政府采购管理交易平台建设，推进电子化政府采购。

第三章 国内差旅和因公临时出国（境）

第十三条 党政机关应当建立健全并严格执行国内差旅内部审批制度，从严控制国内差旅人数和天数，严禁无明确公务目的的差旅活动，严禁以公务差旅为名变相旅游，严禁异地部门间无实质内容的学习交流和考察调研。

第十四条 国内差旅人员应当严格按规定乘坐交通工具、住宿、就餐，费用由所在单位承担。

差旅人员住宿、就餐由接待单位协助安排的，必须按标准交纳住宿费、餐费。差旅人员不得向接待单位提出正常公务活动以外的要求，不得接受礼金、礼品和土特产品等。

第十五条 统筹安排年度因公临时出国计划，严格控制团组数量和规模，不得安排照顾性、无实质内容的一般性出访，不得安排考察性出访，严禁集中安排赴热门国家和地区出访，严禁以各种名义变相公款出国旅游。严格执行因公临时出国限量管理规定，不得把出国作为个人待遇、安排轮流出国。严格控制跨地区、跨部门团组。

组织、外专等有关部门应当加强出国培训总体规划和监督管理，严格控制出国培训规模，科学设置培训项目，择优选派培训对象，提高出国培训的质量和实效。

第十六条 外事管理部门应当加强因公临时出国审核审批管理，对违反规定、不适合成行的团组予以调整或者取消。

加强因公临时出国经费预算总额控制，严格执行经费先行审核制度。无出国经费预算安排的不予批准，确有特殊需要的，按规定程序报批。严禁违反规定使用出国经费预算以外资金作为出国经费，严禁向所属单位、企业、我国驻外机构等摊派或者转嫁出国费用。

第十七条 出国团组应当按规定标准安排交通工具和食宿，不得违反规定乘坐民航包机，不得乘坐私人、企业和外国航空公司包机，不得安排超标准住房和用车，不得擅自增加出访国家或者地区，不得擅自绕道旅行，不得擅自延长在国外停留时间。

出国期间，不得与我国驻外机构和其他中资机构、企业之间用公款互赠礼品或者纪念品，不得用公款相互宴请。

第十八条 严格根据工作需要编制出境计划，加强因公出境审批和管理，不得安排出境考察，不得组织无实质内容的调研、会议、培训等活动。

严格遵守因公出境经费预算、支出、使用、核算等财务制度，不得接受超标准接待和高消费娱乐，不得接受礼金、贵重礼品、有价证券、支付凭证等。

第四章 公务接待

第十九条 建立健全国内公务接待集中管理制度。党政机关公务接待管理部门应当加强对国内公务接待工作的管理和指导。

第二十条 党政机关应当建立公务接待审批控制制度，对无公函的公务活动不予接待，严禁将非公务活动纳入接待范围。

第二十一条 党政机关应当严格执行国内公务接待标准，实行接待费支出总额控制制度。

接待单位应当严格按标准安排接待对象的住宿用房，协助安排用餐的按标准收取餐费，不得在接待费中列支应当由接待对象承担的费用，不得以举办会议、培训等名义列支、转移、隐匿接待费开支。

建立国内公务接待清单制度，如实反映接待对象、公务活动、接待费用等情况。接待清单作为财务报销的凭证之一并接受审计。

第二十二条 外宾接待工作应当遵循服务外交、友好对等、务实节俭的原则。外宾邀请单位应当严格按照有关规定安排接待活动，从严从紧控制外宾团组和接待费用。

第二十三条 有关部门和地方应当参照国内公务接待标准，制定招商引资等活动的接待办法，严格审批，强化管理，严禁超规格、超标准接待，严禁扩大接待范围、增加接待项目，严禁以招商引资等名义变相安排公务接待。

第二十四条 党政机关不得以任何名义新建、改建、扩建所属宾馆、招待所等具有接待功能的设施或者场所。

建立接待资源共享机制，推进机关所属接待、培训场所的集中统一管理和利用。健全服务经营机制，推行机关所属接待、培训场所企业化管理，降低服务经营成本。

积极推进国内公务接待服务社会化改革，有效利用社会资源为国内公务接待提供住宿、餐饮、用车等服务。

第五章 公务用车

第二十五条 坚持社会化、市场化方向，改革公务用车制度，合理有效配置公务用车资源，创新公务交通分类提供方式，保障公务出行，降低行政成本，建立符合国情的新型公务用车制度。

改革公务用车实物配给方式，取消一般公务用车，保留必要的执法执勤、机要通信、应急和特种专业技术用车及按规定配备的其他车辆。普通公务出行由公务人员自主选择，实行社会化提供。取消的一般公务用车，采取公开招标、拍卖等方式公开处置。

适度发放公务交通补贴，不得以车改补贴的名义变相发放福利。

第二十六条　党政机关应当从严配备实行定向化保障的公务用车，不得以特殊用途等理由变相超编制、超标准配备公务用车，不得以任何方式换用、借用、占用下属单位或者其他单位和个人的车辆，不得接受企事业单位和个人赠送的车辆。

严格按规定配备专车，不得擅自扩大专车配备范围或者变相配备专车。

从严控制执法执勤用车的配备范围、编制和标准。执法执勤用车配备应当严格限制在一线执法执勤岗位，机关内部管理和后勤岗位以及机关所属事业单位一律不得配备。

第二十七条　公务用车实行政府集中采购，应当选用国产汽车，优先选用新能源汽车。

公务用车严格按照规定年限更新，已到更新年限尚能继续使用的应当继续使用，不得因领导干部职务晋升、调任等原因提前更新。

公务用车保险、维修、加油等实行政府采购，降低运行成本。

第二十八条　除涉及国家安全、侦查办案等有保密要求的特殊工作用车外，执法执勤用车应当喷涂明显的统一标识。

第二十九条　根据公务活动需要，严格按规定使用公务用车，严禁以任何理由挪用或者固定给个人使用执法执勤、机要通信等公务用车，领导干部亲属和身边工作人员不得因私使用配备给领导干部的公务用车。

第六章　会议活动

第三十条　党政机关应当精简会议，严格执行会议费开支范围和标准。

党政机关会议实行分类管理、分级审批。财政部门应当会同机关事务管理等部门制定本级党政机关会议费管理办法，从严控制会议数量、会期和参会人员规模。完善并严格执行严禁党政机关到风景名胜区开会制度规定。

第三十一条　会议召开场所实行政府采购定点管理。会议住宿用房以标准间为主，用餐安排自助餐或者工作餐。

会议期间，不得安排宴请，不得组织旅游以及与会议无关的参观活动，不得以任何名义发放纪念品。

完善会议费报销制度。未经批准以及超范围、超标准开支的会议费用，一律不予报销。严禁违规使用会议费购置办公设备，严禁列支公务接待费等与会议无关的任何费用，严禁套取会议资金。

第三十二条 建立健全培训审批制度，严格控制培训数量、时间、规模，严禁以培训名义召开会议。

严格执行分类培训经费开支标准，严格控制培训经费支出范围，严禁在培训经费中列支公务接待费、会议费等与培训无关的任何费用。严禁以培训名义进行公款宴请、公款旅游活动。

第三十三条 未经批准，党政机关不得以公祭、历史文化、特色物产、单位成立、行政区划变更、工程奠基或者竣工等名义举办或者委托、指派其他单位举办各类节会、庆典活动，不得举办论坛、博览会、展会活动。严禁使用财政性资金举办营业性文艺晚会。从严控制举办大型综合性运动会和各类赛会。

经批准的节会、庆典、论坛、博览会、展会、运动会、赛会等活动，应当严格控制规模和经费支出，不得向下属单位摊派费用，不得借举办活动发放各类纪念品，不得超出规定标准支付费用邀请名人、明星参与活动。为举办活动专门配备的设备在活动结束后应当及时收回。

第三十四条 严格控制和规范各类评比达标表彰活动，实行中央和省（自治区、直辖市）两级审批制度。评比达标表彰项目费用由举办单位承担，不得以任何方式向相关单位和个人收取费用。

第七章 办公用房

第三十五条 党政机关办公用房建设应当从严控制。凡是违反规定的拟建办公用房项目，必须坚决终止；凡是未按照规定程序履行审批手续、擅自开工建设的办公用房项目，必须停建并予以没收；凡是超规模、超标准、超投资概算建设的办公用房项目，应当根据具体情况限期腾退超标准面积或者全部没收、拍卖。

党政机关办公用房应当严格管理，推进办公用房资源的公平配置和集约使用。凡是超过规定面积标准占有、使用办公用房以及未经批准租用办公用房的，必须腾退；凡是未经批准改变办公用房使用功能的，原则上应当恢复原使用功能。严禁出租出借办公用房，已经出租出借的，到期必须收回；租赁合同未到期的，租金收入应当按照收支两条线管理。

第三十六条 党政机关新建、改建、扩建、购置、置换、维修改造、租赁办公用房，必须严格按规定履行审批程序。采取置换方式配给办公用房的，应当执行新建办公用房各项标准，不得以未使用政府预算建设资金、资产整合等名义规避审批。

第三十七条 党政机关办公用房建设项目应当按照朴素、实用、安全、节能原则，严格执行办公用房建设标准、单位综合造价标准和公共建筑节能设计标准，符合土地利用和城市规划要求。党政机关办公楼不得追求成为城市地标建筑，严禁配套建设大型广场、公园等设施。

第三十八条 党政机关办公用房建设项目投资，统一由政府预算建设资金安排。土地收益和资产转让收益应当按照有关规定实行收支两条线管理，不得直接用于办公用房建设。

党政机关办公用房维修改造项目所需投资，统一列入预算由财政资金安排解决，未经审批的项目不得安排预算。

第三十九条 办公用房建设应当严格执行工程招投标和政府采购有关规定，加强对工程项目的全过程监理和审计监督。加快推行办公用房建设项目代建制。

办公用房因使用时间较长、设施设备老化、功能不全，不能满足办公需求的，可以进行维修改造。维修改造项目应当以消除安全隐患、恢复和完善使用功能、降低能源资源消耗为重点，严格履行审批程序，严格执行维修改造标准。

第四十条 建立健全办公用房集中统一管理制度，对办公用房实行统一调配、统一权属登记。

党政机关应当严格按照有关标准和本单位"三定"方案，从严核定、使用办公用房。超标部分应当移交同级机关事务管理部门用于统一调剂。

新建、调整办公用房的单位，应当按照"建新交旧""调新交旧"的原则，在搬入新建或者新调整办公用房的同时，将原办公用房腾退移交机关事务管理部门统一调剂使用。

因机构增设、职能调整确需增加办公用房的，应当在本单位现有办公用房中解决；本单位现有办公用房不能满足需要的，由机关事务管理部门整合办公用房资源调剂解决；无法调剂、确需租用解决的，应当严格履行报批手续，不得以变相补偿方式租用由企业等单位提供的办公用房。

第四十一条 党政机关领导干部应当按照标准配置使用一处办公用房，确因工作需要另行配置办公用房的，应当严格履行审批程序。领导干部不得长期租用宾馆、酒店房间作为办公用房。配置使用的办公用房，在退休或者调离时应当及时腾退并由原单位收回。

第八章 资源节约

第四十二条 党政机关应当节约集约利用资源，加强全过程节约管理，提高能源、水、粮食、办公家具、办公设备、办公用品等的利用效率和效益，统筹利用土地，杜绝浪费行为。

第四十三条 对能源、水的使用实行分类定额和目标责任管理。推广应用节能技术产品，淘汰高耗能设施设备，重点推广应用新能源和可再生能源。积极使用节水型器具，建设节水型单位。

健全节能产品政府采购政策，严格执行节能产品政府强制采购和优先采购制度。

第四十四条 优化办公家具、办公设备等资产的配置和使用，通过调剂方式盘活存量资产，节约购置资金。已到更新年限尚能继续使用的，不得报废处置。

对产生的非涉密废纸、废弃电器电子产品等废旧物品进行集中回收处理，促进循环利用；涉及国家秘密的，按照有关保密规定进行销毁。

第四十五条 党政机关政务信息系统建设应当统筹规划，统一组织实施，防止重复建设和频繁升级。

建立共享共用机制，加强资源整合，推动重要政务信息系统互联互通、信息共享和业务协同，降低软件开发、系统维护和升级等方面费用，防止资源浪费。

积极利用信息化手段，推行无纸化办公，减少一次性办公用品消耗。

第九章　宣传教育

第四十六条　宣传部门应当把厉行节约反对浪费作为重要宣传内容，充分发挥各级各类媒体作用，重视运用互联网等新兴媒体，通过新闻报道、文化作品、公益广告等形式，广泛宣传中华民族勤俭节约的优秀品德，宣传阐释相关制度规定，宣传推广厉行节约的经验做法和先进典型，倡导绿色低碳消费理念和健康文明生活方式。

第四十七条　党政机关应当把加强厉行节约反对浪费教育作为作风建设的重要内容，融入干部队伍建设和机关日常管理之中，建立健全常态化工作机制。对各种铺张浪费现象和行为，应当严肃批评、督促改正。

纪检监察机关应当不定期曝光铺张浪费的典型案例，发挥警示教育作用。

组织人事部门和党校、行政学院、干部学院应当把厉行节约反对浪费作为干部教育培训的重要内容，创新教育方法，切实增强教育培训的针对性和实效性。

第四十八条　党政机关应当围绕建设节约型机关，组织开展形式多样、便于参与的活动，引导干部职工增强节约意识、珍惜物力财力，积极培育和形成崇尚节约、厉行节约、反对浪费的机关文化，为在全社会形成节俭之风发挥示范表率作用。

第十章　监督检查

第四十九条　各级党委和政府应当建立厉行节约反对浪费监督检查机制，明确监督检查的主体、职责、内容、方法、程序等，加强经常性督促检查，针对突出问题开展重点检查、暗访等专项活动。

下级党委和政府应当每年向上级党委和政府报告本地区厉行节约反对浪费工作情况，党委和政府所属部门、单位应当每年向本级党委和政府报告本部门、本单位厉行节约反对浪费工作情况。报告可结合领导班子年度考核和工作报告一并进行。

第五十条　领导干部厉行节约反对浪费工作情况，应当列为领导班子民主生活会和领导干部述职述廉的重要内容并接受评议。

第五十一条 党委办公厅（室）、政府办公厅（室）负责统筹协调相关部门开展对厉行节约反对浪费工作的督促检查。每年至少组织开展一次专项督查，并将督查情况在适当范围内通报。专项督查可以与党风廉政建设责任制检查考核、年终党建工作考核等相结合，督查考核结果应当按照干部管理权限送纪检监察机关和组织人事部门，作为干部管理监督、选拔任用的依据。

第五十二条 纪检监察机关应当加强对厉行节约反对浪费工作的监督检查，受理群众举报和有关部门移送的案件线索，及时查处违纪违法问题。

中央和省、自治区、直辖市党委巡视组应当按照有关规定，加强对有关党组织领导班子及其成员厉行节约反对浪费工作情况的巡视监督。

第五十三条 财政部门应当加强对党政机关预算编制、执行等财政、财务、政府采购和会计事项的监督检查，依法处理发现的违规问题，并及时向本级党委和政府汇报监督检查结果。

审计部门应当加大对党政机关公务支出和公款消费的审计力度，依法处理、督促整改违规问题，并将涉嫌违纪违法问题移送有关部门查处。

第五十四条 党政机关应当建立健全厉行节约反对浪费信息公开制度。除依照法律法规和有关要求须保密的内容和事项外，下列内容应当按照及时、方便、多样的原则，以适当方式进行公开：

（一）预算和决算信息；

（二）政府采购文件、采购预算、中标成交结果、采购合同等情况；

（三）国内公务接待的批次、人数、经费总额等情况；

（四）会议的名称、主要内容、支出金额等情况；

（五）培训的项目、内容、人数、经费等情况；

（六）节会、庆典、论坛、博览会、展会、运动会、赛会等活动举办信息；

（七）办公用房建设、维修改造、使用、运行费用支出等情况；

（八）公务支出和公款消费的审计结果；

（九）其他需要公开的内容。

第五十五条 推动和支持人民代表大会及其常务委员会依法严格审查

批准党政机关公务支出预算，加强对预算执行情况的监督。发挥人大代表的监督作用，通过提出意见、建议、批评以及询问、质询等方式加强对党政机关厉行节约反对浪费工作的监督。

支持人民政协对党政机关厉行节约反对浪费工作的监督，自觉接受并积极支持政协委员通过调研、视察、提案等方式加强对党政机关厉行节约反对浪费工作的监督。

第五十六条 重视各级各类媒体在厉行节约反对浪费方面的舆论监督作用。建立舆情反馈机制，及时调查处理媒体曝光的违规违纪违法问题。

发挥群众对党政机关及其工作人员铺张浪费行为的监督作用，认真调查处理群众反映的问题。

第十一章 责任追究

第五十七条 建立党政机关厉行节约反对浪费工作责任追究制度。

对违反本条例规定造成浪费的，应当依纪依法追究相关人员的责任，对负有领导责任的主要负责人或者有关领导干部实行问责。

第五十八条 有下列情形之一的，追究相关人员的责任：

（一）未经审批列支财政性资金的；

（二）采取弄虚作假等手段违规取得审批的；

（三）违反审批要求擅自变通执行的；

（四）违反管理规定超标准或者以虚假事项开支的；

（五）利用职务便利假公济私的；

（六）有其他违反审批、管理、监督规定行为的。

第五十九条 有下列情形之一的，追究主要负责人或者有关领导干部的责任：

（一）本地区、本部门、本单位铺张浪费、奢侈奢华问题严重，对发现的问题查处不力，干部群众反映强烈的；

（二）指使、纵容下属单位或者人员违反本条例规定造成浪费的；

（三）不履行内部审批、管理、监督职责造成浪费的；

（四）不按规定及时公开本地区、本部门、本单位有关厉行节约反对浪费工作信息的；

（五）其他对铺张浪费问题负有领导责任的。

第六十条 违反本条例规定造成浪费的，根据情节轻重，由有关部门依照职责权限给予批评教育、责令作出检查、诫勉谈话、通报批评或者调离岗位、责令辞职、免职、降职等处理。

应当追究党纪政纪责任的，依照《中国共产党纪律处分条例》《行政机关公务员处分条例》等有关规定给予相应的党纪政纪处分。

涉嫌违法犯罪的，依法追究法律责任。

第六十一条 违反本条例规定获得的经济利益，应当予以收缴或者纠正。

违反本条例规定，用公款支付、报销应由个人支付的费用，应当责令退赔。

第六十二条 受到责任追究的人员对处理决定不服的，可以按照相关规定向有关机关提出申诉。受理申诉机关应当依据有关规定认真受理并作出结论。

申诉期间，不停止处理决定的执行。

第十二章 附　　则

第六十三条 各省、自治区、直辖市党委和政府，中央和国家机关各部委，可以根据本条例，结合实际制定实施细则。有关职能部门应当根据各自职责，制定完善相关配套制度。

国有企业、国有金融企业、不参照公务员法管理的事业单位，参照本条例执行。

中国人民解放军和中国人民武装警察部队按照军队有关规定执行。

第六十四条 本条例由中共中央办公厅、国务院办公厅会同有关部门负责解释。

第六十五条 本条例自发布之日起施行。1997年5月25日发布的《中共中央、国务院关于党政机关厉行节约制止奢侈浪费行为的若干规定》同时废止。其他有关党政机关厉行节约反对浪费的规定，凡与本条例不一致的，按照本条例执行。

附录六

党政机关办公用房管理办法

第一章 总 则

第一条 为了进一步规范党政机关办公用房管理，推进办公用房资源合理配置和节约集约使用，保障正常办公，降低行政成本，促进党风廉政建设和节约型机关建设，根据《党政机关厉行节约反对浪费条例》《机关事务管理条例》《机关团体建设楼堂馆所管理条例》等有关规定，制定本办法。

第二条 本办法适用于各级党政机关办公用房的规划、权属、配置、使用、维修、处置等管理工作。

本办法所称党政机关，是指党的机关、人大机关、行政机关、政协机关、监察机关、审判机关、检察机关，以及工会、共青团、妇联等人民团体和参照公务员法管理的事业单位。

本办法所称办公用房，是指党政机关占有、使用或者可以确认属于机关资产的，为保障党政机关正常运行需要设置的基本工作场所，包括办公室、服务用房、设备用房和附属用房。

第三条 党政机关办公用房管理应当遵循下列原则：

（一）依法合规，严格执行法律法规和党内有关制度规定，强化监督管理；

（二）科学规划，统筹机关办公和公共服务需求，优化布局和功能；

（三）规范配置，科学制定标准，严格审核程序，合理保障需求；

（四）有效利用，统筹调剂余缺，及时依规处置，避免闲置浪费；

（五）厉行节约，注重庄重朴素、经济适用，节约能源资源。

第四条 建立健全党政机关办公用房集中统一管理制度，统一规划、统一权属、统一配置、统一处置。县级以上党政机关办公用房有关管理部门根据职责分工，负责本级党政机关办公用房管理工作，指导下级党政机关办公用房管理工作。

中央和国家机关办公用房管理，由归口的机关事务管理部门负责规划、权属、调剂、使用监管、处置、维修等，国家发展改革委负责建设项目审批、建设标准制定以及投资安排等，财政部负责预算安排、指导开展资产管理等。中央和国家机关所属垂直管理机构、派出机构和参照公务员法管理的事业单位办公用房的权属、使用、维修等有关管理工作，由归口的机关事务管理部门委托行政主管部门负责。

地方各级党政机关办公用房管理的职责分工，由各省、自治区、直辖市参照前款规定，结合本地区实际情况合理确定相关机构承担办公用房管理职责。

各级党政机关是办公用房的使用单位，负责本单位占有、使用办公用房的内部管理和日常维护。

第二章 权属管理

第五条 党政机关办公用房的房屋所有权、土地使用权等不动产权利（以下统称办公用房权属），统一登记至本级机关事务管理部门名下。

中央和国家机关所属垂直管理机构、派出机构和参照公务员法管理的事业单位办公用房权属应当登记在行政主管部门名下。地方各级党政机关所属垂直管理机构、派出机构办公用房权属的登记主体由各省、自治区、直辖市规定。

涉及国家秘密、国家安全等特殊情况的，经机关事务管理部门核准，可以将办公用房权属登记在使用单位名下。

因历史资料缺失、权属不清等问题无法登记的，由机关事务管理部门协调有关部门进行办公用房权属备案，使用单位不得自行处置。

第六条 建立健全党政机关办公用房清查盘点制度。使用单位应当建立本单位办公用房资产管理分台账，资产信息发生变更的，及时调整更新。机关事务管理部门应当建立本级党政机关办公用房资产管理总台账，定期组织清查盘点，确保总台账信息与使用单位分台账信息账账相符，与办公用房实际状况账实相符，与权属证书信息账证相符。

第七条 建立健全党政机关办公用房管理信息统计报告制度。

各级机关事务管理部门应当建立健全本级党政机关办公用房管理信息系统，定期统计汇总办公用房管理情况，报上级机关事务管理部门，并送同级发展改革、财政部门。

国家机关事务管理局、中共中央直属机关事务管理局应当会同有关部门，建立全国党政机关办公用房信息数据库，并纳入国家数据共享交换平台，实现与发展改革、财政、国土资源、住房城乡建设等部门共享共用。各省、自治区、直辖市应当统筹推进本地区办公用房管理信息系统建设，实现上下一体、互联互通、动态管理。

第八条 建立健全党政机关办公用房档案管理制度。使用单位应当加强本单位办公用房档案管理，及时归集权属、建设、维修等原始档案，并移交产权单位。产权单位应当加强办公用房档案的收集、保存和利用，确保档案完整。

第三章 配置管理

第九条 县级以上机关事务管理、发展改革、财政部门应当会同有关部门，结合人员编制情况、办公与业务需要等，编制本级党政机关办公用房配置保障规划，优化办公用房布局，具备条件的逐步推进集中或者相对集中办公，共用配套附属设施。

地方各级人民政府编制土地利用总体规划和城乡规划时，应当统筹安排本级党政机关办公用房用地。县级以上党政机关的驻在地人民政府应当有效保障上级党政机关办公用房用地需求。

第十条 党政机关办公用房配置应当严格执行相关标准，从严核定面积。

国家发展改革委会同住房城乡建设部、财政部，制定和完善党政机关办公用房建设标准，并实行标准动态调整。

第十一条 党政机关办公用房配置方式包括调剂、置换、租用和建设。

第十二条 使用单位需要配置办公用房的，由机关事务管理部门优先整合现有办公用房资源调剂解决。

第十三条 采取置换方式配置办公用房的，应当严格履行审批程序，执行新建办公用房各项标准，确保符合办公用房各类功能要求，并按规定组织资产评估，置换所得超出面积标准的办公用房由机关事务管理部门统一调剂，置换所得收益按照非税收入有关规定管理。

置换旧房的，由机关事务管理部门会同发展改革、财政部门报同级人民政府审批；置换新房的，应当严格履行建设审批程序。不得以置换名义量身打造办公用房，不得以未使用政府预算建设资金、资产整合等名义规避审批。

第十四条 无法调剂或者置换解决办公用房的，可以面向市场租用，但应当严格按照规定履行审批程序。

需租用办公用房的，由使用单位提出申请，经机关事务管理部门核准后，报财政部门审核安排预算；或者由机关事务管理部门统筹本级党政机关办公用房使用需求，制定租用方案，报财政部门审核安排预算后，统一租赁并统筹安排使用。

任何单位不得以变相补偿方式租用由企业等单位提供的办公用房。

各级财政部门会同机关事务管理部门，制定本级党政机关办公用房租金标准，并实行标准动态调整。

第十五条 无法调剂、置换、租用办公用房，或者涉及国家秘密、国家安全等特殊情况的，可以采取建设方式解决，但应当按照国家有关政策从严控制，严格履行审批程序。党政机关办公用房建设包括新建、扩建、改建、购置。

中共中央直属机关办公用房建设项目由归口的机关事务管理部门审核同意后统一申报，由国家发展改革委核报国务院审批。

中央国家机关本级办公用房建设项目，由国家发展改革委核报国务院审批，申报前应当由归口的机关事务管理部门出具必要性审查意见。

中央国家机关所属垂直管理机构、派出机构办公用房建设项目，厅（局）级及以上单位的项目由国家发展改革委审批，申报前应当由归口的机关事务管理部门出具必要性审查意见；厅（局）级以下单位的项目由行政主管部门审批，并报国家发展改革委和归口的机关事务管理部门备案。

中央国家机关所属参照公务员法管理的事业单位的办公用房建设项目，由国务院、国家发展改革委和行政主管部门按照中央预算内投资审批权限分别负责审批，其中由国务院、国家发展改革委审批的项目，申报前应当由归口的机关事务管理部门出具必要性审查意见。

省、自治区、直辖市及计划单列市本级党政机关办公用房建设项目，由国家发展改革委核报国务院审批；地方其他党政机关办公用房建设项目，由省级人民政府审批。

县级党政机关直属单位和乡（镇）级党政机关办公用房建设项目，可以由省级人民政府根据实际情况委托市级人民政府审批。

地方各级党政机关所属垂直管理机构、派出机构和参照公务员法管理的事业单位办公用房建设项目的审批程序，由各省、自治区、直辖市规定。

第十六条 党政机关办公用房配置所需资金，应当通过政府预算安排，不得接受任何形式赞助或者捐款，不得搞任何形式集资或者摊派，不得向其他任何单位借款，不得让施工单位垫资，严禁挪用各类专项资金。

土地收益和资产转让收益按照非税收入有关规定管理，不得直接用于办公用房配置。涉及新增资产的，应当向财政部门申报新增资产配置预算。

第十七条 新配置办公用房的党政机关，应当在搬入新办公用房后1个月内，将超出核定面积的原有办公用房腾退移交同级机关事务管理部门统一调剂使用，不得继续占用或者自行处置，不得自行安排其他单位使用。

第四章 使用管理

第十八条 机关事务管理部门应当与使用单位签订办公用房使用协议，核发办公用房分配使用凭证。

办公用房分配使用凭证可以按照有关规定用于办理使用单位法人登记、集体户籍、大中修项目施工许可等，不得用于出租、出借、经营。

第十九条 使用单位应当严格按照有关规定在核定面积内合理安排使用办公用房，不得擅自改变办公用房使用功能，不得调整给其他单位使用。办公用房安排使用情况应当按年度通过政务内网、公示栏等平台进行内部公示；领导干部办公用房配备情况应当按年度报机关事务管理部门备案,严禁超标准配备、使用办公用房。

领导干部在不同单位同时任职的,应当在主要任职单位安排1处办公用房;主要任职单位与兼职单位相距较远且经常到兼职单位工作的,经严格审批后,可以由兼职单位再安排1处小于标准面积的办公用房,并在免去兼任职务后2个月内腾退兼职单位安排的办公用房。

工作人员调离或者退休的,使用单位应当在办理调离或者退休手续后1个月内收回其办公用房。

第二十条 党政机关工作人员办公室具备条件的,应当采用大开间等形式,提高办公用房利用率。

会议室、接待室等服务用房,可以采取可拆卸式隔断设计,提高空间使用的灵活性。

第二十一条 项目批复中已经明确和机关一并建设办公用房的事业单位,按照面积标准核定后可以继续无偿使用机关办公用房。

公益一类事业单位已经占用的机关办公用房,按照面积标准核定后可以继续无偿使用。公益二类事业单位已经占用的机关办公用房,应当按照规定予以腾退;确有困难的,经机关事务管理部门批准,可以继续有偿使用,租金收益按照非税收入有关规定管理。事业单位已经新建、购置办公用房或者租用其他房屋办公的,应当在6个月内将原有办公用房腾退移交机关事务管理部门。

生产经营类事业单位、国有企业和行业协会商会等社团组织,原则上不得占用党政机关办公用房。

第二十二条 党政机关办公用房使用单位机构、编制调整的,机关事务管理部门应当重新核定其办公用房面积。超出面积标准的,使用单位应当在6个月内将超出部分的办公用房腾退移交机关事务管理部门。

党政机关转为企业的,应当在办理企业工商注册后6个月内将原有办公用房腾退移交机关事务管理部门。转企单位确有困难的,经机关事务管理部门批准,可以继续有偿使用,租金收益按照非税收入有关规定管理;新建、购置或者租用办公用房的,应当在6个月内将原有办公用房腾退移交机关事务管理部门。

党政机关撤销的,应当在6个月内将原有办公用房腾退移交机关事务管理部门。

第二十三条 建立健全政府向社会购买物业服务机制，逐步实现办公用房物业服务社会化、专业化，具备条件的逐步推进统一物业管理服务。

机关事务管理部门应当会同有关部门，按照经济、适度的原则，制定本级党政机关办公用房物业服务内容、服务标准和费用定额。

第二十四条 鼓励有条件的地区探索试行办公用房租金制，逐步推进办公用房经费预算管理和实物资产管理相结合。

第五章 维修管理

第二十五条 党政机关办公用房维修包括日常维修和大中修。中央和国家机关办公用房维修标准由归口的机关事务管理部门、财政部会同住房城乡建设部制定，地方各级党政机关办公用房维修标准由各省、自治区、直辖市结合实际制定，并建立标准动态调整机制。

第二十六条 使用单位负责办公用房的日常检查和维修，所需资金通过部门预算安排。

第二十七条 党政机关办公用房因使用时间较长、设施设备老化、功能不全、存在安全隐患等原因需要大中修的，使用单位向机关事务管理部门提出申请；机关事务管理部门结合办公用房建筑年代、历史维修记录、老化损坏程度、单位建筑面积能耗水平和使用单位的实际需求，统筹安排办公用房大中修项目，报财政部门审核安排预算。

办公用房大中修项目应当严格按照规定履行审批程序，未经审批的项目，不得安排预算。中央和国家机关本级办公用房大中修项目，由归口的机关事务管理部门审批。中央和国家机关所属垂直管理机构、派出机构和参照公务员法管理的事业单位办公用房大中修项目，机关事务管理部门委托行政主管部门审批，其中厅（局）级及以上单位办公用房大中修项目审批情况应当报归口的机关事务管理部门备案。地方各级党政机关办公用房大中修项目的审批程序，由各省、自治区、直辖市规定。

第六章 处置利用管理

第二十八条 党政机关办公用房有下列情形之一闲置的，可以按照有关规定采取调剂使用、转换用途、置换、出租、拍卖、拆除等方式及时处置利用：

（一）同级党政机关办公用房总量满足使用需求，仍有余量的；

（二）因地理位置、周边环境、房屋结构等原因，不适合继续作为办公用房使用的；

（三）因城乡规划调整等需要拆迁的；

（四）经专业机构鉴定属于危房，且无加固改造价值的；

（五）其他原因导致办公用房闲置的。

处置利用党政机关办公用房涉及权属、用途等变更的，应当依法办理相关手续。

第二十九条 同一区域内闲置办公用房具备条件的，应当加强跨系统、跨层级调剂使用。

中央和国家机关所属垂直管理机构、派出机构之间调剂使用的，由行政主管部门审核提出意见，经归口的机关事务管理部门批准后实施，调剂使用情况报财政部备案。

中央和国家机关所属垂直管理机构、派出机构与地方各级党政机关之间调剂使用的，由行政主管部门会同有关地方人民政府审核提出意见，经归口的机关事务管理部门会同财政部批准后实施。

地方同级或者上下级党政机关之间，以及地方各级党政机关所属垂直管理机构、派出机构之间调剂使用的，参照前两款规定办理。

第三十条 具备条件的，机关事务管理部门可以商有关部门将闲置办公用房转为便民服务、社区活动等公益场所，或者按照有关规定置换为其他符合国家政策和需要的资产。

机关事务管理部门可以通过公共资源交易平台统一招租，租金收益按照非税收入有关规定管理。党政机关如有需要，应当及时收回出租的办公用房，统筹调剂使用。使用单位不得擅自出租办公用房。

第三十一条 闲置办公用房无法通过调剂使用、转换用途、置换、出租等方式处置利用的，机关事务管理部门报财政部门批准后，可以通过公共资源交易平台依法公开拍卖，拍卖收益按照非税收入有关规定管理。

第七章 监督问责

第三十二条 党政机关办公用房使用单位应当建立本单位内部使用管理制度，加强监督检查和责任追究，及时发现和纠正违规问题。

党政机关办公用房有关管理部门应当根据职责分工，加强办公用房监管，严格履行相关管理程序，对使用单位的办公用房违规管理使用问题及时按照规定移交有关部门和单位查处。

纪检监察机关应当及时受理群众举报和有关部门移送的办公用房管理案件线索，严肃查处违规违纪问题。

第三十三条 建立健全党政机关办公用房巡检考核制度。

县级以上机关事务管理、发展改革、财政部门会同有关部门，定期对本级党政机关（含所属垂直管理机构、派出机构）办公用房使用情况以及下级党政机关办公用房管理情况进行专项联合巡检，及时发现和纠正违规问题。

办公用房专项巡检应当与党风廉政建设责任制检查考核、政府绩效考核以及党政领导班子和领导干部年度考核相结合，巡检考核结果作为干部管理监督、选拔任用的依据。

第三十四条 建立健全党政机关办公用房管理信息公开制度。除依照法律法规和有关要求需要保密的内容和事项外，办公用房建设、使用、维修、处置利用、运行费用支出等情况，应当在政府门户网站等公共平台定期公开，主动接受社会监督。

第三十五条 建立健全党政机关办公用房管理责任追究制度，对有令不行、有禁不止的，依照有关规定严肃追究相关人员责任。

管理部门有下列情形之一的，依纪依法追究相关人员责任：

（一）违规审批项目或者安排投资计划、预算的；

（二）不按照规定履行调剂、置换、租用、建设等审批程序的；

（三）为使用单位超标准配置办公用房的；

（四）不按照规定处置办公用房的；

（五）办公用房管理信息统计报送中瞒报、漏报的；

（六）对发现的违规问题不及时处理的；

（七）有其他违反办公用房管理规定情形的。

使用单位有下列情形之一的，依纪依法追究相关人员责任：

（一）擅自将办公用房权属登记至本单位或者所属单位名下，或者不配合办理权属登记的；

（二）未经批准建设或者大中修办公用房的；

（三）不按规定腾退移交办公用房的；

（四）未经批准租用、借用办公用房的；

（五）擅自改变办公用房使用功能或者处置办公用房的；

（六）擅自安排企事业单位、社会组织等使用机关办公用房的；

（七）为工作人员超标准配备办公用房，或者未经批准配备两处以上办公用房的；

（八）有其他违反办公用房管理规定情形的。

第八章　附　　则

第三十六条　党政机关本级的技术业务用房以及机关办公区内的技术业务用房，权属统一登记至本级机关事务管理部门名下，从严控制使用范围和用途，原则上不得调整用作办公用房。

党政机关本级的技术业务用房建设项目以及机关办公区内的技术业务用房建设项目，应当严格按规定履行审批程序，项目申报前由机关事务管理部门出具土地、人防等审查意见。

住房城乡建设部会同国家发展改革委、有关业务主管部门，制定和完善各类技术业务用房建设标准，合理区分办公用房和技术业务用房。

第三十七条　各省、自治区、直辖市以及中央和国家机关各部门，应当根据本办法，结合实际制定具体管理办法。

第三十八条　各民主党派机关办公用房管理适用本办法。

不参照公务员法管理的事业单位办公用房管理办法，另行制定。

第三十九条　本办法由国家机关事务管理局、中共中央直属机关事务管理局、国家发展改革委和财政部负责解释。

第四十条　本办法自 2017 年 12 月 5 日起施行。其他有关党政机关办公用房管理的规定，凡与本办法不一致的，按照本办法执行。

附录七

党政机关公务用车管理办法

第一章 总　　则

第一条 为了进一步规范党政机关公务用车管理，有效保障公务活动，促进党风廉政建设和节约型机关建设，根据《党政机关厉行节约反对浪费条例》《机关事务管理条例》等有关规定，制定本办法。

第二条 本办法适用于党的机关、人大机关、行政机关、政协机关、监察机关、审判机关、检察机关，以及工会、共青团、妇联等人民团体和参照公务员法管理的事业单位。

第三条 本办法所称公务用车，是指党政机关配备的用于定向保障公务活动的机动车辆，包括机要通信用车、应急保障用车、执法执勤用车、特种专业技术用车以及其他按照规定配备的公务用车。

机要通信用车是指用于传递、运送机要文件和涉密载体的机动车辆。

应急保障用车是指用于处理突发事件、抢险救灾或者其他紧急公务的机动车辆。

执法执勤用车是指中央批准的执法执勤部门（系统）用于一线执法执勤公务的机动车辆。

特种专业技术用车是指固定搭载专业技术设备、用于执行特殊工作任务的机动车辆。

第四条 党政机关公务用车管理遵循统一管理、定向保障、经济适用、节能环保的原则。

第五条 党政机关公务用车实行统一制度规范、分级分类管理。党政机关公务用车主管部门负责本级党政机关公务用车管理工作，根据职责实行统一编制、统一标准、统一购置经费、统一采购配备管理；指导监督下级党政机关公务用车管理工作。

第二章　编制和标准管理

第六条　党政机关公务用车实行编制管理。车辆编制根据机构设置、人员编制和工作需要等因素确定。

机要通信用车、应急保障用车和其他按照规定配备的公务用车编制由公务用车主管部门会同有关部门确定。

执法执勤用车、特种专业技术用车编制由财政部门会同有关部门确定，并送公务用车主管部门备案。

第七条　党政机关配备公务用车应当严格执行以下标准：

（一）机要通信用车配备价格12万元以内、排气量1.6升（含）以下的轿车或者其他小型客车。

（二）应急保障用车和其他按照规定配备的公务用车配备价格18万元以内、排气量1.8升（含）以下的轿车或者其他小型客车。确因情况特殊，可以适当配备价格25万元以内、排气量3.0升（含）以下的其他小型客车、中型客车或者价格45万元以内的大型客车。

（三）执法执勤用车配备价格12万元以内、排气量1.6升（含）以下的轿车或者其他小型客车，因工作需要可以配备价格18万元以内、排气量1.8升（含）以下的轿车或者其他小型客车。确因情况特殊，可以适当配备价格25万元以内、排气量3.0升（含）以下的其他小型客车、中型客车或者价格45万元以内的大型客车。

（四）特种专业技术用车配备标准由有关部门会同财政部门按照保障工作需要、厉行节约的原则确定。

公务用车配备新能源轿车的，价格不得超过18万元。

上述配备标准应当根据公务保障需要、汽车行业技术发展、市场价格变化等因素适时调整。

第八条　严格控制执法执勤用车的配备范围、编制和标准。执法执勤用车配备应当严格限定在一线执法执勤岗位。

第三章　配备和经费管理

第九条　公务用车主管部门根据公务用车配备更新标准和现状，编制年度公务用车配备更新计划。

第十条 财政部门根据年度公务用车配备更新计划，按照预算管理有关规定统筹安排购置经费，列入公务用车主管部门预算。

第十一条 财政部门会同公务用车主管部门制定公务用车运行费用定额标准，统筹安排公务用车运行费用，列入党政机关部门预算。

第十二条 公务用车主管部门按照政府采购法律法规和国家有关政策规定，统一组织实施公务用车集中采购。

第十三条 党政机关应当配备使用国产汽车，带头使用新能源汽车，按照规定逐步扩大新能源汽车配备比例。

第十四条 地方各级党政机关确因工作需要超出规定标准配备公务用车的，必须报省级公务用车主管部门批准。

党政机关原则上不配备越野车。确因工作需要，按照程序报批后，可以适当配备国产越野车。越野车不得作为领导干部固定用车。

第十五条 除涉及国家安全、侦查办案等有保密要求的特殊工作用车外，党政机关公务用车产权注册登记所有人应当为本机关法人，不得将公务用车登记在下属单位、企业或者个人名下。

第四章　使用和处置管理

第十六条 党政机关应当加强公务用车使用管理，严格按照规定使用公务用车，严禁公车私用、私车公养，不得既领取公务交通补贴又违规使用公务用车。

第十七条 党政机关应当推进公务用车服务平台建设。各地区应当结合实际，将各类公务用车纳入平台集中管理，采用信息化手段统筹调度、高效使用，鼓励通过社会化专业机构提高平台管理运行效率。

第十八条 党政机关应当推进公务用车标识化管理。除涉及国家安全、侦查办案和其他有保密要求的特殊工作用车外，公务用车应当统一标识。

第十九条 党政机关应当建立公务用车管理台账，加强相关证照档案的保存和管理。

各省、自治区、直辖市以及中央和国家机关公务用车主管部门应当建立统一的公务用车管理信息系统，提高公务用车配备使用管理信息化水平。

第二十条　党政机关应当建立健全公务用车使用管理制度，严格执行，加强监督，降低运行成本。

严格公务用车使用时间、事由、地点、里程、油耗、费用等信息登记和公示制度。严格执行回单位或者其他指定地点停放制度，节假日期间除工作需要外应当封存停驶。

实行公务用车保险、维修、加油政府集中采购和定点保险、定点维修、定点加油制度，健全公务用车油耗、运行费用单车核算和年度绩效评价制度。

第二十一条　党政机关应当减少公务用车长途行驶，工作人员到外地办理公务，除特殊情况外，应当乘用公共交通工具。外事接待、会议和集体活动用车主要通过社会租赁方式解决。

第二十二条　公务用车使用年限超过8年的可以更新；达到更新年限仍能继续使用的，应当继续使用。因安全等原因确需提前更新的，应当严格履行审批手续。

公务用车按照规定更新后，可以采取拍卖、厂家回收、报废等方式规范处置旧车。处置收入按照非税收入有关规定管理。

第五章　监督问责

第二十三条　党政机关应当建立公务用车配备更新和使用情况统计报告制度。各省、自治区、直辖市公务用车主管部门负责统计汇总本地区公务用车配备更新和使用情况。国家机关事务管理局、中共中央直属机关事务管理局负责统计汇总中央和国家机关公务用车配备更新和使用情况。

第二十四条　党政机关应当严格执行公务用车配备使用管理各项规定，将公务用车配备更新、使用、处置和经费预算执行等情况纳入内部审计、政务公开和政务诚信建设范围，接受社会监督。

公务用车主管部门应当加强对党政机关公务用车配备更新、使用、处置等情况的监督检查，定期通报或者公示相关情况。

财政、审计部门应当加强对公务用车经费预算管理使用情况的监督检查，依法处理、督促整改违规问题，并将涉嫌违纪违法问题移送有关部门查处。

公安交通管理部门应当定期与公务用车主管部门交换公务用车注册登记信息、使用状态等情况。

纪检监察机关应当及时受理群众举报和有关部门移送的公务用车管理问题线索，严肃查处违纪违法问题。

第二十五条　公务用车主管部门有下列情形之一的，依纪依法追究相关人员责任：

（一）违规核定公务用车编制的；

（二）违规审批超编制、超标准配备公务用车的；

（三）违规审批未到年限更新公务用车的；

（四）违规安排公务用车经费预算的；

（五）有其他未按规定履行管理监督职责行为的。

第二十六条　党政机关有下列情形之一的，依纪依法追究相关人员责任：

（一）超编制、超标准配备公务用车的；

（二）违反规定将公务用车登记在下属单位、企业或者个人名下的；

（三）公车私用、私车公养，或者既领取公务交通补贴又违规使用公务用车的；

（四）换用、借用、占用下属单位或者其他单位和个人的车辆，或者擅自接受企事业单位和个人赠送车辆的；

（五）挪用或者固定给个人使用执法执勤、机要通信等公务用车的；

（六）为公务用车增加高档配置或者豪华内饰的；

（七）在车辆维修等费用中虚列名目或者夹带其他费用，为非本单位车辆报销运行维护费用的；

（八）违规处置公务用车的；

（九）有其他违反公务用车配备使用管理规定行为的。

第六章　附　　则

第二十七条　本办法所称小型客车、中型客车、大型客车等，依据中华人民共和国公共安全行业标准 GA802－2014《机动车类型术语和定义》界定。

第二十八条　各省、自治区、直辖市以及中央和国家机关各部门，应当根据本办法，结合实际制定具体管理办法。

第二十九条　中央和国家机关所属垂直管理机构、派出机构公务用车由行政主管部门依照本办法进行管理。

各民主党派机关公务用车管理适用本办法。

不参照公务员法管理的事业单位公务用车，按照本办法的原则管理。

第三十条　本办法由国家机关事务管理局、中共中央直属机关事务管理局会同有关部门负责解释。

第三十一条　本办法自2017年12月5日起施行。中共中央办公厅、国务院办公厅2011年1月6日印发的《党政机关公务用车配备使用管理办法》同时废止。

附录八

财政部关于推进中央部门中期财政规划管理的意见

（2015年4月3日　财预〔2015〕43号）

为贯彻《国务院关于实行中期财政规划管理的意见》（国发〔2015〕3号）精神，加快建立全面规范、公开透明的预算管理制度，现就实行中央部门中期财政规划管理提出以下意见：

一、实行中央部门中期财政规划管理的必要性

中央部门中期财政规划是按照中期财政规划管理的总体要求，依据国民经济和社会发展规划、政府宏观调控政策、部门职能和事业发展需要，合理确定规划期内中央部门的支出总量和结构，并以此指导分年度预算的编制和实施周期性管理的预算管理框架。实行中央部门中期财政规划管理，有利于优化预算资源配置，有利于提高中央预算的可持续性，有利于增强预算的约束力，有利于发挥中央部门的部门预算编制主体作用，全面提高部门预算管理水平。

二、中央部门中期财政规划管理的总体思路

（一）与相关规划衔接

全国中期财政规划是部门中期财政规划的基础和依据。部门中期财政规划，在规模上要控制在全国中期财政规划确定的支出水平之内，在规划期限、编制步骤、重点内容和管理方式上要与全国中期财政规划保持衔接。同时，部门中期财政规划还要做好与国民经济和社会发展规划，以及相关专项规划、区域规划的衔接。

（二）实行逐年滚动管理

中央部门中期财政规划的规划期为三年，每年向前延伸一年，在时间上实现滚动管理。在编制下一个三年规划时，各部门根据新的预测结果和财政部确定的支出上限对后两个规划年度进行调整，再添加一个规划年度，形成新一轮中央部门中期财政规划，使规划与实际情况的变化相适应。

（三）突出政策与预算相结合

部门支出上限的确定，要充分聚焦规划期内的重大改革、重要政策和重点项目，提高资源配置效率。部门中期财政规划的编制，要依据国民经济和社会发展规划、政府宏观调控政策、部门职能和事业发展需要，并与相关专项转移支付安排情况统筹考虑，增强预算安排的前瞻性、针对性和有效性，更好的服务于政府施政目标。

（四）增强预算约束力

规划期内，各部门年度预算安排不得突破中期财政规划确定的对应年度部门中期财政规划。强化部门中期财政规划对年度预算的约束，第一年规划约束对应年度预算，后两年规划指引对应年度预算。

（五）完善激励机制

在权力与责任对等、约束与激励并重的基础上，建立健全良性互动、协作顺畅、激励相容的预算管理运行机制，突出部门在预算编制、执行中的主体地位和责任，更好发挥财政部门的资源配置、综合平衡和监督管理作用。

三、主要内容

（一）实施范围

1. 预算范围。从编制2016年预算起，对纳入中央部门预算的一般公共预算和政府性基金预算拨款收支实行中期财政规划管理。

2. 支出范围。中央部门中期财政规划包括部门的基本支出和项目支出，重点针对项目支出，基本支出按财政部统一要求编制和调整。

3. 单位范围。编制部门预算的中央部门全部纳入部门中期财政规划实施范围。

（二）时间安排

2015年财政部组织中央部门编制2016年、2017年、2018年三年支出规划，此后每年向后延伸一年。为确保年度预算与中期规划紧密衔接，2016—2018年中期财政规划编制工作与编制2016年部门预算同步进行。

（三）编制方法和程序

1. 编制方法。

一是部门提出规划需求。中央部门结合国民经济和社会发展五年规划纲要及相关专项规划，按照部门职责，研究2016—2018年涉及财政支出的重大改革和政策事项，以此为基础，测算提出部门的三年支出需求，按规定时间和预算管理渠道提交财政部。

二是审核确定支出限额。财政部根据中期财政规划、财政政策、部门需求等情况，经综合平衡、优化结构，分解形成部门支出限额，并下达部门三年支出控制数。

三是部门调整编报三年规划。中央部门根据财政部下达的三年控制数，合理安排政策出台时机和力度，明确政策目标，列出分年度工作任务和时间节点，说明资金使用对象、保障标准、运行流程，建立预算绩效管理机制，在此基础上编制三年支出规划报财政部。

四是汇总部门中期财政规划。财政部审核汇总部门的三年支出规划，汇编形成中央部门中期规划草案，按程序报批后实施。

2. 以后年度编制方法。部门中期财政规划实行滚动管理，以后年度编制规划时，中央部门根据情况变化，可对上年编制的三年规划中后两个年度的分年支出规划进行内部结构调整，并补充第三个年度的规划。财政部重点就调整的内容及第三个规划年度的支出上限进行测算，并按前述程序审核下达。

3. 规划调整方法。部门中期财政规划一经确定，原则上不予调整。中央部门因重大增减支因素需要调整三年规划的，应在编制新一轮规划时重新测算提出需求，按部门中期财政规划的编制流程报批。经批准后，按调整后的规划实施。

财政部根据未来财政收支预测结果，可以结合部门提出的调整需求相应调整部门未来年度的支出规划，并在编制规划时通知中央部门，各部门根据新的支出上限调整部门分年度支出安排，按程序报批后实施。

四、组织实施

（一）提高认识，加强组织领导

各部门要充分认识中期财政规划管理的重要意义，从大局、从长远、从整体着眼，把重大改革和政策研究与中期财政规划管理结合起来。各部门要将实行中期规划管理作为预算管理的中心任务来抓，切实加强领导，统筹调度，安排精干力量，充实人手，提供强有力的组织保障。

（二）认真组织，加强协调合作

中央部门要按照统一的工作部署和时间要求，结合本部门实际，提早谋划，制定详细的工作计划，抓好落实，确保工作任务按时完成。实行中期规划管理，各部门要提高统筹管理的能力，部门的财务管理部门与业务管理部门要加强沟通、协调配合，做好各个环节的衔接工作。

（三）注重分析，加强经验总结

中央部门要加强对重大改革、重要政策，以及中期规划编制工作的调查、研究和分析，及时发现新情况、新问题，不断完善政策、措施，确保改革工作顺利有序地进行。各部门要加强与财政部的沟通，及时将发现的问题和改进的意见反馈财政部，共同研究解决方法，确保工作顺利开展，达到预期目标。

附录九

财政部关于加强和改进中央部门项目支出预算管理的通知

(2015年5月18日 财预〔2015〕82号)

为深化预算管理制度改革，全面提高部门预算管理水平，现就加强和改进中央部门项目支出预算管理有关问题通知如下：

一、充分认识加强和改进项目支出预算管理的重要性

部门预算改革以来，经过各方面的共同努力，中央部门项目支出预算管理日趋规范，结构不断优化，绩效逐年提高，有力地保障了国家重大方针政策的贯彻落实和中央部门履行职能的需要，部门预算管理水平不断提高。

近年来，部门预算管理的内外部环境发生了深刻变化，与改革发展的新形势相比，项目支出预算管理还存在一些不相适应的地方，主要表现在：与政府宏观政策联系不紧密，缺少前瞻性；与部门职能衔接不够，存在交叉重叠现象；缺乏科学合理的立项和分类标准，项目数量多但重点不突出；预算决策机制不完善，重分轻管现象较为普遍；项目库建设滞后，在预算编制中的作用发挥不充分；绩效管理和预算评审需要加强，预算透明度有待提高等。

《国务院关于深化预算管理制度改革的决定》（国发〔2014〕45号）对预算改革进行了全面部署。加强和改进项目支出预算管理，是贯彻落实国务院要求的重要举措，是改进预算管理方式，实施中期财政规划管理的重要支撑；是深化中央部门预算改革，实施全面规范、公开透明预算制度的迫切需要；是优化支出结构，提高财政资源配置效率和使用绩效的必然要求；是更好履行财政职能，实现政府施政目标的必由之路。

二、准确把握加强和改进项目支出预算管理的总体方向

（一）指导思想

加强和改进中央部门项目支出预算管理，要全面贯彻党的十八大和十八届二中、三中、四中全会精神，按照党中央、国务院的决策部署，落实预算管理制度改革总体要求，进一步转变政府职能，完善管理制度，创新管理方式，规范管理行为，提升管理水平，构建全面规范、公开透明的预算制度。

（二）基本原则

理顺关系原则。进一步理顺预算管理权责，更好地发挥各部门和所属单位的预算编制和执行主体作用，以及财政部的审核主体作用，同时各部门和单位要对预算编制和执行的结果负责。

政策导向原则。项目支出预算要以国家战略发展规划、宏观调控政策为导向，以相关行业、领域中长期发展规划和年度工作重点为依据，结合部门职能和事业发展需要合理安排。

财力约束原则。各部门项目支出预算安排要严格按照部门三年滚动规划进行控制，要做好部门规划与三年滚动规划的衔接，强化部门三年滚动规划对年度预算的约束。

突出重点原则。根据中央与地方事权划分，中央部门项目支出预算要体现中央本级支出责任，聚焦重大改革、重要政策和重点项目，突出部门主要职能。强化项目排序，优先保障重点项目。

讲求绩效原则。要把绩效管理的理念和要求融入项目支出预算管理各个环节，建立事前有目标、事中有监控、事后有评价、结果要运用的全过程绩效运行机制。

（三）总体思路

从编制2016年部门预算起，项目支出按新的管理方式运行，力争用3年的时间构建起以三年滚动规划为牵引，以宏观政策目标为导向，以规范的项目库管理为基础，以预算评审和绩效管理为支撑，以资源合理配置和高效利用为目的，以有效的激励约束机制为保障，规模适度、结构合理、重点突出、管理规范、运转高效的中央部门项目支出预算管理新模式，充

分发挥预算的资源配置功能和政策工具作用。

三、全面落实加强和改进项目支出预算管理各项工作

（一）完善项目设置规则

科学规范设置项目，集中反映中央部门主要职责，具备可执行性，在保障运行维护合理需要的前提下，更加突出重点，聚集国家的重大改革、重要政策和重点项目，有效避免交叉重复。2015年中央部门要按照新的设置标准，对现有项目进行全面的清理和规范。

（二）改进项目管理方式

项目实行分级、分类管理。项目按层次分为一级和二级项目。一级项目根据部门履行职能的需要设置并包含若干二级项目。二级项目的设立要与对应的一级项目相匹配。完善项目分类标准，构建多层次、多维度的分类体系。推进项目支出预算标准体系建设。

（三）加强项目库建设和管理

项目全部纳入项目库管理，做实项目库，充实项目储备，列入预算安排的项目必须从项目库中选取。入库项目必须有充分的立项依据、明确的实施期限、合理的预算需求和绩效目标等。纳入项目库的项目实行全周期滚动管理，建立中央部门项目库与财政部项目库的信息交流机制。

（四）推进预算评审和绩效管理

将项目评审嵌入预算管理流程，进入部门项目库的项目原则上都要组织评审。纳入财政部项目库的项目，由财政部根据管理的需要组织开展再评审。推进全过程项目支出绩效管理，加强绩效目标管理，开展绩效监控，实施绩效评价，强化评价结果的运用。

（五）强化项目执行管理

硬化预算约束，执行中除救灾等应急支出外，一般不出台增加当年支出的政策，必须出台的政策纳入以后年度预算安排，必须追加当年预算的，首先通过调整部门当年支出结构解决。提前做好预算执行准备工作，加强执行监管，加快预算执行进度。建立预算执行与预算编制相结合的机制。

（六）实行中期财政规划管理

要完善项目生成机制，将国家宏观政策和部门、行业发展规划落实到具体项目，提高政策和规划的可实施性。部门、行业规划确定的项目要与中期财政规划相衔接，合理安排项目实施节奏和力度，促进政策与预算相结合，提高预算的前瞻性。

四、切实做好加强和改进项目支出预算管理的实施保障

加强和改进项目支出预算管理涉及部门预算管理方式的转变、业务流程的整合和利益关系的调整，时间紧迫，任务艰巨。各部门要充分认识加强和改进项目支出预算管理的重要意义，以改革创新精神，加大工作力度，认真落实各项改革措施。要加强统筹协调，理顺内部业务和经费管理关系，完善相关管理制度，切实加强组织领导，确保改革顺利实施。

附件：加强和改进中央部门项目支出预算管理工作实施方案

附件：

加强和改进中央部门项目支出 预算管理工作实施方案

为进一步加强和改进中央部门项目支出预算管理工作，制定本方案。本方案实施范围为一般公共预算，政府性基金预算、国有资本经营预算管理按有关规定执行。

一、改进项目设置和管理方式

（一）关于项目设置规则

中央部门预算项目要体现中央本级支出责任，由中央部门直接组织实施。完善项目生成机制，项目要在深入的政策研究和充分论证的基础上设立，并具备可执行性，预算批复后即可实施。着力推进部门和行业规划的项目化，提高规划可实施性。项目内容要反映政府施政目标、部门主要职责和发展规划，并避免与公用经费及其他项目交叉重复。规范项目实施主体，部门预算项目实施主体为中央部门及所属单位，非部门所属单位不得作为项目的实施主体纳入部门预算。要按照"职责与经费相匹配"的原则确定部门内部项目实施主体，一般不得将应由本级承担的项目列入下级单位预算，或将应由下级单位承担的项目列入本级预算，也不得将应由行政单位承担的项目列入事业单位预算。

（二）关于项目管理方式

中央部门预算项目实行分级管理，分为一级项目和二级项目两个层次。

一级项目明细到支出功能分类的款级科目，按照部门主要职责设立并由部门作为项目实施主体，每个一级项目包含若干二级项目。一级项目要有明确的名称、实施内容、支出范围和总体绩效目标，项目数量要严格控制，项目名称、实施内容和支出范围等在年度间要保持相对稳定。

二级项目包括在现有项目基础上规范整合而成的项目和新设立的项目，立项单位为项目实施主体。二级项目的设立，要与对应的一级项目相匹配，有充分的立项依据、具体的支出内容、明确合理的绩效目标。二级项目明细到支出功能分类的项级科目，年初部门预算按二级项目批复。

（三）关于项目分类

按照使用范围，部门一级项目分为通用项目和专用项目。通用项目，指根据部门的共性项目设立并由各部门共同使用的一级项目。通用项目由财政部根据管理需要统一设立，主要包括有预算分配权部门管理的项目和归口管理的项目等。专用项目，指部门根据履行职能的需要自行设立和使用的一级项目。专用项目由中央部门提出建议，报财政部核准后设立。

按照项目的重要性，二级项目划分为重大改革发展项目、专项业务费项目和其他项目三类。重大改革发展项目，指党中央、国务院文件明确规定中央财政给予支持的改革发展项目，以及其他必须由中央财政保障的重大支出项目等。专项业务费项目，指中央部门为履行职能，开展专项业务而持续、长期发生的支出项目，如：大型设施、大型设备运行费，执法办案费，经常性监管、监测、审查经费，以及国际组织会费、捐款及维和支出等。其他项目，指除上述两类项目之外，中央部门为完成特定任务需安排的支出项目。基本建设项目统一列为其他项目，并按管理主体分为国家发展改革委安排的基建项目、中央财政安排的基建项目和其他主管部门安排的基建项目。

除上述分类外，根据管理需要，中央部门和财政部可对二级项目补充其他分类并加以标识。

（四）关于项目实施周期

二级项目要有明确的实施周期。项目实施周期应与国民经济社会发展规划、部门或行业发展规划的期限相适应，与中期财政规划相衔接。除业务主管部门已明确批复实施周期外，项目实施周期一般不超过5年，项目到期后需继续安排的，应按程序重新立项。专项业务费项目到期后，可补充编制后续年度的支出计划，实施周期相应顺延。其他项目周期一经确定，原则上不得调整；确需调整的，按程序报批。

（五）关于项目代码

为保证项目信息的完整、连续、可识别，对项目实行代码化管理。

一级项目代码为8位数字，部门通用项目代码为"999＋5位顺序码"，部门专用项目代码为"3位部门预算代码＋5位顺序码"，部门专用的其他项目代码为"3位部门预算代码＋5位功能分类类款级科目编码"。

二级项目代码为18位数字，由"3位部门预算代码＋3位二级预算单位代码＋3位三级预算单位代码（或000）＋3位四级预算单位代码（或000）＋2位项目编制年份码＋4位顺序码"组成。

二、加强项目库建设和管理

（一）关于项目库的构架和主要内容

中央本级项目库实行分层设立、分级管理。财政部、中央部门和所属单位按照项目管理的相关规定，分别设立项目库，对一级和二级项目进行维护和管理。财政部项目库由中央部门上报的项目构成；中央部门项目库由本级和下级单位上报的项目构成；基层单位项目库由本单位立项和实施的项目构成。

（二）关于项目库管理方式

中央部门和所属单位的项目库实行开放式管理。各单位可根据工作需要设置二级项目，审核后纳入单位项目库，实时或定期上报，经逐级审核后纳入中央部门项目库，作为部门预算备选项目。编制年度部门预算和部门三年滚动规划时，结合财政部下达的支出控制数，中央部门在预算备选项目中择优选取项目报财政部，未纳入部门项目库的项目原则上不得向财政部申报。各部门申报项目汇总形成财政部项目库，作为财政部进行项目管理、审核年度部门预算和部门三年滚动规划的基础。中央部门和单位如需对已入库项目进行调整，须编制项目调整计划，按上述审核程序报批。

（三）关于项目滚动管理

以项目库为载体实现项目的全周期滚动管理。编制年度部门预算和部门三年滚动规划前，中央部门要完成项目的储备工作，纳入部门项目库的项目需填写规范的项目文本，包括立项依据、实施主体、支出范围、实施周期、预算需求、绩效目标、可行性论证、评审结果等内容，作为项目审核和管理的依据。纳入预算安排的项目，中央部门和单位要在项目库中对项目的执行、调剂、结转结余、绩效等信息及时进行更新和维护。纳入预算安排的延续性项目，原则上滚动纳入下年度预算。未纳入预算安排的预算备选项目，可滚动进入以后年度项目库。

三、积极推进预算评审和绩效管理

（一）关于项目支出预算评审

除个别不宜评审和无需评审的项目外，部门二级项目在入库前都要进行评审。归口管理的项目评审工作由主管部门负责，部门不再评审，其他项目由中央部门组织评审。预算评审由部门内部负责预算管理的机构组织，可采取集中评审和分级评审的方法，形成评审结果并随项目支出预算一并报财政部。纳入财政部项目库的项目，由财政部根据需要开展再评审。对延续项目，财政部将有选择地开展再评审，力争实现项目预算评审全覆盖。项目支出预算评审的具体规定另行通知。

（二）关于项目支出绩效管理

纳入项目库管理的项目都必须设定绩效目标，未按要求设定绩效目标或绩效目标不合理且未进行调整完善的，不得纳入项目库。纳入执行监控的项目，都应开展绩效监控，作为预算执行的重要组成部分。执行完毕的项目都要由项目承担单位对照事先设定的绩效目标开展绩效自评，在此基础上，中央部门和财政部选择部分重大项目开展重点绩效评价，并积极推进中期绩效评价试点。绩效评价结果要与项目库建设和预算安排有机结合，健全项目退出机制。预算绩效管理的具体规定另行通知。

四、规范项目支出预算编制和执行

（一）关于项目支出预算编制

项目支出预算由基层预算单位编制，逐级审核汇总后，由中央部门按照"一级项目＋二级项目"的方式向财政部申报预算，根据二级项目的增减变化情况提出一级项目预算需求。二级项目预算按照经济分类科目编制，项目类别由部门在申报预算时一并提出，财政部审核。二级项目纳入预算安排后，项目类别在项目实施周期内不得调整。财政部对部门报送的项目支出预算进行审核，并按一级项目下达预算控制数，由部门按照审核后的项目类别和排序，安排二级项目预算。

（二）关于项目支出预算执行

要做好项目支出预算执行的各项前期准备工作，相关工作在部门预算"二上"后即可着手开展。严格按照预算批复的功能分类科目、用款计划、项目进度、有关合同和规定程序做好项目支出预算执行工作，涉及政府采购的应严格执行政府采购有关规定。硬化预算约束，年度预算执行中除救灾等应急支出和少量年初未确定事项外，一般不追加当年项目预算支出，必须出台的政策通过以后年度预算安排。如部门认为必须追加当年支出的，应首先在已批复的预算额度内，通过调整当年支出结构解决并按程序报批。加强预算执行监管，提高预算资金使用的规范性、安全性和有效性，并将预算执行结果与以后年度预算安排相结合。

五、其他事项

中国人民解放军和中国人民武装警察部队参照本方案有关规定执行。

各部门要按照本方案要求，认真落实加强和改进中央部门项目支出预算管理的各项工作。对实施中发现的问题，要尽快与财政部沟通，以便及时研究解决。对实施过程中好的经验和做法也要及时总结并向财政部反馈，以便加以推广，共同努力，不断提高项目支出预算编制质量和管理水平。

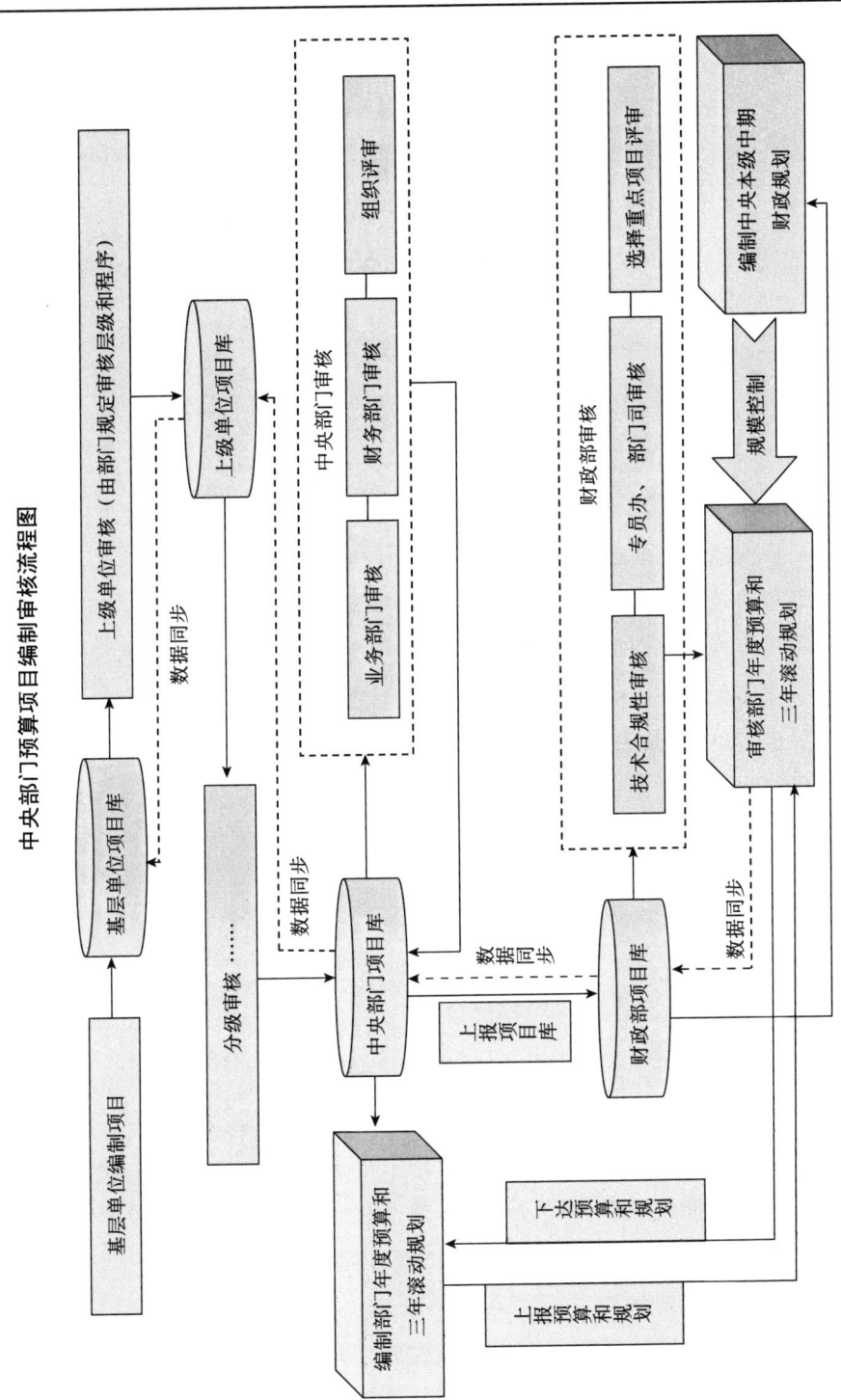

附录十

财政部关于进一步做实中央部门预算项目库的意见

(2016 年 5 月 5 日　财预〔2016〕54 号)

近年来,财政部出台了一系列加强和改进项目支出预算管理的改革措施,初步构建起以宏观政策目标为导向、以规范的项目库管理为基础、以预算评审和绩效管理为支撑的项目支出预算管理新模式。随着改革推进,中央部门项目管理的外部环境、基本条件、技术手段发生了深刻变化,在政策导向性、业务关联性、内容合理性、需求真实性、成本经济性等方面对项目管理也提出了更多更高的要求,现行项目管理精准度不够、适用性不强、有效性不足的问题凸显,难以适应改革形势的需要。为了切实提升项目支出预算编制和管理水平,进一步做实中央部门预算项目库,现提出以下意见:

一、总体要求

(一)指导思想

以党的十八大和十八届三中、四中、五中全会精神为指导,按照党中央、国务院的决策部署,落实深化预算管理制度改革总体要求,完善项目支出预算管理新模式,着眼于全面提升项目管理效能,拓展管理维度、细化管理尺度、提高管理精度、加大管理力度,综合运用管理手段,充分发挥各方优势,推进项目管理科学化、规范化、标准化,建立与现代预算管理制度相适应的管理精准有效的项目管理体系。

(二)基本原则

实施精准管理。要深入剖析项目构成、充分认识项目特点,遵循项目运行、管理的基本规律,因势利导、分类施策,采取针对性措施,实施差别化管理，提高管理精准度。

创新引导机制。要建立引导和激励机制，调动各方积极性，统筹各类资源、借助各方力量、发挥各自优势，加强协调配合、相互衔接，形成合力，实现共建共管。

覆盖完整流程。要将有针对性的管理要求和措施融入项目立项、入库、申报等管理环节中，落实到编制、审核、评审等管理活动中，体现在文本、规范、标准等管理要素中。

改进薄弱环节。要抓住管理的薄弱环节和关键节点，着重填补空白、补齐短板，管理要向前后端延伸，夯实前端基础，加强后端考核评估，形成更加完善的项目管理链条。

（三）总体思路

遵循项目支出预算管理新框架的基本原则和总体要求，推进项目管理各项改革措施落地，全面做实项目库；细分项目组成的基本单元，为精准管理筑基；推动信息系统联通，促进项目库的共建共管共享；理顺部门内部管理链条，加强业务与预算管理整合；实施差别化项目管理，推进项目的标准化管理；强化绩效目标管理，更加注重项目的产出绩效；扩大预算评审范围，形成项目标准化管理与预算评审互补的模式；探索项目预算公开，逐步向全国人大报送一级项目的预算并公开；建立项目管理考核机制，将管理的实际效果与以后年度预算规模挂钩。通过采取上述措施，力争在1—2年内取得积极成效，实现中央部门项目支出预算编制质量和预算资金使用效果的显著提升。

二、主要任务

（一）切实贯彻改革要求，扎实推进项目管理

认真落实《财政部关于加强和改进中央部门项目支出预算管理的意见》（财预〔2015〕82号）和《财政部关于印发〈中央部门预算绩效目标管理办法〉的通知》（财预〔2015〕88号）精神，研究制定具体管理办法和实施细则，推进项目库全面做实。规范项目设置程序，将政策研究、方案论证、行政决策等过程作为项目入库的重要环节。优化一级项目设置，合理控制一级项目数量，更加集中反映部门主要职责。加强项目库建设，全面充实项目信息，提前组织项目编审、储备工作，实现项目滚动管理。

发挥项目库的平台功能，统筹优化管理流程，整合部门内部管理。硬化预算约束，严格按照部门三年支出规划控制项目规模，合理排布年度支出结构，依据政策优先次序安排项目。提前预算执行准备工作，加快预算执行进度，加强项目执行监管。

（二）细化规范项目内容，筑实精准管理基础

各部门要立足于自身职责，认真开展战略、机制、规划研究，以前瞻性思路引领项目编制和管理工作。项目单位要加强项目论证，提出充分的立项依据，充实项目的政策内涵，以政策为导向，科学设计实施方案和绩效目标。项目实施方案设计，要力求选择实现绩效目标的最优路径，降低成本消耗，提高产出绩效。从编制2017年预算起，新增二级项目编制要统一按照"项目—活动—子活动—分项支出—标准（价格）—支出计划"的层次加以细化，清晰反映项目内容、具体活动和支出需求。对重大的经常性、专项性项目，要制定统一的项目立项指南、实施方案编写规范和支出计划填报模版，推进立项依据政策化、实施方案合理化、绩效目标科学化、项目活动清单化、支出内容选项化、经费开支定额化，建立健全项目编制的规范体系。

（三）推动信息系统联通，实现共建共管共享

充分发挥信息管理系统在项目管理中的技术支撑作用，优化系统结构，完善系统功能，推动财务、业务、绩效等信息管理系统之间纵横联通，实现项目管理信息的共建共管共享。纵向上，要在财政部、中央部门、预算单位之间建立起便捷、通畅、高效的信息上传下达渠道，逐步实现项目编制、审核、下达、执行、调整等管理工作全部通过信息系统完成，形成与管理流程相适应的垂直管理通道。横向上，要通过统一标准、设置接口、规范分工、整合流程，推动财政部与有关项目主管部门、财务部门与业务部门之间的系统联通、信息交互，建立起统筹业务管理与预算管理的技术支撑平台，形成业务部门与财务部门之间配合协作、相互衔接、共同管理的局面，切实提高信息利用率和项目管理效率。

（四）理顺预算管理链条，加强业务与预算衔接

项目管理要向前端延伸，以职能业务为先导，以项目管理为主线，以信息平台为纽带，理顺业务部门与财务部门之间关系，有机衔接业务管理

与预算管理，分工把口、紧密配合，形成合力。业务部门要发挥专业优势，统筹规划业务，提前工作部署，明确业务规范，制定技术标准，提供专业支撑，指导项目设立和实施方案制定，加强对项目立项必要性、实施方案合理性和可行性的审核、论证，做好项目绩效目标的执行落实。业务部门原则上不直接分配资金，确需参与分配资金的，要与财务部门共同制定管理办法，明确分配方法、严格分配程序、规范分配行为、健全监督机制。财务部门要统筹部门资源，综合平衡预算安排，牵头组织开展项目管理的全面工作，着重指导和规范项目支出计划的编制，以及项目的审核、评审、执行、绩效评价等工作。

（五）实行差别化管理，推进项目的标准化

从编制 2017 年预算起，按照管理模式将项目划分为标准化管理项目和非标准化管理项目。标准化管理项目是指项目活动有明确范围，活动的内容、数量、频率有明确的定性、定量规范，分项支出有明确的定量、定价标准，按照相关规范和标准可直接测算支出需求的项目。标准化管理项目的相关规范和标准，由部门制定后送财政部评审，评审通过后，除相关规范和标准发生变化外，此类项目立项不再纳入部门评审范围。如标准化管理项目的规范和标准发生变化，须重新履行评审程序。非标准化管理项目，且属于评审范围的，立项时应按照相关规定由部门组织评审。具备条件的专项业务费项目要逐步全面实现标准化管理，具备条件但未标准化管理的，实施周期不得滚动顺延。

（六）强化项目绩效管理，提高资金使用效益

所有项目都应设定绩效目标，明确绩效指标，将绩效目标及指标作为项目入库前置条件。把绩效目标审核作为项目审核和安排预算的有机组成部分，根据审核结果提出项目入库建议，未按要求设定绩效目标或审核不合格的项目，不得进入项目库。加强绩效执行监控，逐步推进在预算执行中按照确定的绩效目标及指标实行定期监控。对偏离绩效目标的项目，要及时采取措施加以纠正。资金使用单位要对照项目绩效目标开展绩效自评并形成自评结果，作为部门或单位预、决算的重要内容和申请以后年度预算资金的必要基础。扩大第三方参与绩效评价的范围，逐步建立健全重点民生政策和重大专项支出绩效评价机制，将评价结果作为预算安排和优化

支出结构的重要依据，使低效、无效资金退出来。

（七）扩大预算评审范围，加大预算评审力度

改进预算评审工作，规范评审程序和行为，努力提高评审的客观公正性。进一步扩大预算评审覆盖范围，用4年时间，分步实现项目预算评审全覆盖。对属于评审范围的项目，包括已纳入预算安排但未经过评审的项目，2016年各部门开展预算评审的项目支出数额占项目库中应评审项目支出总额的比例要达到30%以上，2017年达到50%以上，2018年达到80%，2019年实现百分之百覆盖。2016年申报的新增项目，属于评审范围的，原则上要全部评审。已纳入2016年预算安排但未经预算评审的项目，要对其中的重点项目实施评审，并根据预算评审结果，对项目的当年预算和以后年度支出安排进行调整。从2016年起，中央部门要提前组织项目编审、储备等工作，预算评审工作要相应提前，为下年预算编制尽早做好准备。

（八）探索项目预算公开，增强项目透明度

从编制2017年预算起，选择部分重点部门的重大一级项目列入预算草案报送全国人大审议，全国人大审议通过预算草案后，由部门向社会公开。以后逐年扩大范围和规模，通过几年时间，实现除涉密项目外，部门的一级项目全部报送全国人大审议，并向社会公开。试点初期，报送全国人大审议的一级项目，优先选择标准化管理项目、经过评审的重大项目以及有关主管部门管理的通用项目。对报送全国人大审议并公开的一级项目，部门要从政策依据、项目目标、实施方案、支出内容、预期产出、绩效目标等方面对项目进行全面、详细说明，将相关说明一并公开，并积极做好公开后的相关说明解释工作。

（九）建立管理考核机制，调动部门积极性

强化中央部门的主体责任，建立项目管理考核机制，以实质性内容为主，程序性内容为辅，针对项目管理过程中的关键环节和重要管理内容，制定量化考核指标，对中央部门项目管理过程的规范性、编制审核的质量、项目执行的效果等进行考核。项目管理考核将作为部门预算管理考核评价的重要组成部分。项目管理考核的结果，要予以通报，并作为确定部门项目支出预算规模的重要参考因素。中央部门也要建立内部的项目管理考核体系，对下级单位、业务部门、评审机构或团队在项目管理中的工作

质量和效果进行考核，并采取措施促进项目管理工作质量提升。

三、组织实施

（一）提高认识。要充分认识做实预算项目库对于深化部门预算改革，健全预算管理体系，提升预算管理效能，统筹资源配置，优化支出结构，提高资金绩效，促进部门履职尽责的重要意义。

（二）抓好落实。要发挥中央部门的主体作用，增强责任意识，以改革创新精神，定实策、出实招、求实效，认真落实改革要求。加强组织保障，做好统筹协调，理顺内部关系，形成一致推进改革的合力。

（三）加强指导。要做好对下级单位的指导、示范、督促，指导所属单位做实预算项目库，总结经验、范例加以推广，督促各单位遵守制度规范、落实各项要求，着力提升项目管理的精准度和有效性。

附件：1. 中央部门预算二级项目立项参考程序
　　　2. 中央部门预算二级项目文本

附件 1：

中央部门预算二级项目立项参考程序

根据二级项目立项的不同情况，中央部门可参考以下几种立项程序，对本部门的项目立项程序加以规范：

一、政策类项目

提出政策概念和思路→调查研究→方案论证→行政决策（履行部门、单位集体决策程序，下同）→政策发布→编制预算项目→项目审核、评审→行政决策（履行部门、单位集体决策程序，下同）→向财政部申报。

二、履职类项目

提出部门履职需求（以发展规划、部门职能为依据）→确定总体履职目标及绩效目标→拟订工作计划→部署分解工作任务→编制预算项目→项目审核、评审→行政决策→向财政部申报。

三、运维类项目

提出单位运维需求→业务部门审核需求→编制预算项目→项目审核、评审→行政决策→向财政部申报。

除上述几类项目外，基建、科研等已明确规定立项程序的项目，应按相关规定程序办理。

附件2：

中央部门预算二级项目文本

立项依据	1. 立项依据一般包括：法律法规规定的政府义务、国民经济社会发展五年规划、国务院政策文件、部门（单位）的职责等。 2. 无前述立项依据的项目，应对项目立项的意义和必要性进行全面阐述和论证，并对开展相关任务的决策过程进行描述。 3. 立项依据中应论述的内容： ①项目（及其政策）是否有利于使市场在资源配置中起决定性作用和更好发挥政府作用； ②项目是否属于中央本级事权，与地方政府的职责关系； ③项目对国家安全、政治、经济、外交、文化，以及社会结构等方面的意义和影响； ④项目是否有利于促进社会公平正义，是否有利于降低社会成本、提高效率； ⑤项目对于部门（单位）履行职能，完成工作任务的必要性及推动作用； ⑥项目是否属于本部门（单位）职能范围，其他部门（单位）是否开展类似项目，与本项目之间如何区分或衔接，其他部门（单位）已有类似项目的情况下，本部门（单位）相关项目立项是否必要等。
实施方案	1. 项目的主要目标、总体思路、实施方式、步骤和计划、开展的主要活动； 2. 项目实施与实现项目目标之间的关联性； 3. 项目实施方案的路径选择是否最优的说明（是否有其他替代方案，为何选择本方案）； 4. 与本部门（单位）其他项目的关系（是否与其他项目交叉或互补）。

中央部门预算二级项目支出明细表

×××信息化系统保障项目

项目活动	对项目活动的描述	子活动	对子活动的描述	数量/频率	分项支出	价格/标准	支出计划	备注
网络光线路租赁	总体描述租赁方式、带宽需求、覆盖范围、租赁时间、租赁对象等。							
		光纤租赁	光纤覆盖范围、节点数量、租赁时间、支付方式等。	12个月	租赁费	×××	×××	价格/标准应说明来源、市场询价、政府采购价、合同价、历史价格等。价格如为标准、应按标准测算;如为市场询价应有浮动区间,测算时原则上选取区间中值计算。
		网线租赁	线路覆盖范围、节点数量、租赁时间、支付方式等。	12个月	租赁费	×××	×××	
		线路维护	线路维护的范围、内容、方式等。	××人天	维修(护)费	×××	×××	
		……						
硬件设备购置	总体描述购置方式、购置的需求、购置范围、购置对象等。							

续表

项目活动	对项目活动的描述	子活动	对子活动的描述	数量/频率	分项支出	价格/标准	支出计划	备注
		×××服务器购置	更新的数量需求，测算的方法和依据，测算过程等。	×××	信息网络及软件购置更新	×××~×××	×××	
		×××服务器购置	更新的数量需求，测算的方法和依据，测算过程等。	×××	信息网络及软件购置更新	×××~×××	×××	
		×××通信设备购置	更新的数量需求，测算的方法和依据，测算过程等。	×××	信息网络及软件购置更新	×××~×××	×××	
		×××通信设备购置	更新的数量需求，测算的方法和依据，测算过程等。	×××	信息网络及软件购置更新	×××~×××	×××	
		×××配件购置	更新的数量需求，测算的方法和依据，测算过程等。	×××	信息网络及软件购置更新	×××~×××	×××	
		计算机购置	更新的数量需求，测算的方法和依据，测算过程等。	×××	信息网络及软件购置更新	×××~×××	×××	
		……						

续表

项目活动	对项目活动的描述	子活动	对子活动的描述	数量/频率	分项支出	价格/标准	支出计划	备注
软件维护	需要维护的系统范围、维护频率、承接主体。	××应用系统维护	维护方式、维护工作的承接主体的要求、测算的方法和依据，测算过程等。	××人天	维修（护）费	×××	×××	
		××应用系统维护	维护方式、维护工作的承接主体的要求、测算的方法和依据，测算过程等。	××人天	维修（护）费	×××	×××	
		××安全系统维护	维护方式、维护工作的承接主体的要求、测算的方法和依据，测算过程等。	××人天	维修（护）费	×××	×××	
		……	……					
其他						……	……	

注：1. 编制项目支出计划时，对项目内容相对简单的，可直接填列项目活动，不再填列细项支出活动。
2. 本表中反映的是项目的总体支出情况，如项目为多年项目，则上述支出明细的合计应填列项目的多年支出总额。

附录十一

财政部关于进一步完善中央部门项目支出预算管理的通知

(2017年6月21日　财预〔2017〕96号)

党中央有关部门,国务院各部委、各直属机构,中央军委后勤保障部,武警各部队,全国人大常委会办公厅,政协全国委员会办公厅,高法院,高检院,各民主党派中央,有关人民团体,有关中央管理企业:

为深化预算管理制度改革,提高中央部门预算管理水平,现就进一步完善项目支出预算管理有关工作通知如下:

一、完善专用一级项目

部门应对照"三定"方案,结合业务特点和管理需要,调整完善专用一级项目设置,更加集中、直观反映部门主要职责和工作任务,将一级项目数量控制在合理范围内。部门单项职责涉及支出规模较小的,应将多项职责合并设置一级项目;单项职责涉及支出规模较大的,应对职责适当细化后设置一级项目。

二、增设通用一级项目

从编制2018年预算起,增设"资产运行维护"和"信息化运行维护"通用一级项目。部门安排用于房屋、设备设施,以及办公电子设备、信息系统等的运行维护支出原则上通过公用经费解决,对于确需通过项目支出安排的大型专用设备设施、专业信息系统的运行维护支出(教育、科学等归口管理的横向支出除外),应分别纳入"资产运行维护"和"信息化运行维护"项目。原通过公用经费安排的相关运行维护支出,仍通过公用经费解决,不得转列项目支出。部门已设置的专用一级项目与"资产运行维护"和"信息化运行维护"项目内容重叠的,从编制 2019 年预算起取消,2017 年已批复执行的二级项目 2017—2018 年继续按原项目执行。

三、整合归并同类支出

部门要完善项目预算编制,改进项目管理方式,增强预算统筹能力。支出性质相同的预算事项原则上不按照司(局)、处(室)分别编报二级项目,应进行归类整合后合并编制,具体支出事项作为项目的子活动进行管理,避免对同类支出的管理碎片化。

四、规范委托事项管理

除自身不具备实施条件外,机关不得将应由自身承担的工作任务或直接提供的服务委托给所属事业单位或本部门以外的其他单位承担,也不得将相关项目支出直接列入所属事业单位预算。对于确因自身不具备实施条件,需要委托其他单位完成的工作任务,应按照政府采购和政府购买服务有关规定实施,通过合同形式委托受托单位完成相关任务,向其支付合理、必要费用。

五、加强项目评审、评估和绩效评价

(一)扩大项目预算评审范围。2017 年部门开展预算评审的项目支出数额占项目库中应评审项目支出总额的比例要达到 50% 以上。申报的新增项目属于应评审范围的,原则上全部评审。

(二)建立动态评估清理机制。财政部将每年选择部分中长期支出政策或重大项目进行滚动评估,评估结果作为安排预算和调整支出政策的重要依据。部门也应建立类似的评估清理机制,取消政策目标已实现或不再具备实施条件的项目;调整条件形势变化、未达到预期效果或支出标准不可持续的项目;整合投向趋同、交叉或政策碎片化的项目。

(三)健全项目绩效评价管理。提高项目绩效目标编报质量,全面开展项目绩效目标执行监控,健全项目绩效自评体系,确保绩效自评结果客观、准确。建立完善重大项目支出绩效评价机制,加强项目绩效信息公开。

六、完善激励约束机制

（一）绩效评价结果与项目支出预算安排挂钩。财政部开展绩效评价的结果作为调整预算安排或相关支出政策的重要依据。上年绩效自评和重点绩效评价的结果，部门应在预算编制中充分应用。

（二）预算评审情况与部门整体预算安排挂钩。按10%设置预算评审容忍度，财政部开展的项目预算评审，凡整体审减率超出容忍度的部门，要压减部门下一年度预算，并扣减三年支出规划数。

七、严肃追责问责

（一）加强内控机制建设。部门入库项目，除必须满足入库的各项必备立项条件外，必须经过项目单位的内部审核和决策程序，项目立项、编报和审核责任要明确到人，落实到位，有效控制项目支出管理风险。

（二）发现问题严肃问责。在项目支出管理过程中，如发现问题，将要求有关部门按规定对项目单位及相关责任人进行追责问责。

附录十二

财政部关于加强中央部门预算评审工作的通知

（2015年6月2日　财预〔2015〕90号）

党中央有关部门，国务院各部委、各直属机构，总后勤部，武警各部队，全国人大常委会办公厅，全国政协办公厅，高法院，高检院，各民主党派中央，有关人民团体，新疆生产建设兵团，有关中央管理企业：

为健全预算审核机制，提高预算管理水平，根据《财政部关于实行中央部门中期财政规划管理的意见》（财预〔2015〕43号），现就加强中央部门预算评审有关事项通知如下：

一、加强预算评审工作的必要性

预算评审是预算管理的重要组成部分，是提高预算编制质量，优化预算资源配置的重要手段。部门预算改革以来，中央部门预算评审工作有序推进，评审范围不断扩大，评审形式不断丰富，参与评审机构的专业化程度不断提高，预算评审工作步入常态化轨道，预算评审对预算编制的支撑作用日益显著。

应当看到，与预算改革和发展的要求相比，当前预算评审工作还存在一些亟待解决的问题，如制度建设相对滞后，预算评审机制尚未建立，评审覆盖面较窄，评审程序不够规范，评审质量有待提高，评审能力建设有待加强等，制约了预算评审作用的有效发挥。

深化预算管理制度改革，加强预算管理，对预算评审工作提出了新的更高的要求。健全预算评审机制，做好预算评审工作，是更好发挥预算评审职能，完善预算决策机制的迫切需要；是完善预算编制流程，打通预算管理链条的必要手段；是规范预算编制行为，提高预算管理水平的重要保障。

二、总体思路

（一）总体目标

通过完善预算评审制度，理顺评审职责，扩展评审范围，明确评审内容，规范评审程序，加强能力建设，提高评审质量，逐步建立健全预算评审机制，将预算评审工作实质性嵌入部门预算管理流程，更好发挥预算评审对规范预算编报行为，提高预算编制质量，优化预算资源配置，改进预算管理绩效的重要支撑作用。

（二）工作思路

预算评审工作要与加强项目库建设和管理同步规划、同步实施、相互配合。各部门要抓紧启动预算评审的准备工作，着手建立中介机构库和专家库，按照相关要求选择部分重点项目开展预算评审，并逐步扩大评审范围。要根据项目立项和管理的要求，严把项目入库关，切实提高入库项目质量。要不断总结经验，扎实推进预算评审的各项工作，尽快形成较为健全的预算评审机制。要建立激励约束机制，强化评审结果的运用，以评促建、以评促管，全面提高项目支出预算管理水平。

三、重点工作

（一）理顺预算评审职责

中央部门（即直接向财政部报送部门预算的一级预算单位）和财政部按照部门预算管理权限，分别组织开展预算评审工作。财政部负责制定预算评审的管理制度，对各部门评审工作进行指导，对纳入财政部项目库的项目组织评审，运用评审结果。中央部门预算评审工作应由部门内部负责预算管理的内设机构组织，主要职责是制定评审制度，选择中介机构和专家，监督评审过程，运用评审结果，安排评审经费等。接受委托的中介机构和专家独立开展评审工作，对出具的评审报告负责。

（二）划分预算评审范围

预算评审主要针对部门预算中的项目支出预算。拟纳入中央部门项目库的项目原则上都要进行预算评审，考虑到评审工作经济性同时避免重复评审，以下项目可不纳入部门评审范围：已确定立项且按规定的支出标准和要求测算的项目，按规定由项目主管部门（指负责专项资金管理并审核相关部门申报项目的部门）评审的项目，绝密级项目（另有规定的除外），总支出规模在100万元以下的项目，其他按规定不予评审的项目。预算执行中拟申请追加预算的项目，以及项目内容、绩效目标或支出总规模等发生调整的项目，原则上也要履行部门评审程序。部门申报的项目中拟纳入预算安排的重大项目、财政专项安排的基本建设项目、专业性强或技术复杂的项目优先纳入财政部评审范围。预算执行中拟追加预算的项目，财政部也要有选择地进行评审。

（三）明确预算评审内容

预算评审的内容主要包括完整性、必要性、可行性和合理性等方面。完整性主要是项目申报程序是否合规，项目申报内容填写是否全面，项目申报所需资料是否齐全等。必要性主要是项目立项依据是否充分，与部门职责和宏观政策衔接是否紧密，与其他项目是否存在交叉重复等。可行性主要是项目立项实施方案设计是否可行，是否具备执行条件等。合理性主要是项目支出内容是否真实、合规，预算需求和绩效目标设置是否科学合理等。

（四）把握预算评审环节

各部门要按照"先评审后入库"的原则，对部门本级及所属单位申报的项目进行预算评审，评审通过的项目作为预算备选项目进入部门项目库。预算执行中拟申请追加预算的项目，原则上也要经过评审，纳入部门项目库后才能申报。财政部项目库中的项目遵循"先预算评审后安排预算"的原则，预算编制阶段，在部门已经开展评审的基础上，由财政部根据需要对拟纳入预算安排的项目进行评审，根据评审结果确定是否安排及具体额度。预算执行阶段，由财政部对部门申请追加预算的项目中拟安排预算的项目进行评审。

（五）规范预算评审方式

根据预算管理级次的不同，各部门可实行集中评审或分级评审，具体形式由部门自行确定。根据不同类型项目的特点，可采取由部门所属评审机构、委托有相应资质的社会中介机构或组织专家组评审等方式开展预算评审。对技术性、专业性较强的项目，原则上应委托专业评审机构评审。委托社会中介机构评审的，要根据政府购买服务的要求，按照政府采购法规定的方式确定承接主体，签订委托合同。组织专家组评审的，原则上应设立专家库并从中随机抽取符合相关专业要求的专家。财政部的评审工作主要由预算评审中心和财政部专员办承担。根据部门的需要，财政部预算评审中心可提供业务指导和技术支持。

（六）强化评审结果运用

预算评审的生命力在于结果的有效运用。各部门要在提高评审质量的基础上，强化预算评审结果的运用，将评审结果作为项目入库、申报和调整的重要依据。要把预算评审的总体情况作为确定所属单位预算规模的参考因素之一，引导各单位如实申报项目和预算。财政部将评审结果作为预算安排的重要依据，同时建立激励约束机制，对申报不实、预算审减率较高的部门，根据审减的额度直接扣减部门项目支出预算，并以此作为确定以后年度部门预算规模的参考依据。

（七）提高预算评审能力

各部门要加强中介机构库和专家库建设，完善中介机构及专家遴选、回避、信用和问责制度，提高预算评审的专业性和权威性。要加强评审信息系统建设，规范评审流程，改进评审方法，健全评审工作规范，加强对评审工作的监督和质量控制，提高评审工作质量和效率。财政部将重点加强预算评审中心和专员办的能力建设，提升工作人员的专业技能和政策水平，并发挥好示范辐射作用，为各部门预算评审工作提供业务指导和技术支持。

（八）保障预算评审经费

预算评审遵循"谁委托谁付费"的原则，委托开展评审工作所需经费由委托单位承担，评审机构和专家不得向被评审单位收取任何费用。对评审报告质量达不到要求、出现严重差错、超过约定评审时间且无正当理由的，相应扣减费用，情节严重的，不予支付委托费用。各部门委托开展预算评审工作已有专项经费的，通过原渠道安排；未安排专项经费的，应从日常公用经费或部门机动经费中安排。财政部开展预算评审工作所需经费由财政部承担。

四、实施保障

加强预算评审工作是深化预算管理制度改革，提高项目支出预算管理水平的重要举措。各部门要充分认识加强预算评审工作的重要意义，进一步统一思想，加强组织领导，落实好预算评审各项工作。各部门要结合实际，制定本部门加强预算评审工作实施方案，切实保障开展预算评审所需条件，为评审工作创造良好外部环境，确保预算评审工作在正确的轨道上规范有序地开展。

附录十三

财政部关于印发《中央部门结转和结余资金管理办法》的通知

(2016年2月17日　财预〔2016〕18号)

为了深化部门预算改革,加强和规范中央部门一般公共预算和政府性基金预算结转结余资金管理,优化资源配置,盘活存量资金,提高财政资金使用效益,我部对《中央部门财政拨款结转和结余资金管理办法》(财预〔2010〕7号)进行了修订,制定了《中央部门结转和结余资金管理办法》。现印发给你们,请遵照执行。

附件:中央部门结转和结余资金管理办法

附件:

中央部门结转和结余资金管理办法

第一章　总　　则

第一条　为加强中央部门结转和结余资金(以下简称结转结余资金)管理,优化财政资源配置,提高资金使用效益,根据《中华人民共和国预算法》《中华人民共和国预算法实施条例》以及部门预算管理有关规定,制定本办法。

第二条　本办法所称结转结余资金,是指与中央财政有缴拨款关系的中央级行政单位、事业单位(含企业化管理的事业单位)、社会团体及企业,按照财政部批复的预算,在年度预算执行结束时,未列支出的一般公共预算和政府性基金预算资金。

第三条 结转资金是指预算未全部执行或未执行,下年需按原用途继续使用的预算资金。结余资金是指项目实施周期已结束、项目目标完成或项目提前终止,尚未列支的项目支出预算资金;因项目实施计划调整,不需要继续支出的预算资金;预算批复后连续两年未用完的预算资金。

第四条 按照国库集中收付管理制度,结转结余资金包括国库集中支付结余资金和非国库集中支付结余资金。

第五条 中央部门核算和统计结转结余资金,应与会计账表相关数字保持一致。

第六条 按照本办法管理的结转结余资金应扣除以下两项内容:一是已支付的预付账款;二是已用于购买存货,因存货未领用等原因尚未列支的账面资金。预付账款在以后年度收回资金,或者在以后年度因出售存货收回资金的,收回的资金应按照本办法相关规定管理。

第二章 基本支出结转资金管理

第七条 年度预算执行结束时,尚未列支的基本支出全部作为结转资金管理,结转下年继续用于基本支出。

第八条 基本支出结转资金包括人员经费结转资金和公用经费结转资金。

第九条 编制年度预算时,中央部门应充分预计和反映基本支出结转资金,并结合结转资金情况统筹安排以后年度基本支出预算。财政部批复年初预算时一并批复部门上年底基本支出结转资金情况。

第十条 部门决算批复后,决算中基本支出结转资金数与年初批复数不一致的,应以决算数据作为结转资金执行依据。

第十一条 中央部门在预算执行中因增人增编需增加基本支出的,应首先通过基本支出结转资金安排。

第三章 项目支出结转资金管理

第十二条 项目实施周期内,年度预算执行结束时,除连续两年未用完的预算资金外,已批复的预算资金尚未列支的部分,作为结转资金管理,结转下年按原用途继续使用。

第十三条 基本建设项目竣工之前,均视为在项目实施周期内,年度预算执行结束时，已批复的预算资金尚未列支的部分，作为结转资金管理，结转下年按原用途继续使用。

第十四条 编制年度预算时，中央部门应充分预计和反映项目支出结转资金，并结合结转资金情况统筹安排以后年度项目支出预算。财政部批复年初预算时一并批复部门上年底项目支出结转资金情况。

第十五条 部门决算批复后，决算中项目支出结转资金数与年初批复数不一致的，应以决算数据作为结转资金执行依据。

第四章　项目支出结余资金管理

第十六条 项目支出结余资金包括：项目目标完成或项目提前终止，尚未列支的预算资金；实施周期内，因实施计划调整，不需要继续支出的预算资金；实施周期内，连续两年未用完的预算资金；实施周期结束，尚未列支的预算资金；部门机动经费在预算批复当年未动用的部分。项目支出结余资金原则上由财政部收回。

第十七条 按照基本建设财务管理的有关规定，基本建设项目竣工后，项目建设单位应抓紧办理工程价款结算和清理项目结余资金，并编报竣工财务决算。财政部和相关主管部门应及时批复竣工财务决算。基本建设项目的结余资金，由财政部收回。

第十八条 按照《关于改进加强中央财政科研项目和资金管理的若干意见》（国发〔2014〕11号）精神，中央财政科研项目结余资金中符合相关条件的，报财政部确认后，可在一定期限内由项目单位统筹安排用于科研活动的直接支出。具体管理办法另行制定。

第十九条 年度预算执行结束后，中央部门应在45日内完成对结余资金的清理，将清理情况区分国库集中支付结余资金和非国库集中支付结余资金报财政部。财政部收到中央部门报送的结余清理情况后，应在30日内发文收回结余资金。

第二十条 部门决算批复后，决算中项目支出结余资金数超出财政部已收回结余资金数的，财政部应根据批复的决算，及时发文将超出部分的结余资金收回；决算中项目支出结余资金数低于财政部已收回结余资金数的，收回的资金不再退回中央部门。

第二十一条　年度预算执行中，因项目目标完成、项目提前终止或实施计划调整，不需要继续支出的预算资金，中央部门应及时清理为结余资金并报财政部，由财政部发文收回。

第五章　控制结转资金规模

第二十二条　中央部门应努力提高预算编制的科学性、准确性，合理安排分年支出计划，根据实际支出需求编制年度预算。

第二十三条　预算执行中，中央部门应及时跟踪预算资金使用情况，定期进行统计，分析预算执行中存在的问题及原因，采取措施合理加快执行进度。

第二十四条　对当年批复的预算，预计年底将形成结转资金的部分，除基本建设项目外，中央部门按照规定程序报经批准后，可调减当年预算或调剂用于其他急需资金的支出。

第二十五条　对结转资金中预计当年难以支出的部分，除基本建设项目外，中央部门按照规定程序报经批准后，可调剂用于其他急需资金的支出。连续两年未用完的结转资金，由财政部收回。

第二十六条　中央部门拟调减预算或对结转资金用途进行调剂，应按照规定程序在8月31日前提出申请。财政部收到中央部门申请后，原则上应在9月30日前办理完成。

第二十七条　中央部门调减预算或对结转资金用途进行调剂后，相关支出如在以后年度出现经费缺口，应在部门三年支出规划确定的支出总规模内通过调整结构解决。

第二十八条　中央部门结转资金规模较大、占年度支出比重较高的，财政部可收回部分结转资金。

第二十九条　财政部对中央部门控制结转资金情况应加以考核，并对考核情况予以通报。

第三十条　中央部门应对所属单位结转资金规模控制情况进行考核，并建立激励约束机制。

第六章　结转结余资金收回

第三十一条　中央部门应按照财政部收回结转结余资金的文件，及时将资金上交国库，并区分国库集中支付结余资金和非国库集中支付结余资金，按照相关规定办理。

第三十二条 上交国库集中支付结余资金，中央部门应及时调整用款计划，财政部相应调整国库集中支付结余指标。

第三十三条 上交非国库集中支付结余资金，中央部门应在财政部发文规定的时限内将资金上交国库，并将缴款单据印送财政部备查。

第三十四条 对收回的结转结余资金，财政部应按照《财政总预算会计制度》（财库〔2015〕192号）有关规定进行会计处理。

第三十五条 基本建设项目结余资金的收回，按照基本建设项目结余财政资金管理的有关规定执行。

第七章 国库集中支付结余资金管理

第三十六条 年度预算执行结束后，中央部门与财政部就预算指标、资金支出情况进行核对。根据核对情况，财政部于1月31日前将国库集中支付结余数据发给中央部门。

第三十七条 中央部门收到国库集中支付结余数据后，应在15日内将国库集中支付结余资金申报核批表报财政部。财政部收到核批表后，应及时发文批复。申报和批复国库集中支付结余资金时，不得调整支出功能分类科目。

第八章 附　　则

第三十八条 中央部门在结转结余资金管理中违反本办法规定的，财政部应责成其进行纠正。对未及时纠正的，财政部可将有关资金收回。

第三十九条 中央部门可以依据本办法规定，结合部门实际情况，制定本部门结转结余资金管理的具体办法。中国人民解放军、武装警察部队参照本办法的原则，另行制定管理规定。

第四十条 本办法由财政部负责解释。

第四十一条 本办法自发布之日起施行，财政部2010年1月18日发布的《中央部门财政拨款结转和结余资金管理办法》（财预〔2010〕7号）同时废止。

附录十四

财政部关于印发《中央本级基本支出预算管理办法》的通知

(2007年4月13日 财预〔2007〕37号)

党中央有关部门，国务院各部委、直属机构，总参谋部，总政治部，总后勤部，总装备部，武警各部队，全国人大常委会办公厅，全国政协办公厅，高法院，高检院，有关人民团体，新疆生产建设兵团，有关中央管理企业：

  为进一步深化预算改革，规范和加强中央部门基本支出预算管理，保障中央部门正常运转的资金需要，我们制订了《中央本级基本支出预算管理办法》，现印发给你们。请遵照执行。

  附件：中央本级基本支出预算管理办法

附件：

中央本级基本支出预算管理办法

第一章 总 则

第一条 为加强中央部门基本支出预算管理，规范基本支出预算分配行为，保障中央部门正常运转的资金需要，根据《中华人民共和国预算法》，制定本办法。

第二条 中央本级基本支出预算由中央各部门基本支出预算组成。本办法所称"中央部门"，是指与财政部直接发生预算缴款、拨款关系的国家机关、军队、政党组织和社会团体以及企业和事业单位。

第三条 中央部门的行政单位（包括参照《公务员法》管理的事业单位）的行政运行经费和事业单位的事业运行（或机构运行等）经费等基本支出的预算管理，适用本办法。

第四条 基本支出预算是部门预算的组成部分，是中央部门为保障其机构正常运转、完成日常工作任务而编制的年度基本支出计划，按其性质分为人员经费和日常公用经费。

第五条 中央部门在基本支出之外为完成其特定行政任务和事业发展目标所发生的支出作为项目支出预算管理。

第六条 编制基本支出预算的原则

（一）综合预算的原则。在编制基本支出预算时，对当年财政拨款和以前年度结余资金，预算内和预算外资金，要统筹考虑、合理安排。

（二）优先保障的原则。财力安排首先应当保障单位基本支出的合理需要，以保证中央部门的日常工作正常运转。

（三）定额管理的原则。基本支出预算实行以定员定额为主的管理方式，同时结合部门资产占有状况，通过建立实物费用定额标准，实现资产管理与定额管理相结合。对于基本支出没有财政拨款的事业单位，其基本支出预算可以按照国家财务规章制度规定和部门预算编制的有关要求，结合单位的收支情况，采取其他方式合理安排基本支出预算。

第二章 制定定额标准的原则和方法

第七条 定员、资产和定额是测算和编制中央部门基本支出预算的重要依据。

定员，是指国家机构编制主管部门根据中央部门的性质、职能、业务范围和工作任务所下达的人员配置标准。

资产，是指中央部门占有、使用的，依法确认为国家所有的公共财产。包括国家调拨的资产、用国家财政性资金形成的资产、按照国家规定组织收入形成的资产、以单位名义接受捐赠形成和其他依法确认为国家所有的资产等，其表现形式为办公用房、车辆、专用设备等固定资产。

定额，是指财政部根据中央部门机构正常运转和日常工作任务的合理需要，结合财力的可能，对基本支出的各项内容所规定的指标额度。

第八条 制定定额标准的原则

（一）制定定额标准要以公平为前提，兼顾单位的实际支出水平。

（二）制定定额标准要量力而行，以财力可能为基础，切合实际，具有可行性。

（三）制定定额标准要规范化，制定方法要具有科学性。

第九条 制定定额标准的方法

（一）依据国家有关的方针、政策，财力状况，社会物价水平及单位的业务性质、工作量、人员、资产等数据资料制定定额标准。

（二）根据基本支出的特点，对政府收支分类中的支出经济分类款级科目进行合理调整、归并，形成若干基本支出定额项目。

（三）基本支出定额项目包括人员经费和日常公用经费两部分。人员经费包括政府收支分类的支出经济分类科目中的"工资福利支出"和"对个人和家庭的补助"。具体定额项目包括：基本工资、津补贴及奖金、社会保障缴费、离退休费、医疗费、助学金、住房补贴和其他人员经费等。日常公用经费包括政府收支分类的支出经济分类科目中的"商品和服务支出"和"其他资本性支出"中属于基本支出内容的支出。具体定额项目包括：办公及印刷费、水电费、邮电费、取暖费、物业管理费、交通费、差旅费、日常维修费、会议费、专用材料费、一般购置费（包括一般办公设备购置费、一般专用设备购置费、一般交通工具购置费、一般装备购置费等）、福利费和其他公用经费等。

（四）为规范定额分配行为，根据中央部门承担的职能、行业及业务特点，将中央部门分为若干类型。在核准同类单位工作量、占用的资源和相关历史数据资料的基础上，以人或实物作为测算对象，确定各类单位各定额项目的单项基准定额。基本支出日常公用经费定额项目中，水电费、取暖费、物业管理费、交通费等可采取人员定额和实物费用定额相结合的方式确定。

（五）在确定同类单位单项基准定额的基础上，确定同类单位的分档定额标准，最后确定各单位所应执行的各个单项定额标准。

（六）各个单项定额标准的总和构成单位基本支出的综合定额。

第十条 定额标准的调整

定额标准的执行期限与预算年度一致;定额标准的调整在预算年度开始前进行;定额标准一经下达,在年度预算执行中不做调整,影响预算执行的有关因素,在确定下一年度定额标准时,由财政部统一考虑。

第三章 基本支出预算的编制与审批

第十一条 中央部门根据财政部编制年度部门预算的要求,在规定时间内,组织编制本部门申报基本支出预算的基础数据和相关资料,按照规定格式报送财政部。

第十二条 财政部对中央部门报送的基础数据和相关资料进行审核,按照定额标准及有关依据,结合中央部门基本支出结余情况,测算并下达基本支出预算控制数(包括人员经费和日常公用经费,下同)及财政拨款补助数。

第十三条 中央部门在财政部下达的基本支出预算控制数额及财政拨款补助数额内,根据本部门的实际情况和国家有关政策、制度规定的开支范围及开支标准,在人员经费和日常公用经费各自的支出经济分类款级科目之间,自主调整编制本部门的基本支出预算,在规定的时间内报送财政部。

第十四条 财政部依法将审核汇总后的中央部门预算上报国务院审定。经全国人民代表大会批准后,在规定时间内向中央部门批复。

第四章 基本支出预算的管理与监督

第十五条 基本支出预算按人员经费和日常公用经费分别核算管理。人员经费严格按照国家相关政策安排;日常公用经费应与部门占有的资产情况相衔接,未按相关规定报批或超过配置标准购置的实物资产,一律不安排日常维护经费。

第十六条 基本支出预算中按照规定属于政府采购的支出,应当同时编入政府采购预算,并按照国家有关政府采购的规定执行。

第十七条 中央部门要严格执行批准的基本支出预算。执行中发生的非财政补助收入超收部分,原则上不再安排当年的基本支出,可报经财政部批准后,安排项目支出或结转下年使用;发生的短收,中央部门应当报经财政部批准后调减当年预算,当年的财政补助数不予调整。如遇国家出台有关政策,对预算执行影响较大,确需调整基本支出预算的,由中央部门报经财政部批准后进行调整。

第十八条 基本支出结余应按照财政部有关结余资金管理规定使用,中央部门应加强对基本支出结余资金的管理,将年度预算安排与基本支出结余资金统筹考虑。

第十九条 财政部对中央部门基本支出预算执行情况进行检查监督,对违反国家有关法律、法规和财务规章制度的,依法进行处理。

第五章 附 则

第二十条 本办法由财政部负责解释。

第二十一条 中国人民解放军、中国人民武装警察部队可以参照本办法规定的原则,另行制定管理办法。

第二十二条 本办法自发布之日起施行。《财政部关于印发〈中央部门基本支出预算管理试行办法〉的通知》(财预〔2002〕355号)同时废止。

附录十五

财政部关于进一步做好中央本级支出标准体系建设工作的通知

(2019年6月13日 财预〔2019〕112号)

各中央预算单位:

为贯彻落实党的十九大精神,深化部门预算改革,现就进一步做好中央本级支出标准体系建设工作通知如下:

一、充分认识支出标准体系建设工作的重要意义

支出标准体系建设是深化中央部门预算改革的重要举措。通过多年工作，初步形成了目标明确、职责清晰、程序规范、运行有序的运行机制和较为完整的支出标准体系，支出有标准、用标准的观念普遍增强，在规范预算管理、提高财政资金使用效益等方面发挥了积极作用。

应当看到，与深化预算改革、加强预算管理的要求相比，支出标准体系建设工作还有待提升：基本支出标准方面，标准体系框架有待进一步健全，相关支出财政保障政策尚需完善；项目支出标准方面，项目文本还需进一步规范，标准数量和质量难以满足预算编制和评审工作需要等。

党的十九大明确提出"建立全面规范透明、标准科学、约束有力的预算制度"，为支出标准体系建设工作指明了方向，提供了根本遵循。要全面总结经验，坚持问题导向，着力改革创新，更好地推进中央本级支出标准体系建设工作。

二、总体思路和基本原则

（一）总体思路

全面贯彻落实党的十九大精神，遵循财政预算编制的基本规律，着力转变观念、拓宽思路、突出重点、理顺关系，逐步完善基本支出标准体系，切实推进项目支出标准体系建设，力争到2023年建成规范、科学、合理的基本支出标准体系和涵盖财政重点支出领域、部门主要共性项目和重大延续性项目的数量适度、结构合理、科学规范的项目支出标准体系，更好发挥标准在预算管理中的基础性作用。

（二）基本原则

统筹谋划，改革创新。立足中央部门预算管理全局，合理把握工作的力度和节奏。以改革创新精神引领标准体系建设，强化顶层设计和规划引导，进一步丰富标准的内容和形式，实现各类标准的有效衔接。

突出重点，完善机制。坚持有所为有所不为，聚焦重点支出领域、共性项目、重大延续性项目开展标准制定工作，提高标准体系建设效率。进一步明确各方职责，着力完善标准体系建设管理体制和运行机制，加快形

成工作合力，充分调动各方积极性。

科学合理，讲求实效。紧密结合预算管理实际，增强标准的科学性、规范性和可靠性，合理保障机构正常运转、基本履职和重点工作需要。健全标准应用机制，推进标准管理与预算管理、资产管理有机融合，实现标准应用的常态化、制度化。

三、重点工作

（一）基本支出标准体系方面

1. 健全基本支出标准体系框架。基本支出包括人员经费和公用经费，人员经费标准包括工资津补贴、住房改革支出、社会保险缴费等具体支出标准；公用经费标准按照人员费用定额为主、实物费用定额为辅的方式确定，科学设置定额项目，合理保障机构正常运转和基本履职需要。按照"横向到边、纵向到底"的原则，逐步将全部基本支出事项纳入标准体系建设范畴，充分发挥标准在规范预算分配中的基础性作用。

2. 分类明确财政保障政策。行政单位和参公单位的基本支出全部由财政保障。事业单位根据职能定位、具体特点，分类完善财政补助政策：在明确界定公益职能、合理确定机构编制的基础上，公益一类事业单位基本支出由财政保障为主；公益二类事业单位结合现有财政补助水平，逐步推动实行与编制脱钩的补助机制，通过政府购买服务等方式予以支持。

3. 完善支出标准和保障政策调整机制。基本支出标准调整原则上与年度预算编制同步进行，人员经费标准，根据国家工资津补贴政策变化等情况予以调整；公用经费标准，根据机构职责、经济社会发展和物价水平、财力可能等情况予以调整。根据事业单位分类改革进展等情况，研究完善财政保障政策。

（二）项目支出标准建设方面

1. 从项目文本和支出标准两方面推进标准化工作。新制定的标准一般包含两部分：一是规范的项目文本，同类型项目的项目文本在框架结构、支出内容、文本格式等方面要统一，文本中要明确项目立项依据、实施方案、项目支出明细等内容，并按规范的文本编报和审核预算，实现同类项目预算可比较可分析；二是具体的支出标准，对项目各项支出内容中适合制定标准的部分，制定符合实际的支出标准，并根据经济社会发展和财力状况适时调整。

2. 丰富标准形式。适当扩充标准外延，将财政资金分配规范及方法等纳入支出标准范畴。支出标准包含以下形式：一是安排财政支出重点领域预算规模及其结构的基本规范；二是分配某项资金或项目支出预算的规范方法；三是确定项目整体或某项支出内容预算额度的测算标准，合理运用绝对标准（如支出定额）和相对标准（如计提比例）、综合标准和分项标准等多种形式。

3. 把握建设重点。重点针对涉及面广、资金量大、实施期限长、适合标准化管理的项目，加快标准体系建设进程：一是中央本级支出的重点领域，遵循财政预算编制的基本规律，根据经济社会发展目标、国家宏观调控要求和行业发展需要等因素，研究支出预算安排的基本规范；二是各部门普遍存在的共性项目，分期分批制定通用的项目文本和支出标准，并作为预算编制和评审的依据。对暂时无法制定支出标准的，首先从项目文本上加以规范，为支出标准制定打下基础；三是部门内部的延续性重大项目以及与部门履职关系紧密的专项业务项目，制定项目文本和支出标准，作为部门内部预算编报和审核的依据，并报财政部备案。对部门一次性重大项目，主要通过预算评审确定支出范围和预算额度。

4. 与预算评审相结合。推进预算评审与标准建设的深度结合，形成二者相互补充、相互促进的良性互动关系。一是强化标准在预算评审工作中的应用，提高评审工作的规范性，同时，根据评审情况提出对现有标准进行调整的意见建议，适时完善相关标准。二是强化预算评审在标准制定工作中的作用，充分利用评审结果，对各类项目的特点和规律进行深入分析和梳理，加快形成评审一类项目、出台一个标准、规范一个领域的工作机制，助力标准建设。

（三）理顺工作关系

基本支出标准体系建设由财政部组织实施，用于基本支出预算的测算和分配。项目支出标准体系建设采取"财政部牵头组织，中央部门具体落实"的管理模式。按照标准发布主体，项目支出标准分为财政部标准和部门内部标准。财政部标准又分为通用标准和专用标准，通用标准适用于中央本级的共性项目，主要由财政部负责编制、印发执行；专用标准适用于特定部门、专项资金或专项业务项目，由部门负责编制、财政部审核后研究印发执行。部门内部标准由部门负责编制、印发执行。

四、工作要求

（一）加快标准建设进程

各部门要把思想认识统一到党的十九大精神上来，进一步抓精抓好标准建设工作。一方面，做好现有标准的收集整理，各部门将目前已制定的内部标准目录于2019年7月底前报财政部备案，财政部研究将相对成熟的部门标准按程序上升为财政部标准。另一方面，按照先易后难、逐步完善的原则，2019年各部门至少新启动一项标准制定工作，相关工作计划一并于2019年7月底前报财政部备案。

（二）规范标准编制机制

标准制定工作可由部门自行承担，也可按规定委托第三方机构承担并加强指导。制定的标准应符合实际、切实可行，项目文本要做到内容完整、格式规范、结构合理，标准制定要反映现阶段的合理需求和财力状况，防止以标准制定倒逼财政增支。标准制定过程中，要充分利用预算评审、决算、绩效管理等各方面的信息资料，不断改进标准制定方法，提高标准建设的科学性、合理性。

（三）完善标准应用机制

牢固树立"有标准就要用"的理念，从编制2020年预算起，部门"一上"要对本部门项目支出标准建设情况进行说明，项目文本中详细说明测算所使用的标准，各项支出原则上不得突破已有标准。要结合社会经济发展、物价水平、财力状况等，对标准进行适时修订。

（四）强化标准建设保障

各部门要进一步加强对标准建设工作的领导，明确负责机构，落实精干人员，所需经费原则上通过本部门公用经费解决，任务较重的部门可通过项目支出安排，确保标准建设工作需要。

本通知自印发之日起施行，此前发布的有关文件与本通知不一致的，按照本通知执行。

附录十六

财政部关于印发《中央部门预算绩效目标管理办法》的通知

(2015年5月21日　财预〔2015〕88号)

党中央有关部门,国务院各部委、各直属机构,总后勤部,武警各部队,全国人大常委会办公厅,全国政协办公厅,高法院,高检院,各民主党派中央,有关人民团体,新疆生产建设兵团,有关中央管理企业:

　　为了全面推进预算绩效管理工作,进一步规范中央部门预算绩效目标管理,提高财政资金使用效益,根据《中华人民共和国预算法》《国务院关于深化预算管理制度改革的决定》(国发〔2014〕45号)等有关规定,我们制定了《中央部门预算绩效目标管理办法》。现予印发,请遵照执行。

　　附件:中央部门预算绩效目标管理办法

附件:

中央部门预算绩效目标管理办法

第一章　总　　则

　　第一条　为了进一步加强预算绩效管理,提高中央部门预算绩效目标管理的科学性、规范性和有效性,根据《中华人民共和国预算法》《国务院关于深化预算管理制度改革的决定》(国发〔2014〕45号)等有关规定,制定本办法。

第二条 绩效目标是指财政预算资金计划在一定期限内达到的产出和效果。

绩效目标是建设项目库、编制部门预算、实施绩效监控、开展绩效评价等的重要基础和依据。

第三条 本办法所称绩效目标：

（一）按照预算支出的范围和内容划分，包括基本支出绩效目标、项目支出绩效目标和部门（单位）整体支出绩效目标。

基本支出绩效目标，是指中央部门预算中安排的基本支出在一定期限内对本部门（单位）正常运转的预期保障程度。一般不单独设定，而是纳入部门（单位）整体支出绩效目标统筹考虑。

项目支出绩效目标是指中央部门依据部门职责和事业发展要求，设立并通过预算安排的项目支出在一定期限内预期达到的产出和效果。

部门（单位）整体支出绩效目标是指中央部门及其所属单位按照确定的职责，利用全部部门预算资金在一定期限内预期达到的总体产出和效果。

（二）按照时效性划分，包括中长期绩效目标和年度绩效目标。

中长期绩效目标是指中央部门预算资金在跨度多年的计划期内预期达到的产出和效果。年度绩效目标是指中央部门预算资金在一个预算年度内预期达到的产出和效果。

第四条 绩效目标管理是指财政部和中央部门及其所属单位以绩效目标为对象，以绩效目标的设定、审核、批复等为主要内容所开展的预算管理活动。

第五条 财政部和中央部门及其所属单位是绩效目标管理的主体。

第六条 绩效目标管理的对象是纳入中央部门预算管理的全部资金。

第二章 绩效目标的设定

第七条 绩效目标设定是指中央部门或其所属单位按照部门预算管理和绩效目标管理的要求，编制绩效目标并向财政部或中央部门报送绩效目标的过程。

绩效目标是部门预算安排的重要依据。未按要求设定绩效目标的项目支出，不得纳入项目库管理，也不得申请部门预算资金。

第八条 按照"谁申请资金，谁设定目标"的原则，绩效目标由中央部门及其所属单位设定。

项目支出绩效目标，在该项目纳入中央部门项目库之前编制，并按要求随同中央部门项目库提交财政部；部门（单位）整体支出绩效目标，在申报部门预算时编制，并按要求提交财政部。

第九条 绩效目标要能清晰反映预算资金的预期产出和效果，并以相应的绩效指标予以细化、量化描述。主要包括：

（一）预期产出，是指预算资金在一定期限内预期提供的公共产品和服务情况；

（二）预期效果，是指上述产出可能对经济、社会、环境等带来的影响情况，以及服务对象或项目受益人对该项产出和影响的满意程度等。

第十条 绩效指标是绩效目标的细化和量化描述，主要包括产出指标、效益指标和满意度指标等。

（一）产出指标是对预期产出的描述，包括数量指标、质量指标、时效指标、成本指标等。

（二）效益指标是对预期效果的描述，包括经济效益指标、社会效益指标、生态效益指标、可持续影响指标等。

（三）满意度指标是反映服务对象或项目受益人的认可程度的指标。

第十一条 绩效标准是设定绩效指标时所依据或参考的标准。一般包括：

（一）历史标准，是指同类指标的历史数据等；

（二）行业标准，是指国家公布的行业指标数据等；

（三）计划标准，是指预先制定的目标、计划、预算、定额等数据；

（四）财政部认可的其他标准。

第十二条 绩效目标设定的依据包括：

（一）国家相关法律、法规和规章制度，国民经济和社会发展规划；

（二）部门职能、中长期发展规划、年度工作计划或项目规划；

（三）中央部门中期财政规划；

（四）财政部中期和年度预算管理要求；

（五）相关历史数据、行业标准、计划标准等；

（六）符合财政部要求的其他依据。

第十三条 设定的绩效目标应当符合以下要求：

（一）指向明确。绩效目标要符合国民经济和社会发展规划、部门职能及事业发展规划等要求，并与相应的预算支出内容、范围、方向、效果等紧密相关。

（二）细化量化。绩效目标应当从数量、质量、成本、时效以及经济效益、社会效益、生态效益、可持续影响、满意度等方面进行细化，尽量进行定量表述。不能以量化形式表述的，可采用定性表述，但应具有可衡量性。

（三）合理可行。设定绩效目标时要经过调查研究和科学论证，符合客观实际，能够在一定期限内如期实现。

（四）相应匹配。绩效目标要与计划期内的任务数或计划数相对应，与预算确定的投资额或资金量相匹配。

第十四条 绩效目标申报表是所设定绩效目标的表现形式。其中，项目支出绩效目标涉及内容的相关信息，纳入项目文本中，通过提取信息的方式以确定格式（详见附1）生成；部门（单位）整体支出绩效目标，按照确定格式和内容（详见附2）填报，纳入部门预算编报说明中。

第十五条 绩效目标设定的方法包括：

（一）项目支出绩效目标的设定。

1. 对项目的功能进行梳理，包括资金性质、预期投入、支出范围、实施内容、工作任务、受益对象等，明确项目的功能特性。

2. 依据项目的功能特性，预计项目实施在一定时期内所要达到的总体产出和效果，确定项目所要实现的总体目标，并以定量和定性相结合的方式进行表述。

3. 对项目支出总体目标进行细化分解，从中概括、提炼出最能反映总体目标预期实现程度的关键性指标，并将其确定为相应的绩效指标。

4. 通过收集相关基准数据，确定绩效标准，并结合项目预期进展、预计投入等情况，确定绩效指标的具体数值。

(二) 部门（单位）整体支出绩效目标的设定。

1. 对部门（单位）的职能进行梳理，确定部门（单位）的各项具体工作职责。

2. 结合部门（单位）中长期规划和年度工作计划，明确年度主要工作任务，预计部门（单位）在本年度内履职所要达到的总体产出和效果，将其确定为部门（单位）总体目标，并以定量和定性相结合的方式进行表述。

3. 依据部门（单位）总体目标，结合部门（单位）的各项具体工作职责和工作任务，确定每项工作任务预计要达到的产出和效果，从中概括、提炼出最能反映工作任务预期实现程度的关键性指标，并将其确定为相应的绩效指标。

4. 通过收集相关基准数据，确定绩效标准，并结合年度预算安排等情况，确定绩效指标的具体数值。

第十六条 绩效目标设定程序为：

（一）基层单位设定绩效目标。申请预算资金的基层单位按照要求设定绩效目标，随同本单位预算提交上级单位；根据上级单位审核意见，对绩效目标进行修改完善，按程序逐级上报。

（二）中央部门设定绩效目标。中央部门按要求设定本级支出绩效目标，审核、汇总所属单位绩效目标，提交财政部；根据财政部审核意见对绩效目标进行修改完善，按程序提交财政部。

第三章 绩效目标的审核

第十七条 绩效目标审核是指财政部或中央部门对相关部门或单位报送的绩效目标进行审查核实，并将审核意见反馈相关单位，指导其修改完善绩效目标的过程。

第十八条 按照"谁分配资金，谁审核目标"的原则，绩效目标由财政部或中央部门按照预算管理级次进行审核。根据工作需要，绩效目标可委托第三方予以审核。

第十九条 绩效目标审核是部门预算审核的有机组成部分。绩效目标不符合要求的，财政部或中央部门应要求报送单位及时修改、完善。审核符合要求后，方可进入项目库，并进入下一步预算编审流程。

第二十条 中央部门对所属单位报送的项目支出绩效目标和单位整体支出绩效目标进行审核。

有预算分配权的部门应对预算部门提交的有关项目支出绩效目标进行审核，并据此提出资金分配建议。经审核的项目支出绩效目标，报财政部备案。

第二十一条 财政部根据部门预算审核的范围和内容，对中央部门报送的项目支出绩效目标和部门（单位）整体支出绩效目标进行审核。对经有预算分配权的部门审核后的横向分配项目的绩效目标，财政部可根据需要进行再审核。

第二十二条 绩效目标审核的主要内容：

（一）完整性审核。绩效目标的内容是否完整，绩效目标是否明确、清晰。

（二）相关性审核。绩效目标的设定与部门职能、事业发展规划是否相关，是否对申报的绩效目标设定了相关联的绩效指标，绩效指标是否细化、量化。

（三）适当性审核。资金规模与绩效目标之间是否匹配，在既定资金规模下，绩效目标是否过高或过低；或者要完成既定绩效目标，资金规模是否过大或过小。

（四）可行性审核。绩效目标是否经过充分论证和合理测算；所采取的措施是否切实可行，并能确保绩效目标如期实现。综合考虑成本效益，是否有必要安排财政资金。

第二十三条 对一般性项目，由财政部或中央部门结合部门预算管理流程进行审核，提出审核意见。

对社会关注程度高、对经济社会发展具有重要影响、关系重大民生领域或专业技术复杂的重点项目，财政部或中央部门可根据需要将其委托给第三方，组织相关部门、专家学者、科研院所、中介机构、社会公众代表等共同参与审核，提出审核意见。

第二十四条 对项目支出绩效目标的审核，采用"项目支出绩效目标审核表"（详见附3）。其中，对一般性项目，采取定性审核的方式；对重点项目，采取定性审核和定量审核相结合的方式。

部门（单位）整体支出绩效目标的审核，可参考项目支出绩效目标的审核工具，提出审核意见。

第二十五条 项目支出绩效目标审核结果分为"优""良""中""差"四个等级，作为项目预算安排的重要参考因素。

审核结果为"优"的，直接进入下一步预算安排流程；审核结果为"良"的，可与相关部门或单位进行协商，直接对其绩效目标进行完善后，进入下一步预算安排流程；审核结果为"中"的，由相关部门或单位对其绩效目标进行修改完善，按程序重新报送审核；审核结果为"差"的，不得进入下一步预算安排流程。

第二十六条 绩效目标审核程序如下：

（一）中央部门及其所属单位审核。中央部门及其所属单位对下级单位报送的绩效目标进行审核，提出审核意见并反馈给下级单位。下级单位根据审核意见对相关绩效目标进行修改完善，重新提交上级单位审核，审核通过后按程序报送财政部。

（二）财政部审核。财政部对中央部门报送的绩效目标进行审核，提出审核意见并反馈给中央部门。中央部门根据财政部审核意见对相关绩效目标进行修改完善，重新报送财政部审核。财政部根据绩效目标审核情况提出预算安排意见，随预算资金一并下达中央部门。

第四章 绩效目标的批复、调整与应用

第二十七条 按照"谁批复预算，谁批复目标"的原则，财政部和中央部门在批复年初部门预算或调整预算时，一并批复绩效目标。原则上，中央部门整体支出绩效目标、纳入绩效评价范围的项目支出绩效目标和一级项目绩效目标，由财政部批复；中央部门所属单位整体支出绩效目标和二级项目绩效目标，由中央部门或所属单位按预算管理级次批复。

第二十八条 绩效目标确定后，一般不予调整。预算执行中因特殊原因确需调整的，应按照绩效目标管理要求和预算调整流程报批。

第二十九条 中央部门及所属单位应按照批复的绩效目标组织预算执

行，并根据设定的绩效目标开展绩效监控、绩效自评和绩效评价。

（一）绩效监控。预算执行中，中央部门及所属单位应对资金运行状况和绩效目标预期实现程度开展绩效监控，及时发现并纠正绩效运行中存在的问题，力保绩效目标如期实现。

（二）绩效自评。预算执行结束后，资金使用单位应对照确定的绩效目标开展绩效自评，分别填写"项目支出绩效自评表"（详见附4）和"部门（单位）整体支出绩效自评表"（详见附5），形成相应的自评结果，作为部门（单位）预、决算的组成内容和以后年度预算申请、安排的重要基础。

（三）绩效评价。财政部或中央部门要有针对地选择部分重点项目或部门（单位），在资金使用单位绩效自评的基础上，开展项目支出或部门（单位）整体支出绩效评价，并对部分重大专项资金或财政政策开展中期绩效评价试点，形成相应的评价结果。

第三十条　中央部门应按照有关法律、法规要求，逐步将有关绩效目标随同部门预算予以公开。

第五章　附　　则

第三十一条　各部门可根据本办法，结合实际制定本部门具体绩效目标管理办法和实施细则，报财政部备案。

第三十二条　此前关于中央部门预算绩效目标管理的规定与本办法不一致的，适用本办法。

第三十三条　本办法由财政部负责解释。

第三十四条　本办法自印发之日起施行。

附1-1：项目支出绩效目标申报表（生成表）

附1-2：项目支出绩效目标申报表内容说明

附2-1：部门（单位）整体支出绩效目标申报表

附2-2：部门（单位）整体支出绩效目标申报表填报说明

附3-1：项目支出绩效目标审核表（一般性项目）

附3-2：项目支出绩效目标审核表（重点项目）

附3-3：项目支出绩效目标审核表填报说明

附4：项目支出绩效自评表
附5：部门（单位）整体支出绩效自评表
附6：中央部门预算绩效目标管理流程图

附1-1：

项目支出绩效目标申报表（生成表）

(　　年度)

项目名称				
主管部门及代码			实施单位	
项目属性			项目期	
项目资金 （万元）	中期资金总额：		年度资金总额：	
	其中：财政拨款		其中：财政拨款	
	其他资金		其他资金	
总体目标	中期目标（20××年—20××+n年）		年度目标	
	目标1： 目标2： 目标3： ……		目标1： 目标2： 目标3： ……	

续表

一级指标	二级指标	三级指标	指标值	二级指标	三级指标	指标值
绩效指标	产出指标	数量指标	指标1： 指标2： ……		数量指标	指标1： 指标2： ……	
		质量指标	指标1： 指标2： ……		质量指标	指标1： 指标2： ……	
		时效指标	指标1： 指标2： ……		时效指标	指标1： 指标2： ……	
		成本指标	指标1： 指标2： ……		成本指标	指标1： 指标2： ……	
		……			……	
	效益指标	经济效益指标	指标1： 指标2： ……		经济效益指标	指标1： 指标2： ……	
		社会效益指标	指标1： 指标2： ……		社会效益指标	指标1： 指标2： ……	
		生态效益指标	指标1： 指标2： ……		生态效益指标	指标1： 指标2： ……	
		可持续影响指标	指标1： 指标2： ……		可持续影响指标	指标1： 指标2： ……	
		……			……	
	满意度指标	服务对象满意度指标	指标1： 指标2： ……		服务对象满意度指标	指标1： 指标2： ……	

附 1-2：

项目支出绩效目标申报表内容说明

一、适用范围

（一）本表根据中央部门及其所属单位所填报的项目文本中的相关信息，由预算管理系统自动生成，作为项目绩效目标审核和批复、预算资金确定、绩效监控、绩效评价的主要依据。

（二）项目支出是指中央部门为完成其特定的行政工作任务或事业发展目标、纳入部门预算编制范围的年度项目支出计划。

（三）中央部门的所有预算项目都应设定绩效目标，并形成本表。

（四）本表中的相关内容由项目资金申报单位在项目申报文本中填写。

二、内容说明

（一）年度：指编制部门预算所属年份。如：编报20××年部门预算时，填写"20××年"；20××年预算执行中申请调整预算时，填写"20××年"。

（二）项目基本情况

1. 项目名称：指项目的具体名称，与部门预算中的项目名称一致。

2. 主管部门及代码：指中央部门的代码及全称。如：[101]国务院办公厅。

3. 实施单位：指项目具体实施单位，与项目文本中的有关内容一致。

4. 项目属性：指新增项目或延续项目。

5. 项目期：指项目的具体实施期限，其中，一次性项目，填1年；有确定项目实施期的项目，填确定的年限，如3年等；属于部门经常性业务项目，填"长期"。

6. 项目资金：指中期或年度项目资金总额，按资金来源分为财政拨款、其他资金。本项内容以万元为单位，保留小数点后两位。

（三）总体目标

项目支出总体目标描述利用该项目全部预算资金在一定期限内预期达

到的总体产出和效果。

1. 中期目标：概括描述延续项目在一定时期内（一般为三年）预期达到的产出和效果。其中，所填写的期限，按一定时期滚动填写，如2015年编制2016年预算，填写2016—2018年；2016年编制2017年预算，填写2017—2019年等。

一次性项目和处于项目期最后一年的项目，不需填写此项，只填写年度目标。

2. 年度目标：概括描述项目在本年度内预期达到的产出和效果。

（四）绩效指标

绩效指标按中期指标和年度指标分别填列，其中，中期指标是对中期目标的细化和量化，年度指标是对年度目标的细化和量化。一次性项目和处于项目期最后一年的项目，只填写年度指标。

绩效指标一般包括产出指标、效益指标、满意度指标三类一级指标，每一类一级指标细分为若干二级指标、三级指标，分别设定具体的指标值。指标值应尽量细化、量化，可量化的用数值描述，不可量化的以定性描述。

1. 产出指标：反映根据既定目标，相关预算资金预期提供的公共产品和服务情况。可进一步细分为：

（1）数量指标，反映预期提供的公共产品和服务数量，如"举办培训的班次""培训学员的人次""新增设备数量"等；

（2）质量指标，反映预期提供的公共产品和服务达到的标准、水平和效果，如"培训合格率""研究成果验收通过率"等；

（3）时效指标，反映预期提供公共产品和服务的及时程度和效率情况，如"培训完成时间""研究成果发布时间"等；

（4）成本指标，反映预期提供公共产品和服务所需成本的控制情况，如"人均培训成本""设备购置成本""和社会平均成本的比较"等。

2. 效益指标：反映与既定绩效目标相关的、前述相关产出所带来的预期效果的实现程度。可进一步细分为：

（1）经济效益指标，反映相关产出对经济发展带来的影响和效果，如"促进农民增收率或增收额""采用先进技术带来的实际收入增长率"等；

（2）社会效益指标，反映相关产出对社会发展带来的影响和效果，如

"带动就业增长率""安全生产事故下降率"等；

（3）生态效益指标，反映相关产出对自然环境带来的影响和效果，如"水电能源节约率""空气质量优良率"等；

（4）可持续影响指标，反映相关产出带来影响的可持续期限，如"项目持续发挥作用的期限""对本行业未来可持续发展的影响"等。

3. 满意度指标：属于预期效果的内容，反映服务对象或项目受益人对相关产出及其影响的认可程度，根据实际细化为具体指标，如"受训学员满意度""群众对××工作的满意度""社会公众投诉率/投诉次数"等。

4. 实际操作中其他绩效指标的具体内容，可由部门（单位）根据需要，在上述指标中或在上述指标之外另行补充。

附 2 - 1：

部门（单位）整体支出绩效目标申报表

（　　年度）

部门（单位）名称					
年度主要任务	任务名称	主要内容	预算金额（万元）		
			总额	财政拨款	其他资金
	任务 1				
	任务 2				
	任务 3				
	……				
	金额合计				
年度总体目标	目标 1： 目标 2： 目标 3： ……				

续表

一级指标	二级指标	三级指标	指标值
年度绩效指标	产出指标	数量指标	指标1：	
			指标2：	
			……	
		质量指标	指标1：	
			指标2：	
			……	
		时效指标	指标1：	
			指标2：	
			……	
		成本指标	指标1：	
			指标2：	
			……	
		……		
	效益指标	经济效益指标	指标1：	
			指标2：	
			……	
		社会效益指标	指标1：	
			指标2：	
			……	
		生态效益指标	指标1：	
			指标2：	
			……	
		可持续影响指标	指标1：	
			指标2：	
			……	
		……		
	满意度指标	服务对象满意度指标	指标1：	
			指标2：	
			……	
		……		

附 2-2：

部门（单位）整体支出绩效目标申报表填报说明

一、适用范围

（一）本表适用于中央部门及其所属单位在申报部门（单位）整体支出绩效目标时填报，作为部门（单位）整体支出预算审核及绩效评价的主要依据。

（二）部门（单位）整体支出是指纳入中央部门预算管理的全部资金，包括当年财政拨款和通过以前年度财政拨款结转和结余资金、事业收入、事业单位经营收入等其他收入安排的支出；包括基本支出和项目支出。

（三）中央部门及其所属单位应按要求设定整体支出绩效目标，填报本表。

（四）本表由中央部门或所属单位财务主管机构负责填写，必要时可以由本部门或本单位业务部门协助填写。

二、填报说明

（一）年度：填写编制部门预算所属年份。如：编报20××年部门预算，填写"20××年"。

（二）部门（单位）名称：填写填报本表的预算部门或单位全称。

（三）年度主要任务：填写根据部门（单位）主要职责和工作计划确定的本年度主要工作任务以及开展这项任务所对应的预算支出金额（一般为一级项目及金额）。预算支出金额包括当年财政拨款和其他资金，以万元为单位，保留到小数点后两位。

（四）年度总体目标：描述本部门（单位）利用全部部门预算资金在本年度内预期达到的总体产出和效果。

（五）年度绩效指标：一般包括产出指标、效益指标、满意度指标三类一级指标，每一类一级指标细分为若干二级指标、三级指标，分别对应具体的指标值。指标值应尽量细化、量化，可量化的用数值描述，不可量化的以定性描述。具体填报要求可参照"项目支出绩效目标申报表内容说明"。

附3-1：

项目支出绩效目标审核表（一般性项目）

审核内容	审核要点	审核意见
一、完整性审核		
规范完整性	绩效目标填报格式是否规范，内容是否完整、准确、翔实，是否无缺项、错项	优□ 良□ 中□ 差□
明确清晰性	绩效目标是否明确、清晰，是否能够反映项目主要情况，是否对项目预期产出和效果进行了充分、恰当的描述	优□ 良□ 中□ 差□
二、相关性审核		
目标相关性	总体目标是否符合国家法律法规、国民经济和社会发展规划要求，与本部门（单位）职能、发展规划和工作计划是否密切相关	优□ 良□ 中□ 差□
指标科学性	绩效指标是否全面、充分、细化、量化，难以量化的，定性描述是否充分、具体；是否选取了最能体现总体目标实现程度的关键指标并明确了具体指标值	优□ 良□ 中□ 差□
三、适当性审核		
绩效合理性	预期绩效是否显著，是否能够体现实际产出和效果的明显改善；是否符合行业正常水平或事业发展规律；与其他同类项目相比，预期绩效是否合理	优□ 良□ 中□ 差□

续表

审核内容	审核要点	审核意见
资金匹配性	绩效目标与项目资金量、使用方向等是否匹配，在既定资金规模下，绩效目标是否过高或过低；或要完成既定绩效目标，资金规模是否过大或过小	优□ 良□ 中□ 差□
四、可行性审核		
实现可能性	绩效目标是否经过充分调查研究、论证和合理测算，实现的可能性是否充分	优□ 良□ 中□ 差□
条件充分性	项目实施方案是否合理，项目实施单位的组织实施能力和条件是否充分，内部控制是否规范，管理制度是否健全	优□ 良□ 中□ 差□
综合评定等级	优□ 良□ 中□ 差□	
总体意见		

附 3-2：

项目支出绩效目标审核表（重点项目）

审核内容		审核要点		审核意见	得分
具体内容	分值	具体内容	分值		
一、完整性审核（20分）					
规范完整性	10分	绩效目标填报格式是否规范、符合规定要求	5分	优□ 良□ 中□ 差□	
		绩效目标填报内容是否完整、准确、翔实，是否无缺项、错项	5分	优□ 良□ 中□ 差□	
		得分小计			

续表

审核内容		审核要点		审核意见	得分
具体内容	分值	具体内容	分值		
明确清晰性	10分	绩效目标是否明确，内容是否具体，层次是否分明，表述是否准确	5分	优□ 良□ 中□ 差□	
		绩效目标是否清晰，是否能够反映项目的主要内容，是否对项目预期产出和效果进行了充分、恰当的描述	5分	优□ 良□ 中□ 差□	
		得分小计			
二、相关性审核（30分）					
目标相关性	15分	总体目标是否符合国家法律法规、国民经济和社会发展规划要求	7分	优□ 良□ 中□ 差□	
		总体目标与本部门（单位）职能、发展规划和工作计划是否密切相关	8分	优□ 良□ 中□ 差□	
		得分小计			
指标科学性	15分	绩效指标是否全面、充分，是否选取了最能体现总体目标实现程度的关键指标并明确了具体指标值	8分	优□ 良□ 中□ 差□	
		绩效指标是否细化、量化，便于监控和评价；难以量化的，定性描述是否充分、具体	7分	优□ 良□ 中□ 差□	
		得分小计			
三、适当性审核（30分）					
绩效合理性	15分	预期绩效是否显著，是否能够体现实际产出和效果的明显改善	8分	优□ 良□ 中□ 差□	
		预期绩效是否符合行业正常水平或事业发展规律；与其他同类项目相比，预期绩效是否合理	7分	优□ 良□ 中□ 差□	
		得分小计			

续表

审核内容		审核要点		审核意见	得分
具体内容	分值	具体内容	分值		
资金匹配性	15分	绩效目标与项目资金量是否匹配，在既定资金规模下，绩效目标是否过高或过低；或要完成既定绩效目标，资金规模是否过大或过小	8分	优□ 良□ 中□ 差□	
		绩效目标与相应的支出内容、范围、方向、效果等是否匹配	7分	优□ 良□ 中□ 差□	
		得分小计			
四、可行性审核（20分）					
实现可能性	10分	绩效目标是否经过充分调查研究、论证和合理测算	5分	优□ 良□ 中□ 差□	
		绩效目标实现的可能性是否充分，是否考虑了现实条件和可操作性	5分	优□ 良□ 中□ 差□	
		得分小计			
条件充分性	10分	项目实施方案是否合理，项目实施单位的组织实施能力和条件是否充分	5分	优□ 良□ 中□ 差□	
		内部控制是否规范，预算和财务管理制度是否健全并得到有效执行	5分	优□ 良□ 中□ 差□	
		得分小计			
总　　分					
综合评定等级		优□　　良□　　中□　　差□			
总体意见					

附 3-3：

项目支出绩效目标审核表填报说明

一、适用范围

（一）本表适用于财政部或中央部门及其所属单位在审核项目支出绩效目标时填报，是绩效目标审核的主要工具。

（二）本表全面反映审核主体对绩效目标的审核意见。

（三）本表由财政部或中央部门及其所属单位财务主管机构负责填写；委托第三方审核的，可以由第三方机构协助填写。

二、填报说明

（一）审核内容

绩效目标审核包括完整性审核、相关性审核、适当性审核和可行性审核等四个方面。绩效目标审核应充分参考部门（单位）职能、项目立项依据、项目实施的必要性和可行性、项目实施方案以及以前年度绩效信息等内容，还应充分考虑财政资金支持的方向、范围和方式等。

（二）审核方式

审核采取定性审核与定量审核相结合的方式。定性审核分为"优""良""中""差"四个等级，其中，填报内容完全符合要求的，定级为"优"；绝大部分内容符合要求、仅需对个别内容进行修改的，定级为"良"；部分内容不符合要求、但通过修改完善后能够符合要求的，定级为"中"；内容为空或大部分内容不符合要求的，定级为"差"。定量审核按对应等级进行打分，保留一位小数。具体审核方式如下：

1. 对一般性项目，采取定性审核的方式。审核主体对每一项审核内容逐一提出定性审核意见，并根据各项审核情况，汇总确定"综合评定等级"。确定综合评定等级时，8个审核要点中，有6项及以上为"优"、且其他项无"中""差"级的，方可定级为"优"；有6项及以上为"良"及以上、且其他项无"差"级的，方可定级为"良"；有6项及以上为

"中"及以上的，方可定级为"中"。同时，在本表"总体意见"栏中对该项目绩效目标的修改完善、预算安排等提出意见。

2. 对重点项目，采取定性审核和定量审核相结合的方式。审核主体对每一项审核内容提出定性审核意见，并进行打分。定性审核为"优"的，得该项分值的90%—100%；定性审核为"良"的，得该项分值的80%—89%；定性审核为"中"的，得该项分值的60%—79%；定性审核为"差"的，得该项分值的59%以下。

各项审核内容完成后，根据项目审核总分，确定"综合评定等级"。总得分在90分以上的为"优"；在80分至90分（不含，下同）之间的为"良"；在60分至80分之间的为"中"；低于60分的为"差"。同时，在本表"总体意见"栏中对该项目绩效目标的修改完善、预算安排等提出意见。

附4：

项目支出绩效自评表

（　　年度）

项目名称				
主管部门及代码			实施单位	
项目预算执行情况（万元）	预算数：		执行数：	
	其中：财政拨款		其中：财政拨款	
	其他资金		其他资金	
年度总体目标完成情况	预期目标		目标实际完成情况	
	目标1： 目标2： 目标3： ……		目标1完成情况： 目标2完成情况： 目标3完成情况： ……	

续表

一级指标	二级指标	三级指标	预期指标值	实际完成指标值
年度绩效指标完成情况	产出指标	数量指标	指标1：|	
			指标2：|	
			……		
		质量指标	指标1：|	
			指标2：|	
			……		
		时效指标	指标1：|	
			指标2：|	
			……		
		成本指标	指标1：|	
			指标2：|	
			……		
		……			
	效益指标	经济效益指标	指标1：|	
			指标2：|	
			……		
		社会效益指标	指标1：|	
			指标2：|	
			……		
		生态效益指标	指标1：|	
			指标2：|	
			……		
		可持续影响指标	指标1：|	
			指标2：|	
			……		
		……			
	满意度指标	服务对象满意度指标	指标1：|	
			指标2：|	
			……		

附 5：

部门（单位）整体支出绩效自评表

(　　年度)

<table>
<tr><td colspan="2">部门（单位）名称</td><td></td><td></td><td></td><td></td><td></td></tr>
<tr><td rowspan="6">年度主要任务完成情况</td><td>任务名称</td><td>完成情况</td><td>预算数（万元）</td><td>其中：财政拨款</td><td>执行数（万元）</td><td>其中：财政拨款</td></tr>
<tr><td>任务1</td><td></td><td></td><td></td><td></td><td></td></tr>
<tr><td>任务2</td><td></td><td></td><td></td><td></td><td></td></tr>
<tr><td>任务3</td><td></td><td></td><td></td><td></td><td></td></tr>
<tr><td>……</td><td></td><td></td><td></td><td></td><td></td></tr>
<tr><td>金额合计</td><td></td><td></td><td></td><td></td><td></td></tr>
<tr><td rowspan="2">年度总体目标完成情况</td><td colspan="2">预期目标</td><td colspan="4">目标实际完成情况</td></tr>
<tr><td colspan="2">目标1：
目标2：
目标3：
……</td><td colspan="4">目标1完成情况：
目标2完成情况：
目标3完成情况：
……</td></tr>
</table>

续表

一级指标	二级指标	指标内容	预期指标值	实际完成指标值
年度绩效指标完成情况	产出指标	数量指标	指标1：		
			指标2：		
			……		
		质量指标	指标1：		
			指标2：		
			……		
		时效指标	指标1：		
			指标2：		
			……		
		成本指标	指标1：		
			指标2：		
			……		
		……			
	效益指标	经济效益指标	指标1：		
			指标2：		
			……		
		社会效益指标	指标1：		
			指标2：		
			……		
		生态效益指标	指标1：		
			指标2：		
			……		
		可持续影响指标	指标1：		
			指标2：		
			……		
		……			
	满意度指标	服务对象满意度指标	指标1：		
			指标2：		
			……		
		……			

附6：

中央部门预算绩效目标管理流程图

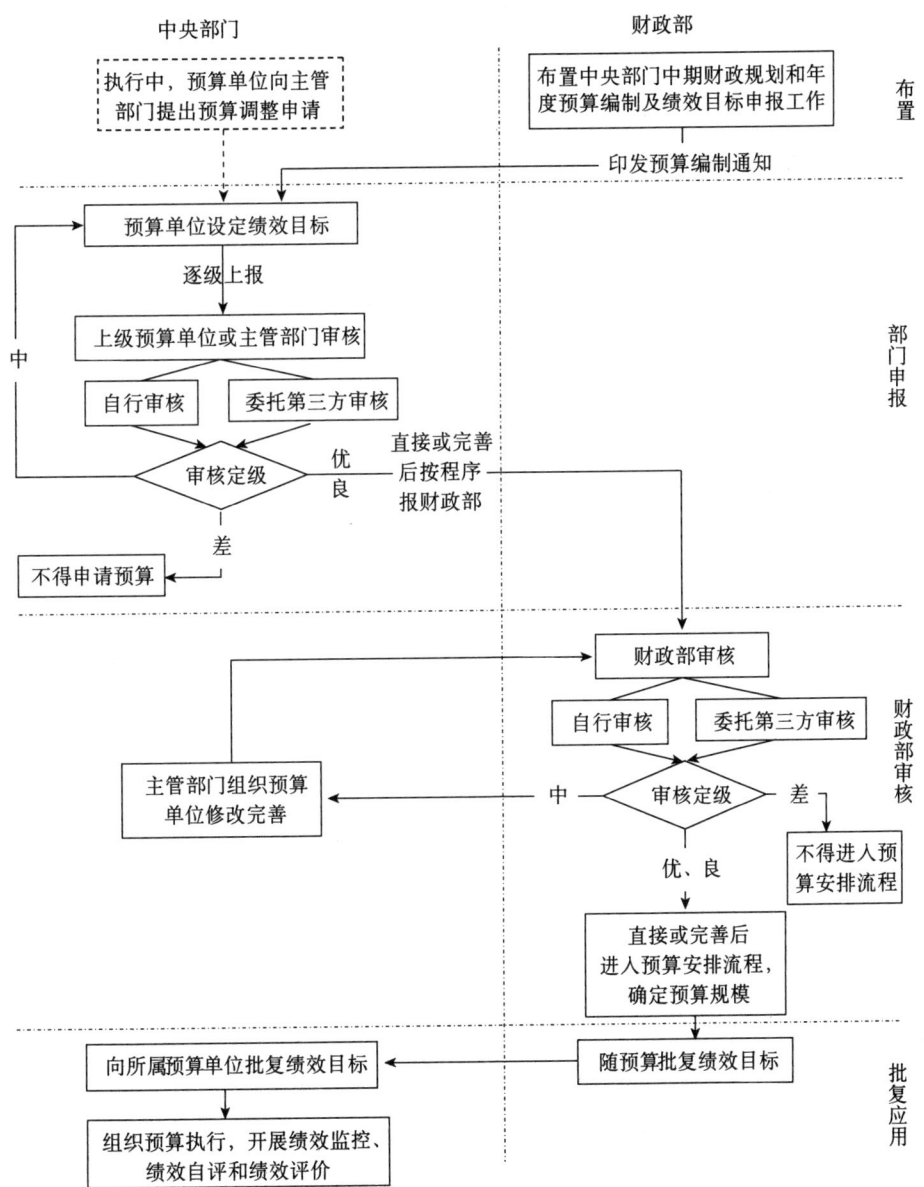

附录十七

财政部关于印发《中央部门预算绩效运行监控管理暂行办法》的通知

(2019年7月26日　财预〔2019〕136号)

有关中央预算单位：

为贯彻落实《中共中央 国务院关于全面实施预算绩效管理的意见》，按照《关于印发2019年预算绩效管理重点工作任务的通知》（财办预〔2019〕15号）要求，为进一步提高绩效监控工作的规范性和系统性，经充分征求各相关方意见，我们制定了《中央部门预算绩效运行监控管理暂行办法》。现予印发，请遵照执行。

附件：中央部门预算绩效运行监控管理暂行办法

附件：

中央部门预算绩效运行监控管理暂行办法

第一章　总　　则

第一条　为加强中央部门预算绩效运行监控（以下简称绩效监控）管理，提高预算执行效率和资金使用效益，根据《中共中央 国务院关于全面实施预算绩效管理的意见》的有关规定，制定本办法。

第二条　本办法所称绩效监控是指在预算执行过程中，财政部、中央部门及其所属单位依照职责，对预算执行情况和绩效目标实现程度开展的监督、控制和管理活动。

第三条 绩效监控按照"全面覆盖、突出重点,权责对等、约束有力,结果运用、及时纠偏"的原则,由财政部统一组织、中央部门分级实施。

第二章 职责分工

第四条 财政部主要职责包括:

(一)负责对中央部门开展绩效监控的总体组织和指导工作;

(二)研究制定绩效监控管理制度办法;

(三)根据工作需要开展重点绩效监控;

(四)督促绩效监控结果应用;

(五)应当履行的其他绩效监控职责。

第五条 中央部门是实施预算绩效监控的主体。中央部门主要职责包括:

(一)牵头负责组织部门本级开展预算绩效监控工作,对所属单位的绩效监控情况进行指导和监督,明确工作要求,加强绩效监控结果应用等。按照要求向财政部报送绩效监控结果。

(二)按照"谁支出,谁负责"的原则,预算执行单位(包括部门本级及所属单位,下同)负责开展预算绩效日常监控,并定期对绩效监控信息进行收集、审核、分析、汇总、填报;分析偏离绩效目标的原因,并及时采取纠偏措施。

(三)应当履行的其他绩效监控职责。

第三章 监控范围和内容

第六条 中央部门绩效监控范围涵盖中央部门一般公共预算、政府性基金预算和国有资本经营预算所有项目支出。

中央部门应对重点政策和重大项目,以及巡视、审计、有关监督检查、重点绩效评价和日常管理中发现问题较多、绩效水平不高、管理薄弱的项目予以重点监控,并逐步开展中央部门及其所属单位整体预算绩效监控。

第七条 绩效监控内容主要包括：

（一）绩效目标完成情况。一是预计产出的完成进度及趋势，包括数量、质量、时效、成本等。二是预计效果的实现进度及趋势，包括经济效益、社会效益、生态效益和可持续影响等。三是跟踪服务对象满意度及趋势。

（二）预算资金执行情况，包括预算资金拨付情况、预算执行单位实际支出情况以及预计结转结余情况。

（三）重点政策和重大项目绩效延伸监控。必要时，可对重点政策和重大项目支出具体工作任务开展、发展趋势、实施计划调整等情况进行延伸监控。具体内容包括：政府采购、工程招标、监理和验收、信息公示、资产管理以及有关预算资金会计核算等。

（四）其他情况。除上述内容外其他需要实施绩效监控的内容。

第四章 监控方式和流程

第八条 绩效监控采用目标比较法，用定量分析和定性分析相结合的方式，将绩效实现情况与预期绩效目标进行比较，对目标完成、预算执行、组织实施、资金管理等情况进行分析评判。

第九条 绩效监控包括及时性、合规性和有效性监控。及时性监控重点关注上年结转资金较大、当年新增预算且前期准备不充分，以及预算执行环境发生重大变化等情况。合规性监控重点关注相关预算管理制度落实情况、项目预算资金使用过程中的无预算开支、超预算开支、挤占挪用预算资金、超标准配置资产等情况。有效性监控重点关注项目执行是否与绩效目标一致、执行效果能否达到预期等。

第十条 绩效监控工作是全流程的持续性管理，具体采取中央部门日常监控和财政部定期监控相结合的方式开展。对科研类项目可暂不开展年度中的绩效监控，但应在实施期内结合项目检查等方式强化绩效监控，更加注重项目绩效目标实现程度和可持续性。条件具备时，财政部门对中央部门预算绩效运行情况开展在线监控。

第十一条 每年8月，中央部门要集中对1—7月预算执行情况和绩效目标实现程度开展一次绩效监控汇总分析，具体工作程序如下：

（一）收集绩效监控信息。预算执行单位对照批复的绩效目标，以绩效目标执行情况为重点收集绩效监控信息。

（二）分析绩效监控信息。预算执行单位在收集上述绩效信息的基础上，对偏离绩效目标的原因进行分析，对全年绩效目标完成情况进行预计，并对预计年底不能完成目标的原因及拟采取的改进措施做出说明。

（三）填报绩效监控情况表。预算执行单位在分析绩效监控信息的基础上填写《项目支出绩效目标执行监控表》（附后），并作为年度预算执行完成后绩效评价的依据。

（四）报送绩效监控报告。中央部门年度集中绩效监控工作完成后，及时总结经验、发现问题、提出下一步改进措施，形成本部门绩效监控报告，并将所有一级项目《项目支出绩效目标执行监控表》于8月31日前报送财政部对口部门司和预算司。

第五章 结果应用

第十二条 绩效监控结果作为以后年度预算安排和政策制定的参考，绩效监控工作情况作为中央部门预算绩效管理工作考核的内容。

第十三条 中央部门通过绩效监控信息深入分析预算执行进度慢、绩效水平不高的具体原因，对绩效监控中发现的绩效目标执行偏差和管理漏洞，应及时采取分类处置措施予以纠正：

（一）对于因政策变化、突发事件等客观因素导致预算执行进度缓慢或预计无法实现绩效目标的，要本着实事求是的原则，及时按程序调减预算，并同步调整绩效目标。

（二）对于绩效监控中发现严重问题的，如预算执行与绩效目标偏离较大、已经或预计造成重大损失浪费或风险等情况，应暂停项目实施，相应按照有关程序调减预算并停止拨付资金，及时纠偏止损。已开始执行的政府采购项目应当按照相关程序办理。

第十四条 财政部要加强绩效监控结果应用。对中央部门绩效监控结果进行审核分析，对发现的问题和风险进行研判，督促相关部门改进管理，确保预算资金安全有效，保障党中央、国务院重大战略部署和政策目标如期实现。

对绩效监控过程中发现的财政违法行为，依照《中华人民共和国预算法》《财政违法行为处罚处分条例》等有关规定追究责任，报送同级政府和有关部门作为行政问责参考依据；发现重大违纪违法问题线索，及时移送纪检监察机关。

第六章　附　　则

第十五条　各中央部门可根据本办法，结合实际制定预算绩效监控具体管理办法或实施细则，报财政部备案。

第十六条　本办法自印发之日起施行。

附件：项目支出绩效目标执行监控表

附件：

项目支出绩效目标执行监控表

（　　年度）

项目名称											
主管部门及代码				实施单位							
项目资金 （万元）	年度资金总额：		年初预算数			1—7月执行数			1—7月执行率		全年预计执行数
	其中：本年一般公共预算拨款										
	其他资金										
年度总体目标											
绩效指标	一级指标	二级指标	三级指标	年度指标值	1—7月执行情况	全年预计完成情况	偏差原因分析				完成目标可能性			备注
							经费保障	制度保障	人员保障	硬件条件保障	其他	原因说明	确定能	有可能	完全不可能	
		数量指标														
	产出指标															
		质量指标														

续表

一级指标	二级指标	三级指标	年度指标值	1—7月执行情况	全年预计完成情况	偏差原因分析					完成目标可能性			备注
						经费保障	制度保障	人员保障	硬件条件保障	其他	原因说明	确定能	有可能	完全不可能	
绩效指标	产出指标	时效指标													
		成本指标													
		……													
	效益指标	经济效益指标													
		社会效益指标													
		生态效益指标													
		可持续影响指标													
		……													

续表

一级指标	二级指标	三级指标	年度指标值	1—7月执行情况	全年预计完成情况	偏差原因分析						完成目标可能性			备注
						经费保障	制度保障	人员保障	硬件条件保障	其他	原因说明	确定能	有可能	完全不可能	
绩效指标	满意度指标	服务对象满意度指标													
		……													

注：1. 偏差原因分析：针对与预期目标产生偏差的指标，分别从经费保障、制度保障、人员保障、硬件条件保障等方面进行判断和分析，并说明原因。

2. 完成目标可能性：对应所设定的实现绩效目标的路径，分确定能、有可能、完全不可能三级综合判断完成的可能性。

3. 备注：说明预计到年底不能完成目标的原因及拟采取的措施。

附录十八

财政部关于印发《项目支出绩效评价管理办法》的通知

(2020年2月25日 财预〔2020〕10号)

有关中央预算单位,各省、自治区、直辖市、计划单列市财政厅(局),新疆生产建设兵团财政局:

为深入贯彻落实《中共中央 国务院关于全面实施预算绩效管理的意见》精神,我们在《财政支出绩效评价管理暂行办法》(财预〔2011〕285号)的基础上,修订形成了《项目支出绩效评价管理办法》,现予印发,请遵照执行。

附件:项目支出绩效评价管理办法

附件:

项目支出绩效评价管理办法

第一章 总 则

第一条 为全面实施预算绩效管理,建立科学、合理的项目支出绩效评价管理体系,提高财政资源配置效率和使用效益,根据《中华人民共和国预算法》和《中共中央 国务院关于全面实施预算绩效管理的意见》等有关规定,制定本办法。

第二条 项目支出绩效评价(以下简称绩效评价)是指财政部门、预算部门和单位，依据设定的绩效目标，对项目支出的经济性、效率性、效益性和公平性进行客观、公正的测量、分析和评判。

第三条 一般公共预算、政府性基金预算、国有资本经营预算项目支出的绩效评价适用本办法。涉及预算资金及相关管理活动，如政府投资基金、主权财富基金、政府和社会资本合作（PPP）、政府购买服务、政府债务项目等绩效评价可参照本办法执行。

第四条 绩效评价分为单位自评、部门评价和财政评价三种方式。单位自评是指预算部门组织部门本级和所属单位对预算批复的项目绩效目标完成情况进行自我评价。部门评价是指预算部门根据相关要求，运用科学、合理的绩效评价指标、评价标准和方法，对本部门的项目组织开展的绩效评价。财政评价是财政部门对预算部门的项目组织开展的绩效评价。

第五条 绩效评价应当遵循以下基本原则：

（一）科学公正。绩效评价应当运用科学合理的方法，按照规范的程序，对项目绩效进行客观、公正的反映。

（二）统筹兼顾。单位自评、部门评价和财政评价应职责明确，各有侧重，相互衔接。单位自评应由项目单位自主实施，即"谁支出、谁自评"。部门评价和财政评价应在单位自评的基础上开展，必要时可委托第三方机构实施。

（三）激励约束。绩效评价结果应与预算安排、政策调整、改进管理实质性挂钩，体现奖优罚劣和激励相容导向，有效要安排、低效要压减、无效要问责。

（四）公开透明。绩效评价结果应依法依规公开，并自觉接受社会监督。

第六条 绩效评价的主要依据：

（一）国家相关法律、法规和规章制度；

（二）党中央、国务院重大决策部署，经济社会发展目标，地方各级党委和政府重点任务要求；

（三）部门职责相关规定；

（四）相关行业政策、行业标准及专业技术规范；

（五）预算管理制度及办法，项目及资金管理办法、财务和会计资料；

（六）项目设立的政策依据和目标，预算执行情况，年度决算报告、项目决算或验收报告等相关材料；

（七）本级人大审查结果报告、审计报告及决定，财政监督稽核报告等；

（八）其他相关资料。

第七条 绩效评价期限包括年度、中期及项目实施期结束后；对于实施期 5 年及以上的项目，应适时开展中期和实施期后绩效评价。

第二章 绩效评价的对象和内容

第八条 单位自评的对象包括纳入政府预算管理的所有项目支出。

第九条 部门评价对象应根据工作需要，优先选择部门履职的重大改革发展项目，随机选择一般性项目。原则上应以 5 年为周期，实现部门评价重点项目全覆盖。

第十条 财政评价对象应根据工作需要，优先选择贯彻落实党中央、国务院重大方针政策和决策部署的项目，覆盖面广、影响力大、社会关注度高、实施期长的项目。对重点项目应周期性组织开展绩效评价。

第十一条 单位自评的内容主要包括项目总体绩效目标、各项绩效指标完成情况以及预算执行情况。对未完成绩效目标或偏离绩效目标较大的项目要分析并说明原因，研究提出改进措施。

第十二条 财政和部门评价的内容主要包括：

（一）决策情况；

（二）资金管理和使用情况；

（三）相关管理制度办法的健全性及执行情况；

（四）实现的产出情况；

（五）取得的效益情况；

（六）其他相关内容。

第三章 绩效评价指标、评价标准和方法

第十三条 单位自评指标是指预算批复时确定的绩效指标，包括项目的产出数量、质量、时效、成本，以及经济效益、社会效益、生态效益、

可持续影响、服务对象满意度等。

单位自评指标的权重由各单位根据项目实际情况确定。原则上预算执行率和一级指标权重统一设置为：预算执行率10%、产出指标50%、效益指标30%、服务对象满意度指标10%。如有特殊情况，一级指标权重可做适当调整。二、三级指标应当根据指标重要程度、项目实施阶段等因素综合确定，准确反映项目的产出和效益。

第十四条 财政和部门绩效评价指标的确定应当符合以下要求：与评价对象密切相关，全面反映项目决策、项目和资金管理、产出和效益；优先选取最具代表性、最能直接反映产出和效益的核心指标，精简实用；指标内涵应当明确、具体、可衡量，数据及佐证资料应当可采集、可获得；同类项目绩效评价指标和标准应具有一致性，便于评价结果相互比较。

财政和部门评价指标的权重根据各项指标在评价体系中的重要程度确定，应当突出结果导向，原则上产出、效益指标权重不低于60%。同一评价对象处于不同实施阶段时，指标权重应体现差异性，其中，实施期间的评价更加注重决策、过程和产出，实施期结束后的评价更加注重产出和效益。

第十五条 绩效评价标准通常包括计划标准、行业标准、历史标准等，用于对绩效指标完成情况进行比较。

（一）计划标准。指以预先制定的目标、计划、预算、定额等作为评价标准。

（二）行业标准。指参照国家公布的行业指标数据制定的评价标准。

（三）历史标准。指参照历史数据制定的评价标准，为体现绩效改进的原则，在可实现的条件下应当确定相对较高的评价标准。

（四）财政部门和预算部门确认或认可的其他标准。

第十六条 单位自评采用定量与定性评价相结合的比较法，总分由各项指标得分汇总形成。

定量指标得分按照以下方法评定：与年初指标值相比，完成指标值的，记该指标所赋全部分值；对完成值高于指标值较多的，要分析原因，如果是由于年初指标值设定明显偏低造成的，要按照偏离度适度调减分值；未完成指标值的，按照完成值与指标值的比例记分。

定性指标得分按照以下方法评定：根据指标完成情况分为达成年度指标、部分达成年度指标并具有一定效果、未达成年度指标且效果较差三档，分别按照该指标对应分值区间100%—80%（含）、80%—60%（含）、60%—0合理确定分值。

第十七条 财政和部门评价的方法主要包括成本效益分析法、比较法、因素分析法、最低成本法、公众评判法、标杆管理法等。根据评价对象的具体情况，可采用一种或多种方法。

（一）成本效益分析法。是指将投入与产出、效益进行关联性分析的方法。

（二）比较法。是指将实施情况与绩效目标、历史情况、不同部门和地区同类支出情况进行比较的方法。

（三）因素分析法。是指综合分析影响绩效目标实现、实施效果的内外部因素的方法。

（四）最低成本法。是指在绩效目标确定的前提下，成本最小者为优的方法。

（五）公众评判法。是指通过专家评估、公众问卷及抽样调查等方式进行评判的方法。

（六）标杆管理法。是指以国内外同行业中较高的绩效水平为标杆进行评判的方法。

（七）其他评价方法。

第十八条 绩效评价结果采取评分和评级相结合的方式，具体分值和等级可根据不同评价内容设定。总分一般设置为100分，等级一般划分为四档：90（含）—100分为优、80（含）—90分为良、60（含）—80分为中、60分以下为差。

第四章 绩效评价的组织管理与实施

第十九条 财政部门负责拟定绩效评价制度办法，指导本级各部门和下级财政部门开展绩效评价工作；会同有关部门对单位自评和部门评价结果进行抽查复核，督促部门充分应用自评和评价结果；根据需要组织实施绩效评价，加强评价结果反馈和应用。

第二十条 各部门负责制定本部门绩效评价办法，组织部门本级和所属单位开展自评工作，汇总自评结果，加强自评结果审核和应用；具体组织实施部门评价工作，加强评价结果反馈和应用。积极配合财政评价工作，落实评价整改意见。

第二十一条 部门本级和所属单位按照要求具体负责自评工作，对自评结果的真实性和准确性负责，自评中发现的问题要及时进行整改。

第二十二条 财政和部门评价工作主要包括以下环节：

（一）确定绩效评价对象和范围；

（二）下达绩效评价通知；

（三）研究制订绩效评价工作方案；

（四）收集绩效评价相关数据资料，并进行现场调研、座谈；

（五）核实有关情况，分析形成初步结论；

（六）与被评价部门（单位）交换意见；

（七）综合分析并形成最终结论；

（八）提交绩效评价报告；

（九）建立绩效评价档案。

第二十三条 财政和部门评价根据需要可委托第三方机构或相关领域专家（以下简称第三方，主要是指与资金使用单位没有直接利益关系的单位和个人）参与，并加强对第三方的指导，对第三方工作质量进行监督管理，推动提高评价的客观性和公正性。

第二十四条 部门委托第三方开展绩效评价的，要体现委托人与项目实施主体相分离的原则，一般由主管财务的机构委托，确保绩效评价的独立、客观、公正。

第五章 绩效评价结果应用及公开

第二十五条 单位自评结果主要通过项目支出绩效自评表的形式反映，做到内容完整、权重合理、数据真实、结果客观。财政和部门评价结果主要以绩效评价报告的形式体现，绩效评价报告应当依据充分、分析透彻、逻辑清晰、客观公正。

绩效评价工作和结果应依法自觉接受审计监督。

第二十六条 各部门应当按照要求随同部门决算向本级财政部门报送绩效自评结果。

部门和单位应切实加强自评结果的整理、分析，将自评结果作为本部门、本单位完善政策和改进管理的重要依据。对预算执行率偏低、自评结果较差的项目，要单独说明原因，提出整改措施。

第二十七条 财政部门和预算部门应在绩效评价工作完成后，及时将评价结果反馈被评价部门（单位），并明确整改时限；被评价部门（单位）应当按要求向财政部门或主管部门报送整改落实情况。

各部门应按要求将部门评价结果报送本级财政部门，评价结果作为本部门安排预算、完善政策和改进管理的重要依据；财政评价结果作为安排政府预算、完善政策和改进管理的重要依据。原则上，对评价等级为优、良的，根据情况予以支持；对评价等级为中、差的，要完善政策、改进管理，根据情况核减预算。对不进行整改或整改不到位的，根据情况相应调减预算或整改到位后再予安排。

第二十八条 各级财政部门、预算部门应当按照要求将绩效评价结果分别编入政府决算和本部门决算，报送本级人民代表大会常务委员会，并依法予以公开。

第六章 法律责任

第二十九条 对使用财政资金严重低效无效并造成重大损失的责任人，要按照相关规定追责问责。对绩效评价过程中发现的资金使用单位和个人的财政违法行为，依照《中华人民共和国预算法》《财政违法行为处罚处分条例》等有关规定追究责任；发现违纪违法问题线索的，应当及时移送纪检监察机关。

第三十条 各级财政部门、预算部门和单位及其工作人员在绩效评价管理工作中存在违反本办法的行为，以及其他滥用职权、玩忽职守、徇私舞弊等违法违纪行为的，依照《中华人民共和国预算法》《中华人民共和国公务员法》《中华人民共和国监察法》《财政违法行为处罚处分条例》等国家有关规定追究相应责任；涉嫌犯罪的，依法移送司法机关处理。

第七章 附 则

第三十一条 各地区、各部门可结合实际制定具体的管理办法和实施细则。

第三十二条 本办法自印发之日起施行。《财政支出绩效评价管理暂行办法》（财预〔2011〕285号）同时废止。

附：1. 项目支出绩效自评表
  2. 项目支出绩效评价指标体系框架（参考）
  3. 项目支出绩效评价报告（参考提纲）

附1：

项目支出绩效自评表

（　　年度）

项目名称								
主管部门				实施单位				
项目资金（万元）		年初预算数	全年预算数	全年执行数	分值	执行率	得分	
	年度资金总额				10			
	其中：当年财政拨款				—			
	上年结转资金				—			
	其他资金							
年度总体目标	预期目标			实际完成情况				
绩效指标	一级指标	二级指标	三级指标	年度指标值	实际完成值	分值	得分	偏差原因分析及改进措施
	产出指标	数量指标	指标1：					
			指标2：					
			……					

续表

一级指标	二级指标	三级指标	年度指标值	实际完成值	分值	得分	偏差原因分析及改进措施
绩效指标	产出指标	质量指标	指标1：				
			指标2：				
			……				
		时效指标	指标1：				
			指标2：				
			……				
		成本指标	指标1：				
			指标2：				
			……				
	效益指标	经济效益指标	指标1：				
			指标2：				
			……				
		社会效益指标	指标1：				
			指标2：				
			……				
		生态效益指标	指标1：				
			指标2：				
			……				
		可持续影响指标	指标1：				
			指标2：				
			……				
	满意度指标	服务对象满意度指标	指标1：				
			指标2：				
			……				
总分					100		

附 2：

项目支出绩效评价指标体系框架（参考）

一级指标	二级指标	三级指标	指标解释	指标说明
决策	项目立项	立项依据充分性	项目立项是否符合法律法规、相关政策、发展规划以及部门职责，用以反映和考核项目立项依据情况。	评价要点：①项目立项是否符合国家法律法规、国民经济发展规划和相关政策；②项目立项是否符合行业发展规划和政策要求；③项目立项是否与部门职责范围相符，属于部门履职所需；④项目是否属于公共财政支持范围，是否符合中央、地方事权支出责任划分原则；⑤项目是否与相关部门同类项目或部门内部相关项目重复。
		立项程序规范性	项目申请、设立过程是否符合相关要求，是否符合和考核项目立项的规范情况。	评价要点：①项目是否按照规定的程序申请设立；②审批文件、材料是否符合相关要求；③事前是否已经过必要的可行性研究、专家论证、风险评估、绩效评估、集体决策。
	绩效目标	绩效目标合理性	项目所设定的绩效目标是否依据充分，是否符合客观实际，用以反映和考核项目绩效目标与项目实施的相符情况。	评价要点：（如未设定预算绩效目标，也可考核其他工作任务目标）①项目是否有绩效目标；②项目绩效目标与实际工作内容是否具有相关性；③项目预期产出效益和效果是否符合正常的业绩水平；④是否与预算确定的项目投资额或资金量相匹配。

续表

一级指标	二级指标	三级指标	指标解释	指标说明
决策	绩效目标	绩效指标明确性	依据绩效目标设定的绩效指标是否清晰、细化，可衡量等，用以反映和考核项目绩效目标的明细细化情况。	评价要点： ①是否将项目绩效目标细化分解为具体的绩效指标； ②是否通过清晰、可衡量的指标值予以体现； ③是否与项目目标任务数或计划数相对应。
决策	资金投入	预算编制科学性	项目预算编制是否经过科学论证、有明确标准，资金额度与年度目标是否相适应，用以反映和考核项目预算编制的科学性、合理性情况。	评价要点： ①预算编制是否经过科学论证； ②预算编制内容与项目内容是否匹配； ③预算额度测算依据是否充分，是否按照标准编制； ④预算确定的项目投资额或资金量是否与项目工作任务相适应。
决策	资金投入	资金分配合理性	项目预算资金分配是否有测算依据，与补助单位或地方实际是否相适应，用以反映和考核项目预算资金分配的合理性情况。	评价要点： ①资金分配依据是否充分，与项目单位或地方实际是否相适应； ②资金分配额度是否合理，与项目投资额或资金量是否相适应。
过程	资金管理	资金到位率	实际到位资金与预算资金的比率，用以反映和考核预算资金落实情况对项目实施的总体保障程度。	资金到位率 =（实际到位资金/预算资金）×100%。 实际到位资金：一定时期（本年度或项目周期）内落实到具体项目的资金。 预算资金：一定时期（本年度或项目周期）内预算安排到具体项目的资金。
过程	资金管理	预算执行率	项目预算资金是否按照计划执行，用以反映或考核项目预算执行情况。	预算执行率 =（实际支出资金/实际到位资金）×100%。 实际支出资金：一定时期（本年度或项目周期）内项目实际拨付的资金。

续表

一级指标	二级指标	三级指标	指标解释	指标说明
过程	资金管理	资金使用合规性	项目资金使用是否符合相关的财务管理制度规定，用以反映和考核项目资金的规范运行情况。	评价要点： ①是否符合国家财经法规和财务管理制度以及有关专项资金管理办法的规定； ②资金的拨付是否有完整的审批程序和手续； ③是否符合项目预算批复或合同规定的用途； ④是否存在截留、挪用、虚列支出等情况。
过程	组织实施	管理制度健全性	项目实施单位的财务和业务管理制度是否健全，用以反映财务和业务管理制度对项目顺利实施的保障情况。	评价要点： ①是否已制定或具有相应的财务和业务管理制度； ②财务和业务管理制度是否合法、合规、完整。
过程	组织实施	制度执行有效性	项目实施是否符合相关管理规定，用以反映和考核相关管理制度的有效执行情况。	评价要点： ①是否遵守相关法律法规和相关管理规定； ②项目调整及支出调整手续是否完备； ③合同书、验收报告、技术鉴定等资料是否齐全并及时归档； ④项目实施的人员条件、场地设备、信息支撑等是否落实到位。
产出	产出数量	实际完成率	项目实施的实际产出数与计划产出数的比率，用以反映和考核项目产出数量目标的实现程度。	实际完成率 =（实际产出数／计划产出数）×100% 实际产出数：一定时期（本年度或项目期）内项目实际产出的产品或提供的服务数量。 计划产出数：项目绩效目标确定的在一定时期（本年度或项目期）内计划产出的产品或提供的服务数量。

续表

一级指标	二级指标	三级指标	指标解释	指标说明
产出	产出质量	质量达标率	项目完成的质量达标产出数与实际产出数的比率，用以反映和考核项目产出质量目标的实现程度。	质量达标率＝（质量达标产出数/实际产出数）×100%。质量达标产出数：一定时期（本年度或项目周期）内实际达到既定质量标准的产品或服务数量。既定质量标准是指项目实施单位依据计划标准、行业标准、历史标准或其他标准而设定的绩效指标值。
	产出时效	完成及时性	项目实施实际完成时间与计划完成时间的比较，用以反映和考核项目产出时效目标的实现程度。	实际完成时间：项目实施单位完成该项目实际所耗用的时间。计划完成时间：按照项目实施计划或相关规定完成该项目所需的时间。
	产出成本	成本节约率	完成项目目标工作的实际节约成本与计划成本的比率，用以反映和考核项目成本节约的程度。	成本节约率＝[（计划成本−实际成本）/计划成本]×100%。实际成本：项目实施单位为完成既定工作目标实际所耗费的支出。计划成本：项目实施单位为完成工作目标计划安排的支出，一般以项目预算为参考。
效益	项目效益	实施效益	项目实施所产生的效益。	项目实施所产生的社会效益、经济效益、生态效益、可持续影响等。可根据项目实施情况有选择地设置和细化。
		满意度	社会公众或服务对象对项目实施效果的满意程度。	社会公众或服务对象是指因该项目实施而受到影响的部门（单位）、群体或个人。一般采取社会调查的方式。

附 3：

项目支出绩效评价报告
（参考提纲）

一、基本情况

（一）项目概况。包括项目背景、主要内容及实施情况、资金投入和使用情况等。

（二）项目绩效目标。包括总体目标和阶段性目标。

二、绩效评价工作开展情况

（一）绩效评价目的、对象和范围。

（二）绩效评价原则、评价指标体系（附表说明）、评价方法、评价标准等。

（三）绩效评价工作过程。

三、综合评价情况及评价结论（附相关评分表）

四、绩效评价指标分析

（一）项目决策情况。

（二）项目过程情况。

（三）项目产出情况。

（四）项目效益情况。

五、主要经验及做法、存在的问题及原因分析

六、有关建议

七、其他需要说明的问题

附录十九

财政部关于专员办加强财政预算监管工作的通知

(2014年10月28日 财预〔2014〕352号)

为贯彻党的十八大和十八届三中全会精神，落实党中央、国务院关于深化财税体制改革和预算管理制度改革的决定，根据《中华人民共和国预算法》《财政部门监督办法》（财政部令第69号）、《关于印发财政部驻各省财政监察专员办事处职能配置、机构设置和人员编制规定的通知》（中编办发〔1998〕7号）等有关法律和文件规定，现就财政部驻各地财政监察专员办事处（以下简称专员办）加强财政预算监管工作通知如下：

一、专员办加强财政预算监管工作的重要性和紧迫性

专员办成立以来，紧紧围绕财政工作大局，不断完善监管职能，优化监管思路，强化各项监管工作，监管能力和水平显著提升。但随着财税改革的不断深入，专员办现有业务存在的与财政主体业务衔接不够、部分业务与有关部门职能交叉重叠等问题日益凸显，专员办就地就近管理的优势未能有效发挥。同时，党中央、国务院重大财税政策的落实、转移支付资金的管理、中央基层预算单位的财政管理等工作又亟需加强。这种状况与推进国家治理体系和治理能力现代化、建立现代财政制度的要求明显不相适应。为进一步加强财政预算管理，深入推进各项改革，有效执行财税政策，维护财经秩序，专员办迫切需要加强财政预算监管工作。

二、专员办加强财政预算监管工作的目标和基本原则

从加强财政预算管理的客观需求出发，按照中编办批复专员办"加强对中央财政收支情况的事前、事中监控和事后检查稽核的日常监督"的要求，专员办加强财政预算监管工作的目标是：将专员办业务嵌入预算编

制、预算执行、决算管理等财政主体业务，实现从以检查业务为主向财政预算管理为主转变、以事后检查为主向事前事中监管为主转变，进一步提高中央财政预算管理的科学性和有效性。

专员办加强财政预算监管工作的基本原则是：

（一）立足财政预算。结合深化财税体制改革和预算管理制度改革的实际需要，调整工作重点，强化财政预算管理。

（二）规范工作程序。依据规章制度和财政部授权开展财政预算监管工作，业务上接受部内相关司局指导，并嵌入财政主体业务流程和内控体系。

（三）就近有效监管。充分利用贴近基层、就地就近的有利条件，配合部内司局有效开展相关工作，提高监管工作成效。

（四）配套保障到位。在明确专员办加强监管工作目标任务的基础上，调整内部机构设置，制定相关工作计划，切实保障监管工作顺利开展。

三、专员办加强财政预算监管工作的主要内容

根据《关于印发财政部驻各省财政监察专员办事处职能配置、机构设置和人员编制规定的通知》（中编办发〔1998〕7号）和《中共财政部党组关于调整内设机构和职责的决定》（财党〔2014〕19号）的相关规定，对专员办加强财政预算监管工作进行具体细化，主要内容如下：

（一）开展属地省区中央预算单位预算管理。审核属地中央预算单位预算编制，对属地中央二级及二级以下预算单位，及个别一级预算单位（以下简称属地中央预算单位）的预算编制进行审核。监控属地中央预算单位预算执行，审核中央财政直接支付资金，监控授权支付资金，监控预算执行进度和政府采购预算执行，审批管理银行账户。审核属地中央预算单位决算编制。

（二）审核中央对地方转移支付资金预算相关基础资料，监督中央对地方转移支付资金预算执行。

（三）监督中央重大项目预算执行和财务管理。根据相关项目资金管理办法，对中央重大项目预算执行和财务管理进行监督。

（四）监督国家重大财税政策执行情况。主要对中央重大财税政策的

贯彻落实情况，以及财政资金的管理使用情况开展调研和检查。

（五）监督中央预算收入执行和国库业务。监督中央税收收入征缴，征收和监缴部分中央非税收入，监督属地中央执收单位执收中央非税收入情况。按规定审批退付中央预算收入，监督国库办理预算收入的收纳、划分、留解、退付和预算支出拨付。

（六）承担中央财政预算支出绩效管理工作。

（七）监督地方政府债务。按照财政部对地方政府债务管理的统一要求，对地方政府债务实施监督。

（八）监督会计信息质量。开展会计信息质量检查和注册会计师行业执业质量监督检查。

（九）配合参加内部审计。按照财政部统一安排，配合参加监督检查局组织的对部内单位有关审计工作。

（十）承办财政部交办的其他事项。

四、专员办加强财政预算监管工作的配套措施

（一）强化部内司局业务指导。专员办的总体业务工作由预算司负责归口管理，主要是对专员办进行业务协调、工作联络、业务考评等，具体业务工作归口相关司局指导；专员办的预算资产财务工作由办公厅负责归口管理；专员办的人事工作由人事教育司负责归口管理；专项检查、会计信息质量监督、对专员办内控建设的指导与监督由监督检查局负责归口管理；专员办的纪检监察工作由驻部监察局归口管理；专员办信息化建设工作由信息网络中心负责归口管理。

（二）调整内设机构设置。根据加强财政预算监管工作需要、与部内司局的工作对接以及本地本办实际情况，专员办的内设机构原则上设置为：

办公室，主要对口预算司（综合协调工作）、办公厅、人事教育司、驻部监察局、巡视办、信息网络中心以及无经常性业务联系的司局。

业务一处，主要对口预算司（业务工作）、国库司（收入业务部分）、税政司、综合司、关税司等，并牵头综合业务事项。

业务二处，主要对口国库司、行政政法司、教科文司、社会保障司、文资办等,并牵头协调国库业务和属地中央预算单位管理。

业务三处,主要对口经济建设司、农业司(综改办)、农发办等,并牵头协调转移支付业务。

业务四处,主要对口金融司、资产管理司、国防司、国际财金合作司等。

监督检查处,主要对口监督检查局。

各专员办之间人员配备及办内各处室的人员配备,根据财政预算监管工作需要进行相应调整。

(三)完善相关制度。预算司负责研究制定专员办财政预算监管工作程序;相关业务司局负责就专员办业务涉及的具体内容,制定完善相关管理制度;专员办根据具体工作要求制定各项实施细则和操作规程。

(四)加快信息化建设。将专员办信息化建设纳入财政部信息化建设进行统筹规划和设计,按照一体化建设思路与原则,实现专员办与相关业务司局信息管理系统的对接。推动专员办与地方财政部门及属地中央预算单位的信息联网。

五、加强组织领导,切实做好财政预算监管工作

专员办加强财政预算监管工作是适应当前形势需要,完善财政管理制度的迫切要求。各专员办应站在建立现代财政制度和服务财政改革发展大局的高度,提高认识,转变观念,加强组织领导。合理调整机构,人员尽快到位。健全工作机制,完善业务流程,强化内部控制。加强学习和培训,提升业务素质。做好工作衔接,突出重点任务,切实履行好各项财政预算监管职能。

附件:专员办财政预算监管工作程序

附件：

专员办财政预算监管工作程序

一、关于审核属地中央预算单位预算编制

（一）审核范围

属地中央预算单位的支出预算和人员编制、资产等基础信息以及其他事项。

（二）审核工作程序

属地中央预算单位将其人员编制、资产等基础信息及变动情况及时报专员办备查。

预算司在布置年度预算编制工作时，明确专员办预算编制审核的范围和权限，并提出审核工作重点和具体要求。如部门司对专员办审核工作有特殊要求的，由预算司在布置年度预算编制工作时一并布置。已经授权专员办的业务不再另行布置。

属地中央预算单位在报送"一上"预算（含政府采购预算，下同）时，将"一上"预算抄报专员办备查。预算司收到部门上报的"一上"预算后，将属地中央预算单位预算分解抄送专员办。专员办收到预算司转来的"一上"预算后，结合属地中央预算单位报送的"一上"预算资料进行审核，提出具体审核意见，并在规定时间内报部门司和预算司，其中新增资产配置报资产管理司汇总复核后报预算司。以上非涉密信息通过内网报送，涉密信息通过文件交换报送。

部门司结合专员办的审核意见，对部门预算进行审核。对意见不一致的事项，部门司要作出说明，并附专员办意见报预算司。

在部门"一上"和"二上"预算审核过程中，如有需要专员办进行审核的其他工作，由部门司提出需求转预算司，预算司委托相关专员办进行审核，专员办应及时将审核意见反馈部门司。

部门预算批复后，由预算司将属地中央预算单位"二下"预算分解抄

送专员办。

二、关于监控属地中央预算单位预算执行

（一）监控属地中央预算单位资金拨付

国库司将属地中央预算单位用款计划、政府采购计划、采购方式变更审批及进口产品采购审核结果抄送专员办。

对中央财政直接支付资金，专员办按要求审核并签署意见。

对属地中央预算单位中央财政授权支付资金，专员办可根据国库外围平台的支付数据进行监控，发现的违规问题要及时予以纠正，监控处理情况报国库司和部门司。

（二）监控属地中央预算单位预算执行进度以及政府采购项目执行有关法律制度和采购政策情况

（三）审批管理属地中央预算单位银行账户

按照相关规定办理属地中央预算单位银行账户审批、备案、年检等工作，对属地中央预算单位银行账户管理使用情况进行监管。

三、关于审核属地中央预算单位决算编制

国库司在布置年度决算时，对专员办审核决算工作提出具体要求。属地中央预算单位将决算草案上报主管部门的同时，抄送专员办。专员办按规定审核，并将审核意见在规定时间内报部门司和国库司。部门司结合专员办提出的审核意见对部门决算进行审核。

四、关于审核中央对地方转移支付资金预算编制

（一）审核范围

重点审核中央对地方转移支付资金预算相关基础资料。

（二）审核工作程序

预算司会同部门司提出审核工作总体要求；部门司根据总体要求和各项转移支付资金特点，在相关制度文件中明确审核要求，并将转移支付相关制度文件提供给专员办。

省级财政部门在向财政部上报预算申请资料的同时抄报专员办。

专员办按规定开展审核，并将审核结果和相关建议报部门司和预算司。

部门司会签预算司提前下达或下达预算指标时，将专员办审核意见和采纳情况一并报预算司。

部门司在下达中央对地方转移支付资金时，将文件抄送专员办。

预算司直接分配一般性转移支付时，其职责视同部门司。

五、关于监控中央对地方转移支付资金（含基建项目）预算执行

省级财政部门根据财政部要求，将资金分配情况，包括分配依据、分地区分部门分配结果等报财政部的同时，抄送专员办备查。

预算执行中需要专员办重点监管的中央转移支付资金项目，预算司和部门司要予以明确，并提出管理要求。对重点监管的项目，省级财政部门应按要求将资金管理使用情况汇总报送专员办。

专员办根据相关制度要求，对资金安排是否符合政策方向、有无按规定时间下达预算、因素选择是否合理、共同支出责任中地方承担部分是否落实等进行审核，对支出进度是否符合要求、有无挤占挪用、有无结转结余资金、资金使用是否有效等进行监控，发现问题及时向相关司报告。

六、关于监督中央预算收入执行和国库业务

开展中央预算收入对账工作，监督中央和地方收入划分，检查违反法律法规规定，多征或者减征、免征、缓征应征的预算收入，违规审批、退付中央预算收入等问题；按规定监缴部分中央非税收入；按规定审批退付中央预算收入。

对需要由专员办征收的中央非税收入，专员办根据财政部文件规定，及时核定缴款人应缴额，开具《非税收入一般缴款书》，督促缴款人缴款。通过《非税收入一般缴款书》年审（备案）、核销，以及实地检查等，对属地中央预算单位执收中央非税收入情况进行监督检查。

监督国库办理预算收入的收纳、划分、留解、退付和预算支出拨付。

定期将中央预算收入执行和国库业务监督等情况报国库司。

七、关于承担中央财政预算支出绩效管理工作

（一）对属地中央预算单位预算

预算编制阶段，专员办对属地中央预算单位预算编制过程中，参考以前年度有关绩效评价结果情况和绩效目标设定情况等进行审核，在属地中央预算单位预算审核报告中予以反映，并报送部门司和预算司。中央部门在批复下级单位部门预算时，要将细化批复的属地中央预算单位预算绩效目标一并抄送专员办。

预算执行中，专员办按照财政部的要求开展绩效监控，发现预算执行可能偏离年初确定的绩效目标时，要及时提出处理意见和建议报部门司和预算司；相关司要及时形成相应的处理意见并转专员办；专员办据此督促属地中央预算单位的整改落实。

预算执行结束后，专员办可根据财政部的要求，对属地中央预算单位的绩效自评情况进行抽查。同时，接受财政部的委托，对相关预算支出开展绩效评价，形成相应的绩效评价报告，并提出评价结果的应用建议报部门司和预算司。在正式的绩效评价结果形成后，相关司要及时抄送专员办；专员办要督促绩效评价结果的应用，并对相应后续政策的完善和有关问题的整改落实进行跟踪。

（二）对中央对地方转移支付资金

预算编制阶段，省级财政部门在将预算申请材料抄送专员办后，专员办要及时对其预算绩效目标设定情况、参考有关支出绩效评价情况等进行审核，形成相应的审核意见报部门司和预算司。在转移支付资金正式下达后，相关司要将批复的预算绩效目标抄送专员办。

预算执行中，专员办按照财政部的要求开展绩效监控，发现预算执行可能偏离年初确定的绩效目标时，要及时提出处理意见和建议报送省级财政部门，并将有关情况报部门司和预算司备案。

预算执行结束后，专员办接受财政部的委托开展转移支付资金绩效评价，形成相应的绩效评价报告，并提出评价结果的应用建议报部门司和预算司。在正式的绩效评价结果形成后，相关司要及时抄送专员办；专员办要督促绩效评价结果的应用，并对相应后续政策的完善和有关问题的整改

八、关于监督地方政府债务

省级财政部门根据财政部要求,将地方政府债务数据等报财政部预算司的同时,抄送专员办备案。

预算司在下达各地地方政府债务规模、债务风险评估结果、债务管理要求等文件时,抄送专员办备案。

专员办根据预算司统一要求,对地方政府举债和担保承诺行为是否合法合规、债务资金安排和使用是否符合政策方向、债务偿还是否有偿债计划和稳定的偿还资金来源、债务风险是否按要求积极防范和化解、债务上报数据是否真实准确等进行监控。督促地方政府加强债务管理,发现问题及时向预算司报告,并对地方政府相应后续政策的完善和有关问题的整改落实进行跟踪。

九、关于财政监督检查工作

专员办开展的专项检查和会计信息质量检查由监督检查局统一组织部署,年度检查计划由监督检查局商预算司按程序报部领导批准后实施。有关司需要临时增加检查任务的,应事先商监督检查局,由监督检查局按程序报部领导批准。

十、其他事项

财政部交办的其他事项按相关要求办理。

附录二十

财政部关于专员办进一步加强
财政预算监管工作的意见

(2016年3月28日 财预〔2016〕38号)

财政部驻各省、自治区、直辖市、计划单列市财政监察专员办事处:

在财政部党组的正确决策和坚强领导下,近年来,财政部驻各地财政监察专员办事处(以下简称专员办)认真贯彻落实《财政部关于专员办加强财政预算监管工作的通知》(财预〔2014〕352号)精神,积极转变思想观念,明确角色定位,完善规章制度,创新工作机制,稳步推进工作转型,嵌入财政主体业务并有序实施财政预算监管,取得了阶段性明显成果,在组织建设、业务能力建设等方面发生了历史性变化,对深化财政预算管理改革和贯彻落实重大财政政策起到了重要保障作用。同时,专员办转型工作尚处于"爬坡"过程中,还面临一些困难和问题。为了推动专员办转型到位并充分发挥其作用,按照部党组关于专员办进一步加强财政预算监管工作的决定精神,现提出以下意见:

一、深入推进专员办工作转型

按照财政部党组对专员办工作转型的决策部署,秉持"财政部干什么,专员办就在前方干什么"的理念,突出"财政预算管理的问题在哪里,专员办的工作重心就在哪里"的思路,在已有转型工作基础上,抓住"一个核心",即预算这个核心,把专员办业务嵌入预算管理,进一步做深做实,见实效并机制化;逐步实现"两个拓展",即在预算监管的基础上,逐步实现向财政业务监管全覆盖拓展,监管方式和职能向加强政策研究拓展,全面反映驻在地财政运行情况并提出政策建议;建立和完善"两个联动"机制，即财政部各司局同专员办的联动机制、财政部同地方财政部门的预算监管联动机制，不断提升专员办财政预算监管工作成效，树立监管权威，把专员办的潜力更大程度释放出来。

二、进一步将专员办业务嵌入预算管理工作做深做实

继续做好属地中央预算单位预算编制监管，建立完善基础数据库，全面审核基础数据，督促建立完善项目库，加强对入库项目立项依据、实施方案、预算需求、绩效目标等的审核，提高入库项目质量，提升预算编制的科学性。

以国库动态监控系统为依托，对属地中央预算单位预算执行进度、资金使用方向、项目实施效果等全面监控，发现问题及时纠正，督促属地中央预算单位加快预算执行、盘活资金存量、控制结转结余，提升预算执行的时效性、规范性、安全性。

在试点基础上，逐步扩大部门决算审核范围，对其项目绩效自评情况进行抽查，全面、真实反映财政资金使用情况和执行效果，提升预算执行的有效性。

努力实现专员办对预算编制和执行全链条嵌入，根据授权对属地中央预算单位预算管理的重要环节和节点审核把关，强化专员办监管成果应用，推动改进预算编制和执行并形成制度化机制。

三、逐步实现专员办财政业务监管全覆盖

推进中央对地方转移支付监管，做好省级财政部门提交中央补助资金申请的审核，对地方财政部门分配、下达、落实和使用中央转移支付情况进行全面监控，及时反映监管中发现的问题。

强化地方政府债务监督，配合做好中央对地方政府债务的限额管理、预算管理、风险管理以及数据统计报告等工作，加强地方政府债券发行、使用和偿还等监管，并对地方政府债务风险变化和违法违规举债担保等进行动态监控。

加强中央重大项目执行监督，对社会公众关注及对经济社会发展有较大影响的重大民生政策和重大专项支出，专员办要予以优先和重点监管。

全面推进预算绩效管理，加强绩效目标审核，实施绩效监控，开展绩效评价，督促相关单位积极应用评价结果，密切跟踪相关后续政策完善和有关问题的整改落实情况。

按照"精减、精准""有针对性、关注重大问题"的原则精选检查项目，做精、做优专项检查工作，提升检查成效；建立健全《预算法》执行情况检查和严肃财经纪律长效机制，加大检查力度，发挥惩戒作用，增强财政监督检查的威慑力和社会影响力。

加强法规制度执行情况的调查研究，提出改进意见和建议；做好国有资产、非税收入、国际金融组织贷款、会计信息质量等其他财政工作的监管，实现所授权的财政业务监管全面覆盖。

四、充分发挥专员办就地管理和政策研究作用

发挥专员办就地就近优势，指导地方财政加强预算编制管理，督促地方将提前下达的转移支付及时分解下达并全额编入预算，并依据党中央、国务院确定的重大财政政策，研究评估地方预算编制的准确性和科学性。

借助地方预算综合管理等系统，辅以核查、调查等方式，全面掌握地方收入状况、支出结构等信息，及时发现和反映地方财政运行中苗头性、趋势性问题，特别是对全国有重大影响的共性问题。

参与中央重大财税体制改革，协助做好政策出台前的调研，加强对地方财政落实中央重大财政政策的监督和管理，对政策实施效果进行评估。围绕地方财政运行和重大问题，组织开展有重点、系统性的调查研究，提出针对性、建设性的政策建议。

五、完善财政部部内司局同专员办的联动机制

进一步厘清财政部部内司局的业务范围和职责，充分发挥其扁平化管理作用，围绕财政部各司局的工作重点，及时、细化、精准指导专员办的监管工作，进行政策解答，研究解决专员办反映的问题。

落实财政部预算司的牵头管理职责，对需财政部部内司局共同解决的综合性、基础性、交叉性问题，预算司要统筹协调、积极推动，会同部内司局及时研究解决，并加强与专员办常态化的沟通联系，实现常规工作靠机制、特殊事项靠授权,使专员办始终处于"自主运行、精准指导"的状态中,确保专员办工作和财政部部内司局有效联动、形成合力。

建立财政部指导专员办工作司局协调机制,充分发挥财政预算监管工作协调小组作用,强化财政部部内司局的联络和沟通,开展定期的交流协商,研究部署工作,通报工作进展,总结经验做法,协调解决问题,确保财政部部内司局在组织指导专员办工作上协调一致、运转高效。

进一步均衡财政部部内司局安排专员办承担的业务工作量,协调各项工作的时间安排,做好年度财政预算监管工作计划的统筹,严格控制执行中新增监管事项。年度监管计划应保持一定"弹性",为专员办自主开展工作留出空间。

六、建立健全财政部同地方财政部门的预算监管联动机制

将财政部对地方财政的管理同专员办工作转型结合起来,引导专员办围绕中央重大财税政策落实、地方财政运行、财政风险防控、预决算公开等实施有效监管,及时发现和反映地方财政管理中出现的问题,配合财政部相关司局研究解决并督促落实。未能及时发现地方财政管理中的问题,或发现问题但未及时反映、报告,要对相关专员办进行问责。

财政部部内司局要及时将相关财税政策、工作要求等告知专员办,提示专员办关注地方财政管理中可能出现的问题,指导专员办开展有针对性的监管,及时协调解决专员办监管工作中涉及地方财政部门的有关问题。财政部部内司局未认真履行对专员办工作的指导责任,要对相关司局进行问责。

对专员办监管中发现的地方财政管理中的违规违纪等重大问题,财政部有关司局要依据《预算法》等法规提出处理意见,约谈相关省级财政部门主要负责人,将有关情况在财政系统内进行通报,并抄送所在省(自治区、直辖市、计划单列市)人民政府,提出相关问责建议。

七、重视和加强专员办财政预算监管成果的应用

完善专员办财政预算监管成果应用机制,对专员办形成的财政预算监管成果,原则上财政部部内司局都要将其作为预算编制、执行、决算及其

他财政工作的重要依据,并及时向专员办反馈监管成果采纳情况。

对专员办形成的调研成果,财政部部内司局要及时进行归纳、分析,将其作为衡量财政政策执行效果的尺子、完善政策和制定法规制度的重要依据。对重要调研成果要以适当方式上报国务院,通报所在省(自治区、直辖市、计划单列市)人民政府。

要把专员办监管成果应用作为必经环节嵌入预算编制、执行、决算管理流程,作为完善财政预算管理的必要内容。对无故不采纳、不应用专员办合理意见建议而带来的问题、造成的后果,相关单位和人员要承担相应的责任。

八、加强专员办工作的组织制度保障

加强专员办党建工作。进一步落实专员办党建工作责任制,强化"一岗双责",落实"两个责任",狠抓廉洁自律准则、纪律处分条例和巡视工作条例的贯彻落实,聚焦全面从严治党加大对专员办的巡视力度,进一步抓好整改落实,始终把纪律挺在前面。

加强内控建设。财政部部内司局要把对专员办的业务指导、监管成果应用等纳入本司局的业务流程设计,对各个环节和重要节点提出具体审核把关要求,并嵌入内控系统,监督执纪问责。各专员办要严格执行财政部内控制度办法、专员办内控基本制度和操作规程等,完善内控机制,确保内控措施全覆盖,有效防范业务、法律和廉政等风险。

加强专员办干部队伍建设和财务管理。继续深化干部人事制度改革,进一步充实专员办领导班子力量,优化干部队伍结构,适时调整内设处室职责,优化内设处室人员配备。不断规范专员办预算管理、资产处置、会计核算等,保障专员办开展工作所需经费。

提高专员办内部管理水平。进一步完善顶层制度设计,对专员办转型后的业务工作以相应的制度予以固化,对与专员办转型要求不相符、不衔接的规章制度进行清理修订。建立专员办业务工作考核机制,将考核结果以适当方式通报,并作为干部选拔、调整和年度考核的重要参考。加大财政部对专员办的业务对口培训,促进专员办之间的横向业务交流。积极推进政府购买服务,聘请社会第三方力量参与财政预算监管工作。加快专员办信息系统建设，尽快实现与财政部内主要业务系统、地方财政等部门相关信息系统的互联互通，保证专员办及时获取监管信息。

强化外部协调配合。财政部各司局要加强同中央各部门和地方财政部门的沟通，协调中央各部门和地方财政部门及时开放信息系统，全面提供基础信息，如实反映存在问题，提供必要保障条件，并加强同专员办之间的沟通协调，积极配合专员办做好财政预算监管工作，不断提升财政预算管理水平，提高财政资金使用效益。

附录二十一

2021年中央部门基础信息数据库填报说明

为夯实部门预算管理基础，科学准确编制基本支出预算，部门在编制"一上"预算时需一并填报"中央部门基础信息数据库"（以下简称基础数据库）。

一、基础数据库填报要求

（一）基础数据库填报工作在中央部门预算管理系统中的"基础资料"模块进行，包括"基础数据录入"和"规范津贴补贴经费申报"两个子模块。各部门应认真组织本部门基础信息数据的填报、审核、汇总工作。

（二）各部门应在规定时间将中央部门基础信息数据盘和有关文字材料报送财政部，"二上"阶段不需再报送基础数据库。数据盘报财政部信息网络中心统一接收；人员编制批复等证明文件，基础数据和规范津贴补贴经费测算说明，事业单位编制内增人依据、理由、经费需求、分类改革等情况，报送财政部对口部门预算管理司。纳入财政部各地监管局监管范围的预算单位，要将上述材料一并提供当地监管局。

（三）基础数据库建设是加强中央部门人员和资产等基础信息管理、

规范津贴补贴经费审核、提高预算管理水平的重要手段。基础数据库中人员编制、实有人数、资产信息、规范津贴补贴经费需求等数据的准确性直接影响到各部门基本支出预算安排和广大干部职工的切身利益，各部门务必准确填报、认真审核，并按时报送相关证明材料。因材料不齐难以核定人员编制、车辆、事业单位编制内进人等实际变化情况的，基本支出相关经费将不予核定。

二、"基础数据录入"子模块填报说明

（一）主要内容

"基础数据录入"子模块对中央行政事业单位的编制、人员和资产等信息进行管理。子模块共包括6张录入表，分别反映单位基本情况、人员信息、资产信息。具体包括：

1. 反映基础信息部分：录入01表（单位基础信息表）。

2. 反映人员情况部分：录入02表（行政单位人员情况表）、录入03表（参公单位人员情况表）、录入04表（事业单位人员情况表）三张表。

3. 反映中央部门机关本级资产情况部分：录入05表（部门本级行政单位办公用房基本情况表）和录入06表（部门本级行政单位公务用车基本情况表）两张表。

（二）填报口径

1. 单位范围。凡中央编办批准设立的中央部门所属行政机关、参公单位、事业单位，以及中央编办核定行政事业编制的其他单位等均需填报相关数据。需要说明的是：

（1）所有中央编办批准设立的财政补助事业单位和通过一般公共预算拨款安排支出的事业单位，包括符合上述条件的企业所属事业单位，均需填报人员数据。无一般公共预算拨款的事业单位可不填报相关数据。

（2）中央编办核定事业编制的各类学校（含按照生均综合定额标准核定基本支出的高校）需填报人员数据。企业和无一般公共预算拨款的企业化管理事业单位不需填报相关数据。

（3）纳入基本支出定员定额管理范围的中央部门行政机关本级需要填报资产数据（录入05、06表），其他单位可不填报。

（4）解放军、驻港联络办、驻澳联络办等部门可不填报基础数据库。

2. 人员范围。包括所有人事关系在上述单位的在职人员、离休人员、退休人员。人事关系不在填报单位的编制外长期或临时聘用人员、遗属人员等不在填报范围之内。如确有需要，长期聘用人员等可在编报预算时以文字说明等方式单独反映。

3. 时间节点。行政和参公单位人员编制数、实有数和资产情况的统计时间节点均为2020年7月底。事业单位（不含中央高校、公立医院）须统计两个时间节点的人员信息，一是2020年7月底人员编制、实有情况；二是预计2021年7月底编制内实有人员情况。中央高校、公立医院仅需填报截至2020年7月底人员编制、实有情况，不需填报预计2021年7月底情况。

4. 事业单位编制内增人情况填报要求。

为规范事业单位基本支出预算管理，部门所属事业单位除填报截至2021年7月底预计编制内实有人员情况外，还需对2020年7月底至2021年7月底编制内增人依据、理由、经费需求以及分类情况等进行详细说明。主要内容包括：一是事业单位分类和职能情况（需附相关证明文件），单位职能是否属于政府应承担的职能、是否有利于发挥市场在资源配置中的决定性作用，相关工作任务是否可以通过政府购买服务方式解决；二是单位现有人员和工作量情况，需要增加的人员数量及测算依据；三是部门内部以及其他部门有类似职能的机构情况等；四是需要财政增加安排基本支出财政拨款预算的，需详细说明经费需求和测算依据。

（三）录入表填报说明

"基础数据录入"子模块共6张录入表，各表填报说明如下：

1. 录入01表——单位基础信息表。本表填列各部门（单位）基础信息，一个单位一条记录，相关信息项直接从"系统管理"中填报的信息提取，需要调整的，可在"系统管理"中修改。具体填列方法如下：

（1）单位代码：从系统参数提取。

（2）单位名称：从系统参数提取。

（3）主管单位：填列本单位的上一级主管单位。

（4）单位（人员）类型：本表根据单位人员情况可填列"行政单位""参公单位""事业单位"三类（不可填列"企业"和"其他单位"）。对于单位类型是"其他"、需填报人员情况的单位，可根据参照情况选择填列上述三种具体类型。中央编办核定事业编制的社团、协会等，视同事业单位，相应填列"事业单位"类。

（5）经费性质：填列经中央编办正式批复确认的经费性质，单位（人员）类型为"行政单位"时，在下拉列表框中选择"财政拨款"；单位（人员）类型为"参公单位""事业单位"时，经费性质可选择"财政补助""经费自理"和"企业化管理"三类。

（6）单位所在地区：填列单位本级所在地区，需具体到单位所在的区（县级市、县），如北京市西城区、江苏省南京市鼓楼区、云南省迪庆州香格里拉县等。

（7）机构规格：填列经中央编办正式批复确认的单位级别。如中央编办未明确批复单位级别，按实际级别或主管部门认定的单位级别填列，并在备注中予以说明；如单位级别不包含在下拉列表框中，按照"其他"填列，并在备注中予以说明。

（8）其他属性：填列事业单位是否为中央高校、公立医院等情况。

（9）备注：填列其他需要说明的问题。

2. 录入02表——行政单位人员情况表。本表填列行政单位人员编制和实有情况。一个单位一条记录。具体填列方法如下：

（1）单位代码、单位名称：系统自动生成，与录入01表一致。

（2）编制数：填列截至2020年7月底"三定"规定或中央编办正式批复确认的本单位人员编制情况，分为"行政编制""事业编制""工勤人员编制"和"离退休干部工作人员编制"四大类。其中，"行政编制"大类下又细分为机关行政编制、两委人员编制、派驻纪检监察编制、派出地方编制、驻外编制、驻外储备编制、援派机动编制、其他编制八项。填报时，应按照中央编办批文等，对编制类别进行准确区分，填列在相应栏目中，存在"其他编制"的，需另附文字材料，说明编制名称、批复文件等具体内容。需要特别说明的事项：

①注意区分驻外编制和驻外储备编制。驻外编制人员因工资结构、开

支科目不同，不纳入基本支出定员定额测算范围，而驻外储备编制人员纳入定员定额测算范围，应注意区分。

②派出地方编制不要重复填列，即：如果中央部门下属的各派出地方机构为独立预算单位，并相应填列了派出地方编制，则本级不应再重复填列派出地方编制。

③中央编办新批准的军转编制填列在行政编制中，不要填列在其他编制中。

④两委人员编制、援派机动编制、离退休干部工作人员编制均单独填列，其中：两委人员编制、援派机动编制填列在行政编制数中，离退休干部工作人员编制填列在离退休干部工作人员编制中。

领导同志单列编制、有编办正式批文的为领导同志服务人员行政编制、参事等应填列在其他编制中，并需在备注中说明其他编制的编制名称，否则测算时不计入人员编制总数中。

（3）实有数：填列截至2020年7月底的实有人数。如有超编人员，请另附文字材料，说明具体原因。

（4）备注：填列其他需要说明的问题。

3. 录入03表——参公单位人员情况表。本表填列参公单位人员编制和实有情况，一个单位一条记录。由于预算管理需要，参公单位作为非独立预算单位管理，或多个参公单位合并为一个独立预算单位管理的，需在备注和说明材料中对各参公单位的编制和实有人数逐个说明。具体填列方法如下：

（1）单位代码、单位名称：系统自动生成，与录入01表一致。

（2）编制数：填列截至2020年7月底"三定"规定或中央编办正式批复确认的本单位人员编制，包括"参公编制""离退休干部工作人员编制"和"事业编制"三大类。

（3）实有数：填列各类编制截至2020年7月底的实有人数。如有超编，请另附文字材料，说明具体原因。需要说明的是，离退休人员应区分参公人员和非参公人员分别填列。按照中组部、人力资源和社会保障部要求，区分的原则是，单位批准参公前的离退休人员为非参公人员，单位批准参公后新退休的人员为参公人员。

（4）备注：填列其他需要说明的问题。

4. 录入 04 表——事业单位人员情况表。本表填列事业单位人员编制和实有情况。一个单位一条记录。根据预算管理需要，中编办正式批复的多个事业单位合并为一个独立预算单位管理的，部门需在备注和说明材料中对各事业单位的编制和实有人数逐个说明。具体填列方法如下：

（1）单位代码、单位名称：系统自动生成，与录入 01 表一致。

（2）编制数：填列截至 2020 年 7 月底"三定"规定或中央编办正式批复确认的、按经费形式（财政补助或经费自理）划分的本单位人员编制情况。需要说明的是，对于已经完成事业单位分类改革但未批复明确人员编制性质的，按改革前人员编制性质情况填列；批复明确的，按批复情况填列。

（3）实有数：除中央高校、公立医院以外的财政补助事业单位填列截至 2020 年 7 月底和预计 2021 年 7 月底的实有人数。需要说明的是，在职人员和离退休人员应区分财政补助和经费自理分别填列，经费自理编制内在职人员及相关离退休人员填列在经费自理列下。中央高校、公立医院（与录入 01 表"单位基础信息表"中其他属性情况保持衔接）仅需填列截至 2020 年 7 月底实有人员情况，不需填列预计 2021 年 7 月底的实有人员情况。

（4）备注：填列其他需要说明的问题。

5. 录入 05 表——部门本级行政单位办公用房基本情况表。本表填列截至 2020 年 7 月底中央部门本级行政单位（包括人大办公厅、政协办公厅、民主党派、高法院、高检院、人民团体等，下同）使用的办公用房情况，不包括离退休管理机构用房。列入本表填报范围的部门本级行政单位需与纳入基本支出定员定额管理的中央部门机关本级范围一致。部门本级租用办公用房的，仅反映部门预算中未单独安排项目支出预算用于房租、水电、取暖、物业管理等费用开支的办公用房。部门本级和事业单位合署办公的，仅反映本级使用的办公用房情况。部门本级办公用房出租、出借给外单位使用的，不在本表反映。具体填列方法如下：

（1）请区分办公用房和特殊业务用房分别填列。

办公用房包括办公室用房、公共服务用房、设备用房和附属用房。其中：办公室用房包括领导人员办公室和一般工作人员办公室；公共服务用房包括会议室、传达室、信访室、档案室、文印室、资料室、收发室、计算机房、储藏室、卫生间、工勤人员用房、警卫用房等；设备用房包括变配电室、水泵房、水箱间、锅炉房、电梯机房、制冷机房、通信机房等；附属用房包括礼堂、食堂、车库、人防设施、消防设施等。

特殊业务用房指上述四类用房之外的其他用房。对特殊业务用房，请在备注中说明具体用途，并附有关部门审批文件。

（2）建筑面积：区分单位自有办公用房和从市场租用的办公用房分别填列。其中，单位自有办公用房包括单位自建、借用下属单位或其他单位等不需缴纳租金、但需自行支付水电、取暖、物业管理等运行维护费用的办公用房。从市场租用的办公用房指单位租用的需缴纳租金及水电、取暖、物业管理等运行维护费用，且部门预算中未单独安排租房项目支出预算的办公用房。

（3）供暖面积：填写通过集中供暖方式或其他供暖方式进行供暖的房屋面积。

（4）物业管理面积：填写通过单位后勤部门自管或委托第三方管理的房屋面积。

（5）电梯数量：区分单位自有用房和市场租用用房，分别填列办公用房和特殊业务用房的电梯数量。

6. 录入06表——部门本级行政单位公务用车基本情况表。本表填列截至2020年7月底中央部门本级行政单位公务用车编制和实有情况。列入本表填报范围的部门本级行政单位需与纳入基本支出定员定额管理的部门机关本级范围一致。部门预算中已单独安排项目支出预算用于公务用车运行维护费用支出的，请在备注中说明项目名称、预算金额、资金来源（财政拨款或其他资金）。具体填列方法如下：

（1）按照中央公务用车制度改革领导小组批复的本部门公务用车制度改革实施方案，将公务用车区分为领导干部用车、一般公务用车、执法执勤用车、非执法执勤特种专业技术用车和其他用车分别填列。列入公务用车制度改革范围的车辆编制情况需与中央公务用车制度改革领导小组批复的车改后保留车辆编制保持一致。如中央公务用车制度改革领导小组批复部门公务用车制度改革实施方案后，车辆编制情况有调整的，需提供相关批复文件。

（2）领导干部用车：按照党政机关公务用车问题专项治理时国家机关事务管理局、中共中央直属机关事务管理局等部门重新核定编制的车辆范围，区分在职领导干部用车和离退休领导干部用车分别填列。

（3）一般公务用车：区分机关本级一般公务用车、离退休干部服务用车和机关服务中心用车，分别填列。其中，机关本级一般公务用车（包括保留的中管干部用车、机要通信用车、应急用车）和离退休干部服务用车应按照中央公务用车制度改革领导小组批复的车改后保留车辆编制填列。

（4）执法执勤用车：按照中央公务用车制度改革领导小组批复的车改后保留车辆编制填列。

（5）非执法执勤特种专业技术用车：按照中央公务用车制度改革领导小组批复的车改后保留车辆编制填列。

（6）其他车辆：填列经中央公务用车制度改革领导小组批复的、除上述车辆以外的其他保留车辆情况，并在备注栏中对车辆用途、车辆运行维护费用的现有经费渠道（财政拨款基本支出、项目支出或其他资金）等进行说明。

三、"规范津贴补贴经费申报"子模块填报说明

（一）主要内容

"规范津贴补贴经费申报"子模块共包括5张录入表。录入表反映行政和参公单位年度规范津贴补贴经费需求、经费渠道情况。具体包括：

1. 反映规范津贴补贴经费申报单位基础信息：录入01表（规范津贴补贴经费申报单位基础信息表）。

2. 反映规范津贴补贴经费需求情况：包括录入02表（行政单位规范津贴补贴经费需求表）、录入03表（参公单位规范津贴补贴经费需求表）。

3. 反映规范津贴补贴经费渠道情况：包括录入04表（行政单位规范津贴补贴经费渠道情况表）、录入05表（参公单位规范津贴补贴经费渠道情况表）。

(二) 填报口径

1. 行政单位和参公单位。填报范围为所有执行规范津贴补贴政策的京外单位在职人员、离休人员和在京中央单位离休人员，离退休干部工作人员、退休人员和在京中央单位在职人员不需填报。

2. 事业单位。不需填报规范津贴补贴经费测算相关数据。

需要说明的问题：

一是申报规范津贴补贴经费的机构、编制情况应当与中央编办批复情况同口径保持一致，人员编制数和在职、离休的实有人数，应与基础数据库中截至2020年7月底相关人员数据同口径（不含行政单位驻外编制人员、机关工勤人员、参公单位非参公管理的事业编制在职人员等未执行规范津贴补贴政策的人员）保持一致。如因特殊原因有差异的，需提供相关文字说明。

二是中央编办正式批复的行政和参公单位应作为独立预算单位管理，确有特殊原因作为非独立预算单位管理且属于填报范围的，应首先在"规范津贴补贴经费申报单位基础信息表"（录入01表）中增加非独立预算单位的基本信息，并按照各明细单位（即具体到各个非独立预算单位）填报规范津贴补贴经费需求。

三是银保监会、证监会等尚未规范津贴补贴的单位，暂不填报"规范津贴补贴经费申报"子模块。

(三) 录入表填报说明

"规范津贴补贴经费申报"子模块录入表填报说明如下：

1. 录入01表——规范津贴补贴经费申报单位基础信息表。本表填列申报规范津贴补贴经费的中央部门行政、参公单位测算规范津贴补贴经费需求所必需的基础信息，如单位（人员）类型、经费性质、单位所在地区等。

需要说明的问题：一是对于预算单位，单位（人员）类型、经费性质、单位所在地区等信息由系统从"基础数据录入"子模块等模块中自动提取，单位需对上述信息进行核对和必要修改。二是对于非独立预算单位，在填报规范津贴补贴经费需求表（录入02、03表）前，需首先在本表列出的预算单位下增加非独立预算单位名称、单位代码（由系统自动生成），并填列单位（人员）类型、经费性质、单位所在地区等基础信息，然后按照各个明细单位（即具体到各个非独立预算单位）填报规范津贴补贴经费需求。三是单位（人员）类型、所在地区等是测算规范津贴补贴经费的重要信息，各单位务必准确核对和填报。

有关信息填列方法如下：

（1）单位代码：从系统参数提取。

（2）单位名称：从系统参数提取。

（3）非独立预算单位代码：部门预算单位下存在一个或多个非独立预算单位的，需填报非独立预算单位名称，并由系统自动生成单位代码。

（4）非独立预算单位名称：部门预算单位下存在一个或多个非独立预算单位的，需按照中央编办正式批复成立的行政、参公单位名称，填报非独立预算单位名称。

（5）单位（人员）类型：本表可填报"行政单位"和"参公单位"两类。

（6）单位所在地区：具体到单位所在的区（县级市、县），如北京市西城区、江苏省南京市鼓楼区、云南省迪庆藏族自治州香格里拉县等。预算单位的单位所在地由系统自动提取，非独立预算单位的单位所在地区需从下拉列表框中选择录入。

（7）备注：填列其他需要说明的问题。

2. 录入 02 表——行政单位规范津贴补贴经费需求表。本表填列各部门行政单位的年度规范津贴补贴经费需求。需要说明的是，规范津贴补贴经费需求应为本年度当年的经费需求。具体填列口径如下：

（1）单位代码：从系统参数提取。

（2）单位名称：从系统参数提取。

（3）非独立预算单位代码：如申报规范津贴补贴经费的单位为非独立预算单位，填列录入 01 表中部门预算单位下相关非独立预算单位的代码。

（4）非独立预算单位名称：如申报规范津贴补贴经费的单位为非独立预算单位，填列录入 01 表中部门预算单位下相关非独立预算单位的名称。

（5）在职人员——人数：填列截至 2020 年 7 月底执行规范津贴补贴政策的在职人员编制、编制内实有分职务/职级人数情况，原则上应与

"基础数据录入"子模块中"行政单位人员情况表"（录入02表）的人员编制和实有人数同口径（不含驻外编制人员、机关工勤人员等未执行规范津贴补贴政策的人员）保持一致。因特殊原因不一致的，需提供文字说明。需要说明的是，按照公务员职务与职级并行制度有关工资政策规定，对于同时担任领导职务的职级人员，填列所执行的规范津贴补贴标准对应的职务或职级，不能同时填列职务和职级，避免多报人数。

（6）在职人员——规范津贴补贴标准：填列按照六部委规范津贴补贴政策规定，行政单位在职人员目前应执行的标准，不含国家统一规定的津贴补贴、改革性补贴等。

（7）在职人员——经费需求：等于"人数"乘以"规范津贴补贴标准"乘以12再除以10000。"小计"栏为各职级"经费需求"之和。单位为万元，保留2位小数。本栏由系统自动计算，不需手工录入。

（8）离休人员——人数：填列截至2020年7月底执行规范津贴补贴政策的分职级离休人员情况，应与"基础数据录入"子模块中"行政单位人员情况表"（录入02表）的离休人数同口径保持一致。因特殊原因不一致的，需提供文字说明。需要说明的是，个别特殊人员职级未在表中列出的，可填列在"职级——其他"中，并在备注中具体说明职级情况、文件依据等。

（9）离休人员——离休人员补贴标准：填列按照六部委关于离休人员补贴的政策规定，应执行的分职级补贴标准。

（10）离休人员——经费需求：等于"人数"乘以"规范津贴补贴标准"乘以12再除以10000。"小计"栏为各职级"经费需求"之和。单位为万元，保留2位小数。本栏由系统自动计算，不需手工录入。

（11）备注：填列其他需要说明的问题。

3. 录入03表——参公单位规范津贴补贴经费需求表。本表填列各部门参公单位的年度规范津贴补贴经费需求。需要说明的问题：一是规范津贴补贴经费需求应为本年度当年的经费需求；二是离休人员应区分参公人员和非参公人员分别填列。具体填列口径如下：

（1）单位代码：从系统参数提取。

（2）单位名称：从系统参数提取。

（3）非独立预算单位代码：如申报规范津贴补贴经费的单位为非独立预算单位，填列录入01表中部门预算单位下相关非独立预算单位的代码。

（4）非独立预算单位名称：如申报规范津贴补贴经费的单位为非独立预算单位，填列录入01表中部门预算单位下相关非独立预算单位的名称。

（5）在职人员——人数：填列截至2020年7月底执行规范津贴补贴政策的参公在职人员编制、编制内实有分职级人数情况，原则上应与"基础数据录入"子模块中"参照公务员法管理事业单位人员情况表"（录入03表）的参公人员编制和实有人数同口径（不含非参公管理的事业编制人员等未执行规范津贴补贴政策的人员）保持一致。因特殊原因不一致的，需提供文字说明。需要说明的是，按照公务员职务与职级并行制度有关工资政策规定，对于同时担任领导职务的职级人员，填列所执行的规范津贴补贴标准对应的职务或职级，不能同时填列职务和职级，避免多报人数。

（6）在职人员——规范津贴补贴标准：填列按照六部委规范津贴补贴政策规定，参公单位在职人员目前应执行的分职级标准，不含国家统一规定的津贴补贴、改革性补贴。

（7）在职人员——经费需求：等于"人数"乘以"规范津贴补贴标准"乘以12再除以10000。"小计"栏为各职务/职级"经费需求"之和。单位为万元，保留2位小数。本栏由系统自动计算。

（8）参公离休人员——人数：填列截至2020年7月底执行规范津贴补贴政策的分职级参公离休人员情况，原则上应与"基础数据录入"子模块中"参照公务员法管理事业单位人员情况表"（录入03表）中参公离休人员同口径保持一致。

（9）参公离休人员补贴标准：填列按照六部委关于离休人员补贴的政策规定，参公离休人员应执行的分职级补贴标准。

（10）参公离休人员——经费需求：等于"人数"乘以"规范津贴补贴标准"乘以12再除以10000。"小计"栏为各职级"经费需求"之和。单位为万元，保留2位小数。本栏由系统自动计算。

（11）非参公离休人员——人数：填列截至2020年7月底执行规范津贴补贴政策的分职级非参公离（退）休人员情况，原则上应与"基础数据录入"子模块中"参照公务员法管理事业单位人员情况表"(录入03表)的非参公离休人数保持一致。

(12) 非参公离休人员补贴标准：填列按照六部委关于离休人员补贴的政策规定，非参公离休人员应执行的分职级补贴标准。

(13) 非参公离休人员——经费需求：等于"人数"乘以"规范津贴补贴标准"乘以12再除以10000。"小计"栏为各职级"经费需求"之和。单位为万元，保留2位小数。本栏由系统自动计算。

(14) 备注：填列其他需要说明的问题。

4. 录入04表——行政单位规范津贴补贴经费渠道情况表。本表用于填报测算中央部门行政单位2021年规范津贴补贴新增经费需求情况。

(1) 单位代码、单位名称、人员类型：系统自动生成，与录入02表一致。

(2) 非独立预算单位代码、非独立预算单位名称：如申报规范津贴补贴经费的单位为非独立预算单位，系统自动生成单位代码和单位名称，与录入02表一致。

(3) 科目编码：填列政府收支分类科目中支出功能分类科目"类""款""项"的编码。

(4) 科目名称：填列政府收支分类科目中支出功能分类科目的科目名称。

(5) 2021年当年需求数：区分在职人员、离休人员，分别填列2021年当年规范津贴补贴经费需求，与录入02表规范津贴补贴经费"年需求"数同口径一致，由系统从录入02表中提取。

(6) 2020年财政补助数（仅2020年当年数）：区分在职人员、离休人员，分别填列中央财政安排的2020年当年的规范津贴补贴经费补助数。

(7) 2021年新增经费需求数：由系统自动计算（"2021年当年需求数"减去"2020年财政补助数"），不需手工录入。

(8) 备注：填列其他需要说明的问题。

5. 录入05表——参公单位规范津贴补贴经费渠道情况表。本表用于填报测算中央部门参公单位2021年规范津贴补贴经费新增经费需求情况。

(1) 单位代码、单位名称、人员类型：系统自动生成，与录入03表一致。

（2）非独立预算单位代码、非独立预算单位名称：如申报规范津贴补贴经费的单位为非独立预算单位，系统自动生成单位代码和单位名称，与录入03表一致。

（3）科目编码：填列政府收支分类科目中支出功能分类科目"类""款""项"的编码。

（4）科目名称：填列政府收支分类科目中支出功能分类科目的科目名称。

（5）2021年当年需求数：区分在职人员、离休人员（区分参公和非参公离休人员），分别填列2021年当年规范津贴补贴经费需求，与录入03表规范津贴补贴经费"年需求"数一致，由系统从录入03表中提取。

（6）2020年财政补助数（仅2020年当年数）：区分在职人员、离休人员（区分参公和非参公离休人员），分别填列中央财政安排的2020年当年的规范津贴补贴经费补助数。

（7）2021年新增经费需求：由系统自动计算（"2021年当年需求数"减去"2020年财政补助数"），不需手工录入。

（8）备注：填列其他需要说明的问题。